新工科·普通高等教育汽车类系列教材

汽车电器

主编　杨保成
参编　陈　勇　解瑞东　蔡一正

机械工业出版社

本书在简单介绍汽车电器与电子技术发展概况和汽车电气系统特点之后，着重讲述蓄电池、发电机与调节器、起动系统、点火系统、照明与信号系统、仪表与指示灯系统、汽车辅助电气装置等主要电气设备的结构、原理及使用检修等基础知识，并对汽车电器与电子系统总线路也做了充分的介绍。

本书兼顾了理论性和实践性，既可满足本科学生对于理论深度上的学习要求，也可满足高职学生和专科学生对于理论提高上的学习要求。本书可作为高等院校汽车服务工程、车辆工程等专业的教材，也可供从事汽车检测维修工作的工程技术人员参考。

本书配有PPT课件，免费赠送给采用本书作为教材的教师，可登录www.cmpedu.com 注册下载。部分知识点配有动画、视频或微课讲解，读者可扫二维码进行观看。

图书在版编目（CIP）数据

汽车电器/杨保成主编. —北京：机械工业出版社，2021.10（2025.1重印）

新工科·普通高等教育汽车类系列教材

ISBN 978-7-111-69294-2

Ⅰ.①汽⋯ Ⅱ.①杨⋯ Ⅲ.①汽车-电气设备-高等学校-教材 Ⅳ.①U463.6

中国版本图书馆 CIP 数据核字（2021）第 203585 号

机械工业出版社（北京市百万庄大街22号　邮政编码100037）
策划编辑：宋学敏　　　　　责任编辑：宋学敏　赵　帅
责任校对：肖　琳　王　延　封面设计：张　静
责任印制：单爱军
北京虎彩文化传播有限公司印刷
2025年1月第1版第5次印刷
184mm×260mm·12.5印张·307千字
标准书号：ISBN 978-7-111-69294-2
定价：39.00元

电话服务　　　　　　　　　　网络服务
客服电话：010-88361066　　　机　工　官　网：www.cmpbook.com
　　　　　010-88379833　　　机　工　官　博：weibo.com/cmp1952
　　　　　010-68326294　　　金　书　网：www.golden-book.com
封底无防伪标均为盗版　　　　机工教育服务网：www.cmpedu.com

前 言

随着汽车工业的快速发展，各种先进的电气设备在汽车上的应用越来越广泛。近年来，国内有关汽车电气设备方面的书籍较多，但适合汽车类应用型本科院校使用的专业教材较少。为了满足应用型本科院校汽车服务工程、车辆工程等汽车类专业的教学需求，使学生及有关技术人员能够更全面系统地掌握有关汽车电气设备的理论知识，特编写了本书。

本书注重汽车电气设备的理论系统性，在知识结构上由浅入深、循序渐进，符合学生的认知规律，同时兼顾了实践性和应用性，帮助读者在熟悉理论知识的基础上，掌握实践技能。本书在每章章末配有思考题，便于读者进行学习及自我测试。另外，部分知识点配有动画、视频或微课讲解，读者可扫二维码进行观看。

本书由常熟理工学院杨保成任主编，并负责第1~3章的编写，淮阴工学院陈勇负责第9章的编写，西安理工大学解瑞东负责第4、6、7章的编写，盐城工学院蔡一正负责第5、8章的编写。

本书的编写参阅了相关文献资料，在此向参考资料的作者表示感谢。

由于编者水平有限，书中难免有不妥之处，敬请读者批评指正。

编　者

目　录

前言
第1章　绪论……………………………………1
1.1　汽车电器与电子技术的发展概况 ……1
1.2　汽车电气设备的组成与作用 …………3
1.3　汽车电气系统的特点 …………………3
思考题 …………………………………………4

第2章　蓄电池…………………………………5
2.1　概述 ……………………………………5
2.1.1　蓄电池的作用与对蓄电池的要求 …5
2.1.2　蓄电池的现状与发展 ……………6
2.2　蓄电池的构造 …………………………6
2.2.1　普通铅酸蓄电池的构造 …………6
2.2.2　免维护蓄电池的构造 ……………9
2.3　蓄电池的工作原理 ……………………10
2.4　蓄电池的工作特性 ……………………12
2.5　蓄电池的容量及其影响因素 …………15
2.6　蓄电池的充电 …………………………17
2.6.1　蓄电池的充电种类 ………………17
2.6.2　蓄电池的充电方法 ………………18
2.6.3　蓄电池充电注意事项 ……………20
2.7　蓄电池的使用、维护与检查 …………20
2.7.1　蓄电池的正确使用与维护 ………20
2.7.2　蓄电池的技术状况检查 …………21
2.8　其他类型蓄电池 ………………………22
2.8.1　干荷电铅酸蓄电池 ………………22
2.8.2　镍镉蓄电池 ………………………23
2.8.3　锂电池 ……………………………23
2.8.4　锌银蓄电池 ………………………24
思考题 …………………………………………24

第3章　发电机与调节器………………………25
3.1　概述 ……………………………………25
3.2　交流发电机的构造、原理和工作特性 …………………………………………26
3.2.1　交流发电机的构造 ………………26
3.2.2　国产交流发电机的型号 …………30
3.2.3　交流发电机的工作原理 …………30
3.2.4　交流发电机的工作特性 …………34
3.3　交流发电机的电压调节器 ……………35
3.3.1　电压调节器的作用和类型 ………35
3.3.2　电压调节器的基本原理 …………36
3.3.3　双级电磁振动式电压调节器 ……36
3.3.4　电子式电压调节器 ………………37
3.3.5　集成电路电压调节器 ……………40
3.4　充电系统电路实例分析 ………………41
3.5　交流发电机的使用与检测 ……………43
3.5.1　交流发电机使用和维修注意事项 …………………………………43
3.5.2　交流发电机的检测与试验 ………44
3.6　其他类型的交流发电机 ………………47
3.6.1　无刷交流发电机 …………………47
3.6.2　永磁式交流发电机 ………………48
3.6.3　带泵交流发电机 …………………49
3.7　汽车电源系统设计 ……………………49
3.7.1　蓄电池容量的选择 ………………50
3.7.2　电量平衡分析 ……………………50
思考题 …………………………………………53

第4章　起动系统………………………………54
4.1　概述 ……………………………………54
4.1.1　起动系统的基本组成 ……………54
4.1.2　起动机的分类 ……………………54
4.1.3　起动机的型号 ……………………55
4.2　起动机的结构及工作原理 ……………56
4.2.1　直流电动机 ………………………56
4.2.2　传动机构 …………………………59
4.2.3　电磁开关 …………………………62
4.3　起动机的工作特性 ……………………64
4.4　起动机控制电路 ………………………65
4.5　起动机的使用、检修与试验 …………68
4.5.1　起动机的使用 ……………………68
4.5.2　起动机的检修 ……………………68

   4.5.3 起动机的试验 …………… 71
4.6 其他类型起动机 ………………… 72
4.7 起动系统的设计 ………………… 75
   4.7.1 起动形式的选择 …………… 75
   4.7.2 起动系统的主要参数 ……… 75
思考题 …………………………………… 76

第5章 点火系统 …………………… 77
5.1 概述 ……………………………… 77
   5.1.1 点火系统的作用 …………… 77
   5.1.2 点火系统的分类 …………… 77
   5.1.3 发动机点火系统的基本要求 … 77
5.2 点火系统的组成及其工作原理 … 78
   5.2.1 传统点火系统的组成及其工作
       原理 ………………………… 78
   5.2.2 无触点电子点火系统的组成
       及其工作原理 ……………… 80
5.3 点火系统的主要部件 …………… 82
   5.3.1 点火线圈 …………………… 82
   5.3.2 火花塞 ……………………… 83
   5.3.3 传统点火系统用分电器 …… 87
   5.3.4 信号发生器 ………………… 90
   5.3.5 点火器 ……………………… 94
5.4 微机控制点火系统 ……………… 98
   5.4.1 微机控制点火系统的组成 … 98
   5.4.2 微机控制点火系统的基本控制
       功能 ………………………… 99
   5.4.3 微机控制点火系统的应用实例 … 101
5.5 无分电器点火系统 ……………… 103
   5.5.1 无分电器点火系统的组成 … 103
   5.5.2 无分电器点火系统的工作原理 … 104
5.6 无触点电子点火系统的故障检查 … 106
   5.6.1 电子点火系统使用与维修中的
       注意事项 …………………… 106
   5.6.2 磁感应式电子点火系统的故障
       检查 ………………………… 106
   5.6.3 霍尔效应式电子点火系统的故障
       检查 ………………………… 108
   5.6.4 微机控制点火系统的故障
       诊断 ………………………… 109
思考题 …………………………………… 110

第6章 照明与信号系统 …………… 111
6.1 照明系统的组成及其要求 ……… 111
6.2 前照灯 …………………………… 111

   6.2.1 前照灯的组成 ……………… 111
   6.2.2 前照灯的防眩目 …………… 113
   6.2.3 前照灯的控制电路 ………… 114
   6.2.4 照明系统新技术 …………… 116
6.3 灯光信号系统 …………………… 118
   6.3.1 灯光信号系统的组成及要求 … 118
   6.3.2 转向信号装置 ……………… 119
   6.3.3 危险报警闪光灯 …………… 122
   6.3.4 制动信号装置 ……………… 123
6.4 声响信号系统 …………………… 124
   6.4.1 声响信号系统的组成及作用 … 124
   6.4.2 电喇叭及其控制电路 ……… 124
   6.4.3 倒车信号装置 ……………… 125
思考题 …………………………………… 129

第7章 仪表与指示灯系统 ………… 130
7.1 仪表系统 ………………………… 130
   7.1.1 机油压力表 ………………… 130
   7.1.2 冷却液温度表 ……………… 132
   7.1.3 燃油表 ……………………… 132
   7.1.4 车速里程表 ………………… 134
   7.1.5 发动机转速表 ……………… 136
7.2 指示灯系统 ……………………… 136
   7.2.1 机油压力过低警告灯 ……… 136
   7.2.2 燃油量不足警告灯 ………… 137
   7.2.3 制动液不足警告灯 ………… 137
   7.2.4 冷却液温度过高警告灯 …… 138
   7.2.5 制动系统警告灯 …………… 138
   7.2.6 制动器摩擦片使用极限警告灯 … 139
   7.2.7 制动灯线路故障警告灯 …… 139
7.3 汽车数字式仪表 ………………… 139
   7.3.1 汽车数字式仪表的优点及类型 … 140
   7.3.2 汽车数字式仪表的组成 …… 140
   7.3.3 数字式仪表的电子显示器件 … 142
7.4 汽车信息抬头显示（HUD）系统 … 146
思考题 …………………………………… 147

第8章 汽车辅助电气装置 ………… 148
8.1 电动刮水器、雨滴自动感应刮水系统
    与风窗玻璃洗涤器 ……………… 148
   8.1.1 电动刮水器 ………………… 148
   8.1.2 雨滴自动感应刮水系统 …… 151
   8.1.3 风窗玻璃洗涤器 …………… 154
8.2 风窗玻璃除霜装置 ……………… 155
8.3 电动辅助装置 …………………… 156

  8.3.1 电动车窗 …………… 156
  8.3.2 电动座椅 …………… 158
  8.3.3 电动后视镜 ………… 159
  8.3.4 中控门锁 …………… 160
 8.4 汽车空调 ………………… 162
  8.4.1 汽车空调的基本组成和类型 … 162
  8.4.2 汽车空调制冷循环工作过程 … 163
  8.4.3 汽车空调制冷系统结构部件 … 163
  8.4.4 汽车空调系统控制电路 … 166
  8.4.5 汽车空调的使用与维护保养 … 167
 8.5 汽车音响与多媒体导航系统 ……… 169
  8.5.1 汽车音响的特点 …………… 170
  8.5.2 汽车音响系统的组成 ……… 171
  8.5.3 汽车多媒体系统 …………… 171
  8.5.4 车载导航系统 ……………… 172
 思考题 ……………………………… 175

第9章 汽车电器与电子系统总线路 … 176

 9.1 汽车电路的组成 ………………… 176
  9.1.1 汽车线路中的导线、线束和插接器 ……………………… 176
  9.1.2 开关、保险装置和继电器 … 180
 9.2 汽车电路的识读 ………………… 185
  9.2.1 汽车电路的表示方法 ……… 185
  9.2.2 捷达系列轿车电路图中符号的含义 ……………………… 188
  9.2.3 识读汽车电路图的一般要领 …… 190
 思考题 ……………………………… 192

参考文献 ………………………………… 193

第1章 绪 论

汽车通常是由发动机、底盘、车身和电气设备四大部分组成的。汽车电气设备包括满足车辆运行要求的基本设备和为了提高车辆安全性、舒适性而增加的一些电子控制系统。汽车电气设备种类较多，使用面广，发展迅速，更新频繁。汽车电气设备性能的好坏直接影响汽车的动力性、经济性、可靠性、安全性及舒适性。例如，为使汽车发动机获得最佳的动力性、经济性，要求点火系统在各种工况下都有一个最佳的点火提前角；为使发动机可靠起动，要求起动系统工作良好；为保证汽车工作可靠，行驶安全，则照明装置、各种指示仪表及信号装置等应正常工作。

随着汽车工业和汽车技术的快速发展，特别是汽车电子技术的迅速发展，汽车电器与电控装置在汽车中的使用越来越多，功用也越来越强，汽车对其的依赖程度和汽车电子控制的集成化程度越来越高，从而使当今汽车的功能越来越完善。因此，汽车电器与电子控制系统水平的高低也成为衡量汽车先进水平的重要指标。

1.1 汽车电器与电子技术的发展概况

汽车电器与电子控制系统大致经历了三个发展阶段。

第一阶段从20世纪初期开始，这一阶段是汽车电气技术的发明阶段。

1902年，德国人博世（Bosch）发明了高压磁电机点火系统，包括分电器、点火线圈、火花塞等重要部件。1905年，采用直流发电机。1912年，美国查尔斯·科特林发明电起动系统。1913年，形成了比较完善的汽车电气系统，包括蓄电池、发电机、起动机、点火系统、照明系统等，这推动了T型车的大批量生产。1924年，博世研制出电动刮水器。1938年，别克汽车采用转向闪光灯。1939年，帕科特汽车采用空调器。

第二阶段是从20世纪50年代末到20世纪90年代中期，这一阶段是汽车电子技术的应用与快速发展阶段。

从20世纪50年代末到20世纪70年代中期，这一时期的基本特点是电子产品和电子装置、模拟电路控制的发动机汽油喷射控制系统及其他控制系统开始在汽车上得到应用。1960年，美国通用汽车公司开始采用IC（集成电路）电子调节器，并于1967年以后将其应用到所有车中。1973年，美国通用汽车公司开始采用电子点火装置，此后被逐渐普及。1974年

起,通用汽车公司开始装备加大火花塞电极间隙、增强点火能量的高能点火系统,并力图将分电器、点火线圈和电子控制电路融为一体。真正的电子控制点火系统是由美国克莱斯勒汽车公司于1976年首创的,称为电子式稀混合燃烧系统(ELBS),它根据进气温度、冷却液温度、转速、负荷等,由控制器(微型计算机)计算出最佳点火时刻,并指令点火。

从20世纪70年代中期到20世纪80年代中期,这一时期的基本特点是集成电路和16位以下的微处理器在汽车上得到了广泛应用,仅具有某种单一控制功能的电控系统在汽车各系统和汽油机的电子控制系统中得以应用。随着单片机技术的发展,出现了16位单片机,使得单一功能的控制技术被整机集中控制取代,同时实现了优化的点火正时和精确的空燃比控制。如日产汽车公司开发了能综合控制喷油、点火时刻、排气再循环、空燃比和急速,并具有自诊断功能的综合控制系统。

从1982年到1995年,这一时期的基本特点是以微型计算机作为控制核心,能够实现多种控制功能的计算机集中管理系统逐步取代以前各自独立的电子控制系统,汽车电控系统的功能得到进一步拓展。20世纪80年代后期,高性能的16位单片机出现(如MCS-96),适用于更加复杂的实时处理系统。高性能16位单片机丰富的软硬件资源和强大的性能可以使发动机的控制策略更加丰富和完善,特别是增强了系统的自学习、故障诊断及失效保护等方面的功能。20世纪90年代,23位单片机开始逐步得到应用,硬件上还采用了可编程逻辑阵列、数字信号处理(DSP)技术、微处理器外围芯片大规模集成化等电子技术。硬件功能的增强使得控制系统向整车方向发展,如别克轿车采用了多种电子控制系统,包括动力总成(含发动机和变速器)控制系统(PCM)、防抱制动与牵引力控制系统(EBC/EBTCM)、安全气囊系统(SRS)、车身控制系统(BCM)等,其中PCM采用无分电器点火系统(DLI)和进气道多点顺序喷射系统。发动机控制包括空燃比、燃油蒸发净化(EVAP)、急速、排气再循环(EGR)、冷却风扇、空调离合器、点火提前角和点火闭合期。变速控制包括自动换档等。

第三阶段为1995年以后,这一阶段的基本特点是CAN(控制器局域网络)总线技术和高速车用微型计算机在汽车上广泛应用。由于汽车上的电子电气装置数量的急剧增多,为了降低连接导线的数量和质量,网络、总线技术在此期间有了很大发展。总线技术是将各种汽车电子装置连接成为一个网络,通过数据总线发送和接收信息。电子装置除了独立完成各自的控制功能外,还可以为其他控制装置提供数据服务。由于使用了网络化的设计,简化了布线,减少了电气节点的数量和导线的用量,使装配工作更为简化,同时也增加了信息传送的可靠性。通过数据总线可以访问任何一个电子控制装置,读取故障码对其进行故障诊断,使整车维修工作变得更为简单。

汽车电控系统对高复杂程度使用要求控制能力的提高,为汽车电子控制从电子控制向智能化电子控制系统发展创造了条件。从2005年开始,微波系统、多路传输系统、ASKS-32位微处理器、数字信号处理方式的应用,使通信与导航协调系统、自动防撞系统、动力最优化系统、自动驾驶与电子地图技术得到发展。汽车电子技术的应用使汽车更加智能化。智能汽车装备有多种传感器,能够充分感知驾驶人和乘员的状况,以及交通设施和周边环境的信息,判断乘员是否处于最佳状态,车辆和人是否会发生危险,并及时采取对应措施。

2008年,汽车电子技术向集中综合控制的方向发展:将发动机管理系统和自动变速器控制系统集成为动力传动系统的综合控制(PCM);将防抱制动系统(ABS)、牵引力控制系统（TCS）和驱动防滑控制系统（ASR）综合在一起进行制动控制；通过中央底盘控制器，将制动、悬架、转向、动力传动等控制系统通过总线进行连接。控制器通过复杂的控制运算，使各子系统协调，将车辆行驶性能控制到最佳水平，形成一体化底盘控制系统（UCC）。

在发动机的控制理论方面，发动机的控制从传统的查表法和PID（比例、积分、微分）控制法向最优控制、自适应控制及神经网络控制、模糊控制等现代控制理论方向发展，使智能控制在发动机控制中的应用成为一个研究热点。

1.2 汽车电气设备的组成与作用

传统汽车电气设备主要包括充电系统（电源系统）、起动系统、点火系统、照明与信号系统、仪表与报警指示系统、辅助电气系统等。

(1) **充电系统**（电源系统） 充电系统由发电机、调节器、蓄电池及充电指示灯等组成，其主要作用是向汽车用电设备提供直流电源。

(2) **起动系统** 起动系统主要由起动机及其控制装置等组成，其主要作用是起动发动机。

(3) **点火系统** 点火系统主要由点火线圈、火花塞等组成。其作用是使火花塞适时可靠地产生电火花，点燃气缸内的可燃混合气，而使汽油机正常工作。

(4) **照明与信号系统** 照明系统由汽车内外各种照明灯及其控制装置组成，用来保证夜间行车安全；信号系统由各种行车信号灯、闪光器、喇叭、蜂鸣器等组成，用来保证车辆运行时的人车安全。

(5) **仪表与报警指示系统** 仪表与报警指示系统包括各种仪表（燃油表、机油压力表、冷却液温度表、车速里程表、发动机转速表等）和指示灯，其主要作用是监测发动机的工作状况或车辆的运行状况。

(6) **辅助电气系统** 辅助电气系统一般包括风窗刮水及清洗装置、风窗除霜装置、电动车窗、电动后视镜、电动座椅、中控门锁、汽车音响、汽车空调等。其主要作用是提高车辆的安全性、舒适性和使用方便性。辅助电器因车型的不同，配置也不同。

1.3 汽车电气系统的特点

汽车电气系统由车载电源和各用电设备组成，其具有以下特点：

(1) **低压** 汽车电气系统的额定电压有12V、24V两种。现代汽车普遍采用12V蓄电池供电，有的重型柴油机汽车采用24V蓄电池供电。12V蓄电池采用14V运行电压，以供蓄电池充电。

随着汽车电子控制设备的应用越来越多，若仍采用12V低压电源供电系统，则会使电源承受巨大的压力。为保证车载电气设备正常工作，必然要增加线束的截面积，这会使汽车成本增加且不利于设备优化。为此世界各国正在研究42V或48V电源系统，从理论上讲，电压提高3倍，电流会减小65%，同时线束截面积也大为减小。但电压提高又带来新的问题，即要研制新型蓄电池和发电机，并且汽车上相应的电气设备和电子装置也应升级，这显

然会对目前的车载电源系统和电气设备产生极大冲击。

（2）**直流**　汽车电气系统采用直流电是因为需要将蓄电池作为发动机起动的电源，并且向蓄电池充电也必须用直流电源，所以汽车电气系统是直流系统。虽然交流发电机发出的是交流电，但经过整流器整流，变成直流电后才供给汽车使用。

（3）**单线制**　单线制就是将汽车发动机和底盘、车身等金属机件作为各种用电设备的共用连线（俗称搭铁），而用电设备到电源只需另设一根导线。任何一个电路中的电流都是从电源的正极出发，经导线流入用电设备后，通过金属车架流回电源负极而形成回路。

采用单线制的优点是节省材料（铜导线），简化电路，便于安装和检修，降低故障率。但在一些不能形成可靠的电气回路或需要精确电子信号的回路中，应采用双线。

（4）**负极搭铁**　采用单线制时，将蓄电池的一个电极用导线连接到发动机或底盘等金属车体上。若蓄电池的负极连接到金属车体上，则称为负极搭铁；反之，若蓄电池的正极连接到金属车体上，则称为正极搭铁。

我国标准中规定汽车电气设备必须采用负极搭铁。目前世界各国生产的汽车也大多采用负极搭铁方式。

（5）**并联连接**　汽车上的各种用电设备都采用并联方式与电源连接，每个用电设备都由各自串联在其支路中的专用开关控制，互不产生干扰。汽车上的两个电源（蓄电池与发电机）之间也是并联连接。

思 考 题

1. 传统汽车电气设备由哪些系统组成？各起什么作用？
2. 汽车电气系统的特点有哪些？

第2章 蓄电池

2.1 概述

汽车上装有蓄电池与发电机两个直流电源,全车用电设备均与直流电源并联连接,如图2-1所示。在发动机工作时,发动机带动发电机发电,向汽车用电设备提供电能,并给蓄电池充电。在起动发动机时,则由蓄电池提供电能。

2.1.1 蓄电池的作用与对蓄电池的要求

1. 蓄电池的作用

蓄电池的具体作用如下:

1) 发动机起动时,向起动机和点火系统供电。

2) 发动机低速运转时,向用电设备和发电机励磁绕组供电。

3) 发动机中、高速运转时,将发电机剩余的电能转化为化学能储存起来。

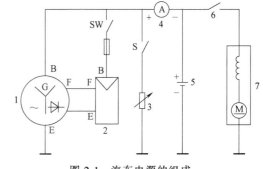

图2-1 汽车电源的组成
1—发电机 2—调节器 3—用电设备 4—电流表
5—蓄电池 6—起动开关 7—起动机

4) 发电机过载时,协助发电机向用电设备供电。

5) 蓄电池相当于一个大电容器,能吸收电路中出现的瞬时过电压,保护电子元件,保持汽车电气系统电压稳定。

6) 对汽车电子控制系统来说,蓄电池是电子控制器的不间断电源。

2. 对蓄电池的要求

蓄电池用作发动机的起动电源,需要在5~10s内向起动机连续提供大电流(汽油机为100~300A,柴油机为300~600A,大型柴油机可达1000A),因此,要求蓄电池内阻要小,大电流输出时电压要稳定,以确保有良好的起动性能;蓄电池容量要大,以保证有足够的起动能力。除了要能满足发动机的起动需要外,还要求蓄电池的充电性能良好、使用寿命长、维护方便或少维护,以满足良好的汽车使用性能要求。

2.1.2 蓄电池的现状与发展

可充电的蓄电池也被称为二次电池。充电时利用外部的电能使内部活性物质再生,把电能储存为化学能,需要放电时则把化学能转换为电能输出。常用的车用蓄电池可分为普通铅酸蓄电池、干荷蓄电池和免维护蓄电池三类。

(1) 普通铅酸蓄电池 普通铅酸蓄电池的极板由铅和铅的氧化物构成,电解液是硫酸的水溶液。它的主要优点是电压稳定、价格便宜,缺点是比能量(即每千克蓄电池存储的电能)低、使用寿命短且日常维护频繁。老式普通铅酸蓄电池一般寿命在2年左右,而且需定期检查电解液的高度并添加蒸馏水。随着科技的发展,目前普通铅酸蓄电池的寿命变得更长而且维护也更简单了。为了延长铅酸蓄电池的使用寿命,可以在汽车每行驶10000km左右时检查一次电解液液面高度,使其始终保持在中间位置。如果保养得当,铅酸蓄电池的寿命可以从2~3年延长至4年甚至5年。

(2) 干荷蓄电池 干荷蓄电池的全称是干荷电铅酸蓄电池,它的主要特点是负极板有较高的储电能力,在完全干燥状态下能在两年内保存所得到的电量,使用时只需加入电解液,等待20~30min即可使用。

(3) 免维护蓄电池 免维护蓄电池由于自身结构上的优势,电解液的消耗量非常小,在使用寿命内基本不需要补充蒸馏水。它还具有耐振、耐高温、体积小、自放电小的特点。使用寿命一般为普通铅酸蓄电池的两倍。市场上的免维护蓄电池有两种:第一种在购买时一次性加电解液,以后使用中不需要维护(添加补充液);另一种是电池本身出厂时就已经加好电解液并封住,用户不能添加补充液。

国内外都致力于研究与开发碱性蓄电池,如铁镍蓄电池、镉镍蓄电池、镍氢蓄电池、锌银蓄电池等。碱性蓄电池具有重量轻、自放电小的优点,不会因过充电或过放电而造成活性物质的钝化。但是碱性蓄电池活性物质的内阻较大,导电性差,不适合用作起动电源。目前,碱性蓄电池主要在电动汽车上使用。

2.2 蓄电池的构造

2.2.1 普通铅酸蓄电池的构造

普通铅酸蓄电池主要由极板、隔板、电解液、壳体、联条、加液孔盖、极柱等主要部件组成,如图2-2所示。

1. 极板与极板组

极板是蓄电池的核心部分,蓄电池的充、放电过程就是依靠极板上的活性物质和电解液中硫酸的化学反应来实现的。极板分为正极板和负极板两种,均由栅架和填充在其上的活性物质构成,如图2-3所示,栅架的结构如图2-4所示。正极板上的活性物质是二氧化铅(PbO_2),呈深棕色;负极板上的活性物质是海绵状纯铅(Pb),呈青灰色。一般负极板的厚度为1.8mm,现在有一种薄型极板,厚度为1.1~1.5mm,薄型极板对提高蓄电池的比容量和改善起动性能都是很有利的。

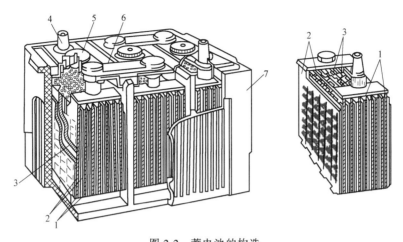

图 2-2 蓄电池的构造

1—正极板 2—负极板 3—隔板 4—极柱 5—加液孔盖 6—联条 7—壳体

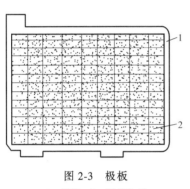

图 2-3 极板

1—栅架 2—活性物质

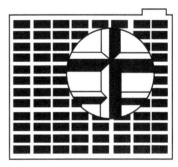

图 2-4 栅架的结构

把正负极板各一片浸入电解液中,就可获得电动势,但是为了增大蓄电池的容量,常做成正负极板组,装在单体电池内,如图 2-5 所示。每个单体电池的标称电压为 2V,因此,12V 的蓄电池由 6 个单体电池串联而成。负极板组比正极板组多一片,使正极板处于负极板

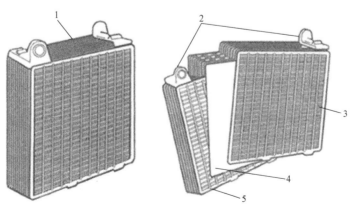

图 2-5 蓄电池极板组结构

1—极板组总成 2—极板联条 3—负极板 4—隔板 5—正极板

之间，两侧放电均匀，否则，正极板单面工作会使两侧活性物质体积变化不一致而造成极板拱曲，活性物质易脱落。

2. 隔板

为了减小蓄电池的内阻和体积，正负极板应尽量靠近但彼此又不能接触而短路，故在相邻的正负极板之间加有绝缘隔板。隔板具有多孔性，以便电解液渗透，且化学性能要稳定。常用的隔板有木质隔板、微孔橡胶隔板、微孔塑料隔板、塑料纤维隔板及浸树脂纸质隔板等。微孔橡胶隔板耐酸、耐高温性能好，寿命长，但成本高；微孔塑料隔板和浸树脂纸质隔板的孔率高、孔径小、薄而柔韧且成本低，因而使用渐多。近年来，也有将微孔塑料隔板做成袋状的，紧包在正极板的外部，防止活性物质脱落。

3. 电解液

电解液可使极板上的活性物质溶解和电离，产生电化学反应。电解液是用纯硫酸和蒸馏水按一定比例配制而成的，密度一般为 $1.24 \sim 1.30 \mathrm{g/cm^3}$。电解液的纯度是影响蓄电池性能和使用寿命的重要因素，因此，一般工业用硫酸和水不能用作电解液，否则会增大自放电程度和损坏极板。

配制电解液时，会释放出大量的热能，由于硫酸的比热容比水小得多，受热时温升很快，易于产生气泡，造成飞溅，故配制电解液时只能将硫酸缓缓倒入蒸馏水中，并不断搅拌。

电解液的密度对蓄电池的工作有重要影响，密度大，可以减小结冰的危险并提高蓄电池的容量，但密度过大，由于黏度增加，反而会降低蓄电池的容量，而且会缩短极板的使用寿命。电解液的相对密度应根据地区和气候条件而定，表 2-1 列出了不同地区和温度条件下电解液的相对密度。

表 2-1 不同地区和温度条件下电解液的相对密度

气候条件	全充电蓄电池 15℃时的密度/(g/cm^3)	
	冬季	夏季
冬季温度低于-40℃的地区	1.310	1.260
冬季温度高于-40℃的地区	1.290	1.250
冬季温度高于-30℃的地区	1.280	1.250
冬季温度高于-20℃的地区	1.270	1.240
冬季温度高于0℃的地区	1.240	1.230

4. 壳体

蓄电池的壳体是用来放置电解液和极板组的。壳体应耐酸、耐热及耐振，以前多采用硬橡胶制成。近年来，由于工程塑料技术的发展，壳体多由塑料（聚丙烯）制成。塑料壳体不仅耐酸、耐热、耐振，且强度高、韧性好，壳体壁可以做得较薄（一般厚为 3.5mm，而硬橡胶壳体壁厚为 10mm），外形美观、透明、重量轻。塑料壳体易于热封合，生产效率高，已成为一种发展趋势。

壳体底部的凸筋是用来支撑极板组的，当有活性物质脱落掉入凹槽中时，可防止正负极板短路；若采用袋式隔板，可防止活性物质脱落造成短路，故壳底无须凸筋，从而可以降低壳体高度。

5. 联条

蓄电池总成通常都是由 3 个或 6 个单体电池组成的，各单体电池之间靠铅质联条串联起来，联条装在盖子上面，这种传统的连接方式不仅浪费铅材料，而且会使内阻增大，现已逐步被图 2-6 所示的穿壁式连接方式所代替。穿壁式连接方式是在相邻单体电池之间的间壁上打孔供联条穿过，将两个单体电池的极板组极柱连焊在一起，这种连接方式连接距离短、节约材料、电阻小、起动性能好，因而得到广泛的应用。

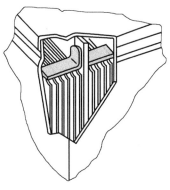

图 2-6　单体电池的穿壁式连接

6. 加液孔盖

加液孔盖可以防止电解液溅出及便于加注电解液。孔盖上有通气孔，可以使电池内部的氢气和氧气排出，以免发生事故。如果在孔盖上安装一个氧化铅过滤器，还可以避免水蒸气逸出，减少水的消耗。

7. 蓄电池的型号

按 JB/T 2599—2012《铅酸蓄电池名称、型号编制与命名办法》规定，蓄电池型号由三部分组成：

1）第一部分为串联的单体蓄电池数。
2）第二部分为蓄电池用途、结构特征代号。
3）第三部分为标准规定的额定容量。

示例：6 个单体串联的额定容量为 100A·h 的干式荷电起动型蓄电池的型号命名为 6-QA-100，如图 2-7 所示。

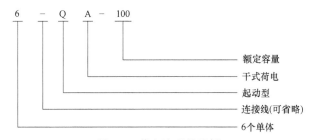

图 2-7　蓄电池型号示例

2.2.2　免维护蓄电池的构造

免维护蓄电池在汽车正常使用过程中不需添加蒸馏水，如市区内短途行驶可行驶 80000km，长途行驶可行驶 400000~480000km，正常使用时一般不需进行维护。免维护蓄电池的构造如图 2-8 所示。

免维护蓄电池有以下结构特点：

1）栅架采用铅钙合金或低锑合金制作，这就避免了蓄电池经常发生的自行放电、过度充电、水分蒸发和热破坏等故障。热破坏是指蓄电池工作温度高或充电时电解液温度升高所造成的栅架腐蚀、活性物质脱落等现象。

2）隔板采用袋式聚氯乙烯隔板，此隔板可将整个极板包住，避免活性物质脱落，可防止极板间短路。

3）通气孔采用新型安全通气装置，可避免蓄电池内的气体与外部的火花直接接触，以防爆炸。通气塞中还装有钯催化剂，可将排出的氢离子、氧离子结合生成水再返回到电池中去。

4）顶部装有充电状态指示器，其结构如图2-9所示。指示器用塑料制成，其下部的直管从蓄电池顶部插入电解液中，指示器内有一个绿色小球，当电解液密度高于 1.265g/cm³ 或蓄电池充电到20小时率额定容量（定义见2.5节）的65%以上时小球浮起，指示器为绿色；当蓄电池容量低于20小时率额定容量的65%时小球下沉，指示器变为黑色，表示蓄电池需要充电；当电解液液面过低时，指示器变为无色透明。

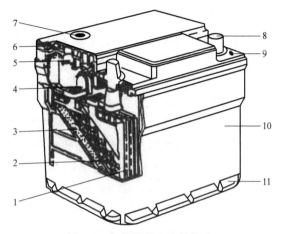

图2-8 免维护蓄电池的构造
1—袋式隔板 2—铅钙栅架 3—活性物质
4—穿壁跨接式联条 5—液气分离器 6—消焰排气阀
7—内装密度计 8—极柱 9—压模代号
10—聚丙烯壳体 11—用于夹装的下滑面

5）单体电池间的联条采用穿壁式贯通连接，可减小内阻，改善起动性能。

6）壳体由聚丙烯塑料热压而成，槽底没有凸棱，极板组直接安装在蓄电池底部，增大了极板上部的空间，增加了蓄电池容量。

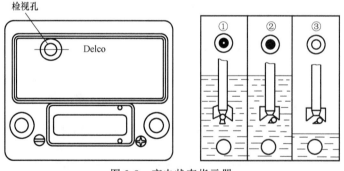

图2-9 充电状态指示器
①—绿色 ②—黑色 ③—无色

2.3 蓄电池的工作原理

铅酸蓄电池的核心部分是极板和电解液，蓄电池通过极板上的活性物质与电解液的电化学反应建立电动势，进行放电和充电过程。

根据双硫化理论（双极硫酸盐化理论），铅蓄电池中参与电化学反应的物质是正极板上的活性物质二氧化铅（PbO_2）、负极板上海绵状的铅（Pb）、电解液中的硫酸（H_2SO_4）和水（H_2O），当蓄电池外载荷接通放电时，正极板上的 PbO_2 和负极板上的 Pb 转变为 $PbSO_4$，电解液中的 H_2SO_4 减少，密度下降。充电时，按相反的方向进行，正极板、负极板上的 $PbSO_4$ 分别恢复成 PbO_2 和 Pb，电解液中的 H_2SO_4 增加，相对密度变大。若略去中间的化学反应过程，放电和充电过程可用下式表示：

$$PbO_2 + Pb + 2H_2SO_4 \underset{充电}{\overset{放电}{\rightleftharpoons}} +PbSO_4 + PbSO_4 + 2H_2O$$

正极板　　负极板　　电解液　　　　　正极板　　负极板　　电解液

1. 蓄电池电动势的建立

当极板浸入电解液时，在负极板处，金属铅受到两个方面的作用。一方面，它有溶解于电解液的倾向，因而有少量的 Pb 进入溶液，生成 Pb^{2+}，在极板上留下两个电子 2e，使板带负电。另一方面，由于正负电荷的吸引，Pb^{2+} 有沉附于极板表面的倾向，当两者达到平衡时，负极板具有约为 0.1V 的负电位。Pb 生成 Pb^{2+} 和电子的反应如下：

$$Pb \rightarrow Pb^{2+} + 2e$$

正极板处少量 PbO_2 溶入电解液，与 H_2O 生成 $Pb(OH)_4$，再分离成四价铅离子（Pb^{4+}）和氢氧根离子（OH^-），即

$$PbO_2 + 2H_2O \rightarrow Pb(OH)_4$$

$$Pb(OH)_4 \rightarrow Pb^{4+} + OH^-$$

Pb^{4+} 沉附于极板的倾向大于溶解的倾向，使极板呈正电位，当达到平衡时，正极板的电位约为 +2.0V。因此，当外电路未接通，反应达到相对平衡状态时，正负极板之间的电动势 E_0 约为

$$E_0 = [2.0 - (-0.1)]V = 2.1V \tag{2-1}$$

2. 蓄电池的放电过程

蓄电池接上负载，在电动势的作用下，电流 I_f 从正极经过负载流向负极（即电子从负极流向正极），使正极电位降低、负极电位升高，破坏了原来的平衡。放电过程如图 2-10 所示。

在正极板处，Pb^{4+} 和电子结合变成 Pb^{2+}，再与电解液中的 SO_4^{2-} 结合生成 $PbSO_4$，沉附于极板上。

在负极板处，Pb^{2+} 与电解液中的 SO_4^{2-} 结合生成 $PbSO_4$ 沉附于负极板上，而极板上的金属铅继续溶解生成 Pb^{2+} 和电子。如果电路不中断，上述化学反应继续进行，使正极板上的 PbO_2 和负极板上的 Pb 都逐渐转变为 $PbSO_4$，电解液中的 H_2SO_4 逐渐减少而 H_2O 增多，电解液密度下降。

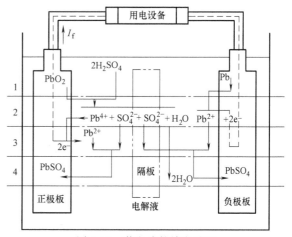

图 2-10　蓄电池的放电过程
1—充电状态　2—溶解电离　3—接入负载　4—放电状态

理论上，放电过程进行到极板上的活性物质全部变为 $PbSO_4$ 为止，而实际上这是不可能的，因为电解液不能渗透到活性物质的最内层。使用中，所谓放完电的蓄电池，实际上只

有 20%~30% 的活性物质参加反应变成了 $PbSO_4$，因此采用薄型极板、增大多孔性，可以提高极板活性物质的利用率。

3. 蓄电池的充电过程

充电时，应将蓄电池接直流电源，当电源电压高于蓄电池电动势时，在电源的作用下，电流从蓄电池正极流入，从负极流出（即驱使电子从正极经外电路流向负极），这时正、负极板发生的反应正好与放电过程相反，其化学反应如图 2-11 所示。

在负极板处有少量的 $PbSO_4$ 进入电解液中，电离为 Pb^{2+} 和 SO_4^{2-}，Pb^{2+} 在电源的作用下获得两个电子变为金属 Pb，沉附于极板上，而 SO_4^{2-} 和电解液中的 H^+ 结合生成 H_2SO_4。

在正极板处也有少量 $PbSO_4$ 进入电解液中，电离生成 Pb^{2+} 和 SO_4^{2-}，Pb^{2+} 在电源的作用下失去两个电子变为 Pb^{4+}，它又和电解液中的 OH^- 结合生成 $Pb(OH)_4$，$Pb(OH)_4$ 分解为 PbO_2 和 H_2O，PbO_2 沉附于正极板上，而 SO_4^{2-} 又与电解液中的 H^+ 结合生成 H_2SO_4。充电电流使电解液中的 Pb^{2+} 和 SO_4^{2-} 减少，$PbSO_4$ 就继续溶解电离。

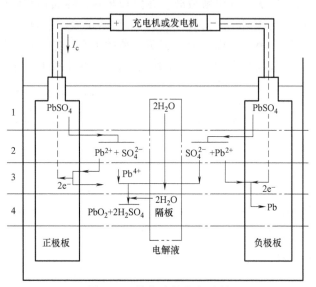

图 2-11 蓄电池的充电过程
1—放电状态 2—溶解电离 3—通入电流 4—充电状态

可见，在充电过程中，正、负极板上的 $PbSO_4$ 将逐渐恢复为活性物质，电解液中的 H_2SO_4 逐渐增多，H_2O 逐渐减少。充电终期，电解液密度将升到最大值，且引起 H_2O 的分解，生成 O_2、H_2，并从电解液中逸出。H_2O 分解的化学反应式如下：

$$2H_2O \xrightarrow{分解} 2H_2\uparrow + O_2\uparrow$$

2.4 蓄电池的工作特性

1. 蓄电池的静止电动势

静止电动势 E_j 是指蓄电池在静止状态下（不充电、不放电）正、负极板的电位差即开路电压，其大小与电解液的相对密度和温度有关。

在电解液的相对密度为 $1.050 \sim 1.300 \text{g/cm}^3$ 时，静止电动势与电解液的密度及温度的关系可由如下经验公式表示：

$$E_j = 0.84 + \rho_{25℃} \tag{2-2}$$

$$\rho_{25℃} = \rho_t + 0.0075(T-25) \tag{2-3}$$

式中 $\rho_{25℃}$——温度为 25℃ 时的电解液密度（g/cm^3）；

ρ_t——实际测得的电解液密度（g/cm^3）；

T——实际测得的电解液温度（℃）。

2. 蓄电池内阻

铅酸蓄电池的内阻一般很小，这样可以获得较大的放电电流。蓄电池的内阻包括极板、隔板、电解液、联条的电阻。隔板的电阻因材料而异，木质隔板比微孔橡胶隔板、微孔塑料隔板的电阻大。联条的电阻与联条的长度有关，穿壁式联条的电阻较小。蓄电池在使用过程中，隔板和联条的电阻不会改变，极板电阻和电解液电阻则会随蓄电池的放电程度、电解液的温度和密度的改变而改变。

极板的电阻一般很小，并且随极板上活性物质的变化而变化，充电后电阻很小，放电后电阻很大，特别是放电终了时，由于活性物质变为$PbSO_4$，电阻大大增加。

电解液的电阻随相对密度、温度的变化而变化。图2-12所示为电解液电阻与密度的关系曲线。温度低、电解液密度高时，会因电解液的黏度增大，渗透能力降低而使其电阻增大。硫酸电解液密度为

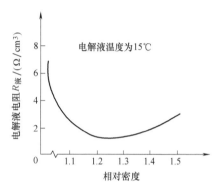

图2-12 电解液电阻与密度的关系曲线

$1.208g/cm^3$（25℃）时，电离程度最大，黏度较小，其电阻最小。电解液密度过高或过低时，其电离程度会降低，电阻会增大。

从以上分析可知，适当地采用低密度电解液（不结冰的前提下）和提高电解液温度（不超过40℃）对降低电解液的内阻是很有意义的，尤其是在冬季。

3. 蓄电池的放电特性

蓄电池的放电特性是指恒定电流I_f放电过程中，蓄电池的开路电压U_f、电动势E和电解液密度随放电时间变化的规律。

将一个完全充足电的蓄电池以20h放电率（$I_f=0.05C_n$，C_n指蓄电池的20小时率额定容量）的电流进行放电，在放电过程中，每隔一定时间测量其单体电池的开路电压和电解液密度，便可得到放电特性曲线，如图2-13所示。

（1）**电解液密度** 放电过程中，由于电流I_f是恒定的，单位时间内所消耗的硫酸量是相同的，电解液的密度下降，相对密度每下降$0.03\sim0.04g/cm^3$，蓄电池放电大约为20小时率额定容量的25%。

（2）**开路电压与电动势** 由于蓄电池内阻R_0有电压降，放电时，蓄电池开路电压U_f总是低于其电动势E。即$U_f=E-I_fR_0$。

蓄电池放电时的电化学反应是在极板的孔隙内进行的。在开始放电阶段，极板

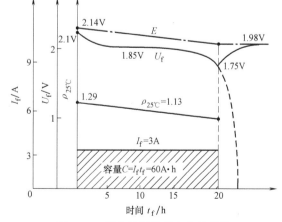

图2-13 蓄电池恒流放电特性曲线

孔隙内电解液的硫酸迅速消耗，电解液密度迅速下降，其单体的开路电压从2.1V迅速下降。这时，蓄电池电解液中的硫酸会向极板孔隙内渗透，当孔隙内电解液密度的下降与整个容器内电解液密度的下降趋于一致时，开路电压U_f将随整个蓄电池内电解液密度的降低而缓慢下降到1.8V，然后电压又迅速下降至停止放电。电压急剧下降是由于放电终了时，化学反应深入到极板的内层，而放电时生成的硫酸铅较原来的活性物质的体积大（是海绵状铅的2.68倍，是二氧化铅的1.68倍），硫酸铅聚积在极板孔隙内，缩小了孔隙的截面积，使电解液的深入困难，极板孔隙内消耗掉的硫酸难以得到补充，孔隙内的电解液密度迅速下降，开路电压也随之急剧下降。

当开路电压降至一定值时（20h放电率降至1.75V）再继续放电即过度放电。过度放电对蓄电池是有害的，因为孔隙中生成的粗结晶硫酸铅在充电时不易还原，会使极板破坏，容量下降。

停止放电后，由于极板孔隙中的电解液和电池中的电解液相互渗透，趋于平衡，蓄电池的开路电压将稍有回升（又称蓄电池的"休息"）。

蓄电池放电终了的特征如下：
1）电解液密度降低到最小许可值（约1.11g/cm³）。
2）单体电池的开路电压降至放电终了电压（约1.75V）。

允许的放电终了电压与放电电流有关，放电电流越大，则放完电的时间越短，允许的放电终止电压越小。放电电流与终止电压的关系见表2-2。

表2-2 放电电流与终止电压的关系

放电电流	$0.05C_n$ A	$0.1C_n$ A	$0.25C_n$ A	C_n A	$3C_n$ A
放电时间	20h	10h	3h	25min	5min
单体电池终止电压	1.75V	1.70V	1.65V	1.55V	1.50V

4. 蓄电池的充电特性

蓄电池的充电特性是指在恒流充电过程中，蓄电池的开路电压U_c和电解液相对密度随时间变化的规律。

以一定的电流I_c对一个完全放电的蓄电池进行充电，在充电过程中，每隔一定时间测量其单体电池的开路电压U_c和电解液密度，便可得到蓄电池的充电特性曲线，如图2-14所示。

充电时，电源电压必须克服蓄电池的电动势和电池内部的电压降I_cR_0，因此充电过程中蓄电池的开路电压总是大于电动势E，即$U_c=E+I_cR_0$。

由于恒流充电，单位时间内所生成的硫酸量相等，因此电解液相对密度随时间逐渐上升。蓄电池的开路电压在充电开始后迅速上升，这是因为充电时活性物质和

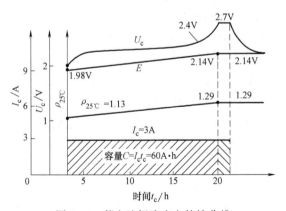

图2-14 蓄电池恒流充电特性曲线

硫酸的化学作用首先是在极板的孔隙中进行的，生成的硫酸使电解液的相对密度增大，故开路电压迅速上升。新生成的硫酸不断地向周围扩散，当继续充电至极板孔隙内析出的硫酸量与扩散的硫酸量达到平衡时，蓄电池的电压就不再迅速上升，而是随着电解液相对密度的增大而缓慢上升，呈线性关系。充电接近终了时，蓄电池开路电压达到 2.3~2.4V，极板上的活性物质几乎全部恢复为二氧化铅和铅，继续通电，电解液中的水开始分解，产生氢气和氧气，以气泡的形式剧烈放出，出现"沸腾"现象。这时出现严重的极化现象，负极板附近会集聚越来越多的 H^+，使电解液和极板之间产生一个迅速增大的附加电位差，导致 U_c 迅速上升。附加电位差最高大约为 0.33V，因此，开路电压升高到 2.7V 左右。此时应切断电路停止充电，否则将造成"过充电"。过充电时，由于剧烈地放出气泡会产生压力，加速活性物质的脱落，使极板过早损坏，所以应尽量避免长时间的过充电。但在实际使用中，为了保证电池充足电，往往要保证 2~3h 的过充电。

全部充电过程中，极板孔隙内的电解液密度稍大一些，因此蓄电池的电动势 E 总是高于静止电动势，充电停止后 $I_c = 0$。开路电压立即下降，极板孔隙内电解液和电池电解液的密度趋向平衡，因而蓄电池的开路电压又降至 2.1V 左右。

蓄电池充电终了的特征如下：
1）蓄电池内产生大量气泡，即所谓的"沸腾"。
2）蓄电池开路电压和电解液相对密度均上升至最大值，且 2~3h 内不再增加。

2.5 蓄电池的容量及其影响因素

1. 蓄电池的容量

蓄电池的容量反映蓄电池对外供电的能力，一个完全充足电的蓄电池，在允许放电条件下所能够输出的电量称为蓄电池的容量，可由下式表示：

$$C = I_f t_f \tag{2-4}$$

式中　C——蓄电池的容量（A·h）；
　　　I_f——放电电流（A）；
　　　t_f——放电时间（h）。

蓄电池容量的表示方法有两种，即 20 小时率容量和储备容量，二者又都包括额定容量和实际容量，下面以额定容量为例进行介绍。

(1) 20 小时率额定容量 C_n　根据 GB/T 5008.1—2013《起动用铅酸蓄电池　第 1 部分：技术条件和试验方法》，C_n 指完全充足电的蓄电池，在电解液温度为 (25±2)℃ 的情况下，以 20h 放电率的放电电流（即 $I_f = 0.05C_n$）连续放电至单体电池电压降到 1.75V [即 12V 蓄电池开路电压下降至 (10.50±0.05) V，6V 蓄电池开路电压下降至 (5.25±0.02) V] 时所输出的电量。

例如，6-Q-105 型蓄电池在电解液温度为 25℃ 时，以 5.25A 的电流连续放电 20h 后，开路电压降至 1.75V，它的 20 小时率额定容量则为 $C_n = 5.25×20$ A·h = 105 A·h。

蓄电池的 20 小时率额定容量是检验新蓄电池质量和衡量旧蓄电池是否能继续使用的重要指标。

(2) 额定储备容量 $C_{r,n}$　根据 GB/T 5008.1—2013，$C_{r,n}$ 是指完全充足电的蓄电池，在电解液温度为 (25±2)℃ 时，以 25A 电流放电至 12V 蓄电池开路电压达 (10.50±0.05) V、

6V蓄电池开路电压下降至（5.25±0.02）V时，放电所持续的时间，其单位为min。它表明当汽车充电系统失效时，蓄电池尚能持续提供25A电流的能力。

$C_{r,n}$ 与 C_n 之间的换算关系为

$$C_n = \sqrt{17778+208.3C_{r,n}} - 133.3 \qquad (2\text{-}5)$$

当 $C_{r,n} \geq 480\text{min}$ 或 $C_n \geq 200\text{A}\cdot\text{h}$ 时，式（2-5）不适用。

2. 影响蓄电池容量的因素

蓄电池的容量越大，可提供的电能就越多，蓄电池的容量与下列几个因素有关：

(1) **极板的构造等制造因素** 蓄电池极板的表面积越大，极板片数越多，参加反应的活性物质就越多，容量就越大。另外，极板越薄，活性物质的多孔性越好，则电解液向极板内部的渗透越容易，活性物质利用率就越高，输出容量也就越大。

(2) **放电电流** 铅酸蓄电池放电过程中，正、负极板上的活性物质不断变为硫酸铅，而硫酸铅的体积比活性物质的体积大，所以随着硫酸铅的不断产生，极板孔隙会逐渐减小，使硫酸的深入困难。放电电流越大，单位时间内产生的硫酸铅越多，堵塞作用越明显，加之放电电流越大，对硫酸的需要量越大，这就会导致孔隙内电解液密度急剧下降，使开路电压迅速降低，从而缩短放电时间。

图2-15所示为6-Q-135型蓄电池在不同放电电流情况下的放电特性。从图中可以看出，放电电流越大，开路电压下降越快，至终止电压的时间越短，因而容量越小。同时放电电流越大，越容易出现"终了"电压之后的过放电，影响铅酸蓄电池的使用寿命。

所以必须严格控制起动时间，每次起动的时间不得超过5s，而且相邻两次起动之间应有15s的"休息"时间。

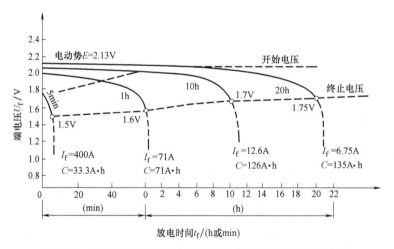

图2-15 6-Q-135型蓄电池在不同放电电流情况下的放电特性

图2-16所示为放电电流与蓄电池容量的关系。放电电流越大，极板上用于参加电化学反应的活性物质越少，蓄电池容量越小。

(3) **电解液的温度** 温度降低时，电解液的黏度增大，渗透能力下降，同时，电解液的电离程度也降低，致使蓄电池的容量降低。电解液温度与蓄电池容量的关系如图2-17所示。

一般来说,温度每下降 1℃,蓄电池的容量下降约为 1%(小电流缓慢放电)或 2%(大电流快速放电)。所以适当提高蓄电池的温度,有利于提高蓄电池的容量,可提高车辆的低温起动性能。

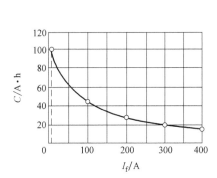

图 2-16 放电电流与蓄电池容量的关系

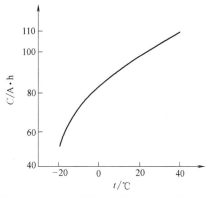

图 2-17 电解液温度与蓄电池容量的关系

(4)电解液的密度 电解液的密度较大时,增大密度,电解液的黏度增加,内阻增加,电解液的渗透能力下降,容量减小;电解液的密度较小时,减小密度,电解液中硫酸含量降低,内阻增加,蓄电池的容量下降;电解液密度适中时,蓄电池的容量最大。图 2-18 所示为电解液相对密度与蓄电池容量的关系。

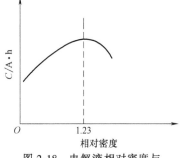

图 2-18 电解液相对密度与蓄电池容量的关系

实际使用中,电解液的密度一般为 1.26~1.285g/cm³(充电状态)。实践证明,电解液密度偏低时,有利于提高放电电流和蓄电池容量。因此,冬季在不使电解液结冰的前提下,应尽可能采用密度稍低的电解液,这有利于提高起动性能,并可减小极板硫化倾向,延长蓄电池的使用寿命。

2.6 蓄电池的充电

2.6.1 蓄电池的充电种类

蓄电池的充电有初充电、补充充电和去硫化充电等。

1. 初充电

新蓄电池或修复后的蓄电池在使用之前的首次充电称为初充电。

首先按照厂家要求,并结合当地气候条件选择一定相对密度的电解液。电解液温度不超过 30℃,加注后静置 4~6h,这期间因电解液渗入极板,液面有所下降,应补充电解液使之高出极板 15mm。待电解液温度低于 35℃时方可充电。蓄电池初充电规范见表 2-3 所示。

初充电的程序一般分为两个阶段:第一阶段的充电电流约为 20 小时率额定容量的 1/15,充电至电解液中逸出气泡,单体电池开路电压至 2.4V 时为止;第二阶段将充电电流减半,继续充电到电解液沸腾，相对密度和开路电压连续 3h 不变时为止。全部充电时间需要 60h 左右。

充电过程中应经常测量电解液温度，如果温度上升到 40℃，应将充电电流减半。如果温度继续上升到 45℃，应立即停止充电，待冷却至 35℃ 以下后再进行充电。初充电接近完毕时，应测量电解液的相对密度。如果电解液相对密度不符合表 2-1 给出的规定数值，应用蒸馏水或相对密度为 $1.4g/cm^3$ 的电解液进行调整。调整后，再充电 2h 直至符合规定为止。

2. 补充充电

蓄电池在汽车上使用时，经常有充电不足的现象发生，应根据需要进行补充充电。如果发现下列现象之一，必须随时进行补充充电：电解液相对密度下降到 $1.20g/cm^3$ 以下；单体电池电压下降到 1.7V 以下；冬季放电超过 25%，夏季放电超过 50%；起动无力。

补充充电也要按表 2-3 所列的规范电流值充电，分两个阶段进行：第一阶段充到单体电池电压为 2.4V；第二阶段充到单体电池电压为 2.5~2.7V，电解液相对密度恢复到规定值，并且 3h 保持不变，则说明已经充足。补充充电一般需要 13~16h。

表 2-3 蓄电池的充电电流规范

蓄电池型号	20 小时率额定容量 C_n/A·h	额定电压/V	初充电				补充充电			
			第一阶段		第二阶段		第一阶段		第二阶段	
			电流/A	时间/h	电流/A	时间/h	电流/A	时间/h	电流/A	时间/h
3-Q-75	75	6	5	30~40	2.5	25~30	7.5	10~12	3.75	3~5
3-Q-90	90	6	6	30~40	3	25~30	9	10~12	4.5	3~5
3-Q-105	105	6	7	30~40	3.5	25~30	10.5	10~12	5.25	3~5
6-Q-60	60	12	4	30~40	2	25~30	6	10~12	3	3~5
6-Q-75	75	12	5	30~40	2.5	25~30	7.5	10~12	3.75	3~5
6-Q-90	90	12	6	30~40	3	25~30	9	10~12	4.5	3~5

3. 去硫化充电

蓄电池长期充电不足，或者放电后长时间未充电，极板上会逐渐生成一层白色的粗晶粒硫化铅，在正常充电时不能转化为活性物质，这种现象称为硫化铅硬化，简称硫化。极板硫化会使蓄电池内阻增加，起动困难。

去硫化充电的方法是，先倒出容器内的电解液，用蒸馏水反复冲洗数次，然后加注蒸馏水，使液面高出极板 15mm。用初充电电流进行充电时，要随时测量电解液的相对密度，当相对密度上升到 $1.150g/cm^3$ 时，要添加蒸馏水，继续充至密度不再上升，然后进行放电。反复进行到在 6h 之内电解液密度不再变化为止。最后按初充电的方法进行充电，调整电解液密度至规定值。

2.6.2 蓄电池的充电方法

蓄电池的充电有定流充电、定压充电和快速脉冲充电等方法。

1. 定流充电

在充电过程中，保持充电电流恒定的充电方法称为定流充电。

采用定流充电法可以同时对多个蓄电池进行充电，各蓄电池之间采用串联连接方式，如

图 2-19 所示。充电电流要按照蓄电池的容量确定，如果被充电蓄电池的容量不同，应先根据小容量蓄电池选择充电电流，待小容量蓄电池充足电后，将其摘除，再根据余下蓄电池的容量重新选择充电电流，继续充电。

图 2-20 所示为定流充电的特性曲线。一般分为两个阶段，第一阶段以规定的充电电流进行充电，单体电池的电压升至 2.4V 时，将充电电流减半转入第二阶段的充电，直到电解液的相对密度达到规定值且 2~3h 不变，并有气泡冒出为止。

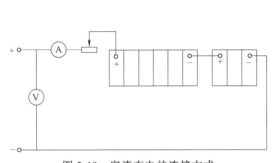

图 2-19　定流充电的连接方式

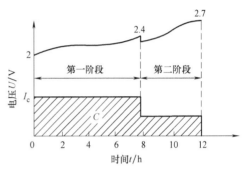

图 2-20　定流充电的特性曲线

定流充电的适应性强，可任意选择和调整充电电流的大小，有利于保持蓄电池的技术性能和延长蓄电池的使用寿命，其缺点是充电时间长，要经常调节充电电流。

2. 定压充电

在充电过程中，保持充电电压恒定的充电方法称为定压充电。

采用定压充电法也可以同时对多个蓄电池进行充电，但要求每组蓄电池的开路电压相同，各蓄电池组之间采用并联连接，如图 2-21 所示。随着蓄电池的电动势 E 的增加，充电电流会减小。定压充电的特性曲线如图 2-22 所示。

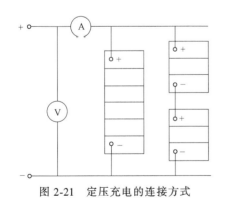

图 2-21　定压充电的连接方式

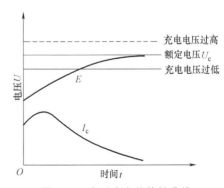

图 2-22　定压充电的特性曲线

采用定压充电法，充电电压一般按每格 2.5V 选择，如电池组的额定开路电压为 12V，充电电压应选为 15V，过大的充电电压会使蓄电池温度过高，造成活性物质脱落。定压充电法的特点是充电效率高，在充电开始的 4~5h 内，就可以获得 90%~95% 的容量，可大大缩短充电时间。蓄电池充足电后，充电电流会自动趋于零，但采用这种方法不能确保蓄电池完全充足电。

3. 快速脉冲充电

采用常规的定流充电法充电时，由于充电时间太长，给使用带来很多不便。若加大充电电流或提高充电电压，虽然会缩短充电时间，但会产生大量气泡，造成极板活性物质脱落，缩短蓄电池的寿命。

采用自动控制电路，对蓄电池进行正反向脉冲充电，可以大大提高充电效率，且造成的不良影响较小。对蓄电池进行补充充电仅需 0.5~1h。快速脉冲充电过程分为充电初期和脉冲期两个阶段，如图 2-23 所示。

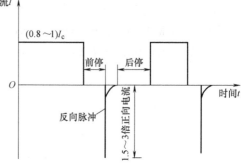

图 2-23　快速脉冲充电

（1）**充电初期**　采用大电流（0.8~1）I_c 进行定流充电，自充电开始至单体电池电压上升到 2.4V 左右且冒出气泡为止，使蓄电池电量在较短的时间内达到 20 小时率额定容量的 60% 左右，然后进入脉冲期。

（2）**脉冲期**　先停止充电 25ms，然后反向放电（反充电）150~1000μs，脉冲深度（即反向放电电流的大小）为 1.5~3I_c，再停止充电 40ms（后停充），然后正向充电一段时间。这一过程由充电机自动控制，往复不断地进行，直至蓄电池充足电。

快速脉冲充电的优点是充电时间可大大缩短（新蓄电池充电仅需 5h，补充充电需 1h），缺点是对蓄电池的寿命有一定的影响，并且脉冲快速充电机结构复杂，价格昂贵，其适用于电池集中、充电频繁、要求应急的场合。

2.6.3　蓄电池充电注意事项

为防止充电时出现意外，在蓄电池充电时，应注意以下事项：

1）充电时，通风应良好，严禁在附近用明火和吸烟。
2）充电时，应打开蓄电池加液孔盖，使气体顺利逸出。
3）将充电机与蓄电池连接时，要注意极性，导线连接要可靠，防止产生电火花。
4）充电时，应先接好电源，再打开电源开关；停止充电时应先断开充电电源。
5）在充电机工作时，不要连接或脱开充电机引线。
6）在充电过程中，要注意电压和电解液密度及各个单体电池的温升。
7）充电设备最好不要与被充电蓄电池放在同一个房间内。

2.7　蓄电池的使用、维护与检查

2.7.1　蓄电池的正确使用与维护

正确使用与维护蓄电池可提高蓄电池的容量，使蓄电池经常处于完好状态，延长其使用寿命。

1. 蓄电池的正确使用

蓄电池正确使用的要求如下：

1)不要连续使用起动机,每次起动的时间不得超过5s,如果一次未能起动,应停顿15s以上再进行起动,若连续三次起动不成功,应查明原因,排除故障后再起动发动机。

2)严寒地区应对蓄电池采取保温措施,容易起动发动机。

3)安装和搬运蓄电池时,应轻搬轻放,不可敲打或在地上拖拽。蓄电池在车上应固定牢靠,以防行车时振动和移位。

2. 蓄电池的维护

蓄电池维护的要求如下:

1)应经常清除蓄电池表面的灰尘、污物,电解液溅到蓄电池表面时,应用抹布蘸清洗液擦净,电极柱和电线夹头上出现氧化物时应及时清除。

2)应经常疏通加液孔盖上的通气孔。

3)放完电的蓄电池在24h内应及时充电。

4)常用车辆的蓄电池的放电程度冬季达25%、夏季达50%时即应进行补充充电,必要时每三个月进行一次补充充电。

5)拆卸蓄电池电缆时,应先拆下蓄电池负极,再拆下蓄电池正极;安装蓄电池电缆时,应先安装蓄电池正极,再安装蓄电池负极,以免造成蓄电池短路。

2.7.2 蓄电池的技术状况检查

为了及时发现蓄电池在使用中出现的各种内在故障,汽车每行驶1000km,或在冬季行驶10~15天、夏季行驶5~6天时,需对蓄电池进行技术状况的检查。

1. 电解液液面高度的检查

电解液液面高度可用玻璃管检查,液面应高出极板顶部10~15mm,如图2-24所示。电解液不足时应加注蒸馏水补允。

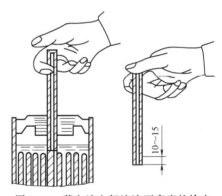

图2-24 蓄电池电解液液面高度的检查

2. 蓄电池放电程度的检查

(1)**通过测量电解液相对密度估算放电程度** 可用吸式密度计测量电解液相对密度,如图2-25所示,并将实际测量的数值转换成25℃时的相对密度值。经验表明,相对密度每

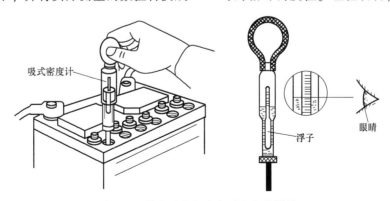

图2-25 蓄电池电解液相对密度的测量

减小 $0.01g/cm^3$，相当于蓄电池放电 6%，所以根据测得的电解液相对密度可以估计出蓄电池的放电程度。

（2）用高率放电计测量放电电压　高率放电计是模拟起动机工作状态，检测蓄电池容量的仪表。高率放电计由一个阻值很小的负载电阻和一块电压表组成，如图 2-26 所示。由于在检测时，蓄电池对负载电阻的放电电流可达 100A 以上，能比较准确地判定蓄电池的容量和基本性能，是目前普遍使用的检测仪表。

以 12V 蓄电池为例，使用方法如下：

将高率放电计的正、负放电针分别压在蓄电池的正、负极柱上，保持 15s，若电压保持在 9.6V 以上，说明性能良好，若电压稳定在 11.6~10.6V，说明存电充足，若电压迅速下降，说明蓄电池已经损坏。

注意：此项测量不能连续进行，测量完成后必须间隔 1min 以上才可以再次测量，以防止蓄电池损坏。

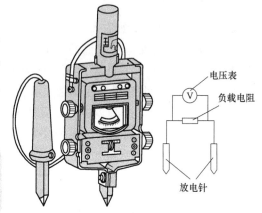

图 2-26　高率放电计

（3）蓄电池端电压的测量　测量蓄电池端电压时，蓄电池应处于稳定状态，蓄电池充、放电或加注蒸馏水后，应静置半小时后再测量。蓄电池端电压可用万用表的电压档测量，将万用表的正、负表笔分别与蓄电池的正、负极相接即可。

蓄电池在开路时的端电压称为开路电压，开路电压可以反映蓄电池的存电程度，它们之间的关系见表 2-4。

表 2-4　蓄电池开路电压与蓄电池存电程度的关系

存电程度(%)	100	75	50	25	0
蓄电池开路电压/V	>12.6	12.4	12.2	12	<11.9

2.8　其他类型蓄电池

2.8.1　干荷电铅酸蓄电池

干荷电铅酸蓄电池与普通铅酸蓄电池的区别是：极板组在干燥状态下能够较长时期保存在制造过程中所得到的电荷，如需在规定的保存期内（一般为两年）使用，只要加入密度符合规定的电解液，放置半小时，调整液面高度至规定值，不需进行初充电即可使用。

干荷电铅酸蓄电池负极板的制造工艺与普通铅酸蓄电池不同，因负极板上的活性物质是海绵状铅，表面积大，化学活性高，容易氧化，所以要在负极板的铅膏中加入松香、油酸、硬脂酸等防氧化剂，并且在化成过程中有一次深放电循环，使活性物质达到深化。化成后的负极板，先用清水冲洗，再放入防氧化剂溶液（硼酸、水杨酸混合液）进行浸渍处理，使负极板表面生成一层保护膜，并采用特殊干燥工艺，干燥罐中充入惰性气体。正极板上的活性物质 PbO_2 的化学活性比较稳定，其电荷可以较长期地保持。

储存期超过两年的干荷电铅酸蓄电池,因极板上有部分氧化物,使用前应进行补充充电。

2.8.2 镍镉蓄电池

镍镉蓄电池的正极材料为二氧化镍(NiO_2)和石墨粉的混合物,负极材料为海绵状镉粉和氧化镉粉,电解液通常为氢氧化钠或氢氧化钾溶液。当环境温度较高时,使用密度为$1.17\sim1.19g/cm^3$(15℃时)的氢氧化钠溶液。当环境温度较低时,使用密度为$1.19\sim1.21g/cm^3$(15℃时)的氢氧化钾溶液。在-15℃以下时,使用密度为$1.25\sim1.27g/cm^3$(15℃时)的氢氧化钾溶液。为兼顾低温性能和荷电保持能力,密封镍镉蓄电池采用密度为$1.40g/cm^3$(15℃时)的氢氧化钾溶液。为了增加蓄电池的容量和循环寿命,通常在电解液中加入少量的氢氧化锂(每升电解液加$15\sim20g$)。

镍镉蓄电池充电后,正极板上的活性物质变为NiO_2,负极板上的活性物质变为金属镉;镍镉蓄电池放电后,正极板上的NiO_2变为$Ni(OH)_2$,负极板上的Cd变为$Cd(OH)_2$。

1. 放电过程中的化学反应

(1) **负极反应** 负极上的镉失去两个电子后变成二价镉离子(Cd^{2+}),然后立即与溶液中的两个氢氧根离子(OH^-)结合生成氢氧化镉[$Cd(OH)_2$],沉积到负极板上,即

$$Cd+2OH^- \longrightarrow Cd(OH)_2+2e$$

(2) **正极反应** 正极板上的活性物质是NiO_2,可从外电路获得负极转移出的两个电子,生成两个二价离子(Ni^{2+})。与此同时,溶液中每两个水分子电离出的两个氢离子进入正极板,与晶格上的两个氧离子结合,生成两个氢氧根离子,然后与晶格上原有的两个氢氧根离子一起,与两个二价镍离子生成$Ni(OH)_2$晶体,即

$$2e+NiO_2+2H_2O \longrightarrow Ni(OH)_2+2OH^-$$

2. 充电过程中的化学反应

充电时,将蓄电池的正、负极分别与充电机的正负极相连,电池内部发生与放电时完全相反的电化学反应,即负极发生还原反应,正极发生氧化反应。

(1) **负极反应** 充电时,负极板上的氢氧化镉先电离成镉离子和氢氧根离子,然后镉离子从外电路获得电子,生成镉原子附着在极板上,而氢氧根离子进入溶液参与正极反应。

(2) **正极反应** 在外电源的作用下,正极板上的氢氧化镍晶格中,两个二价镍离子各失去一个电子生成三价镍离子,同时,晶格中两个氢氧根离子各释放出一个氢离子,将氧离子留在晶格上,释出的氢离子与溶液中的氢氧根离子结合,生成水分子。然后,两个三价镍离子与两个氧离子和剩下的两个氢氧根离子结合,生成两个二氧化镍(NiO_2)。

蓄电池充电终了时,充电电流将使电池内发生水分解的反应,在正、负极板上将分别有大量氧气和氢气析出。从上述电极反应可以看出,氢氧化钠或氢氧化钾并不直接参与反应,只起导电作用。从电池反应来看,充电过程中生成水分子,放电过程中消耗水分子,因此充、放电过程中电解液浓度变化很小,不能用密度计检测充放电程度。

镍镉蓄电池的优点是寿命长,单体电池电压达1.2V。其缺点是镉金属昂贵,现在多用镍氢蓄电池代替,但成本仍然很高。

2.8.3 锂电池

锂电池是指电化学体系中含有锂(包括金属锂、锂合金和锂离子、锂聚合物)的电池。

锂电池的负极材料为锂金属或锂合金，使用非水电解质溶液。锂电池大致可分为两类：锂金属电池和锂离子电池。锂离子电池不含有金属态的锂，并且是可以充电的。可充电电池的第五代产品锂金属电池在1996年诞生，其安全性、比容量、自放电率和性价比均优于锂离子电池。与普通蓄电池相比，锂电池具有以下优点：

(1) **比能量较高** 比能量指的是单位质量或单位体积的能量，单位为W·h/kg或W·h/L。锂电池具有高储存能量密度，目前已达到460~600W·h/kg，是铅酸蓄电池的6~7倍。

(2) **使用寿命长** 使用寿命可达到6年以上，用磷酸亚铁锂作为正极材料的电池1C（100%放电深度，100%DOD）充放电，有可以使用10000次的记录。

(3) **额定电压高** 单体工作电压为3.7V或3.2V，约等于3个镍镉或镍氢充电电池的串联电压，便于组成电池电源组。

(4) **具备高功率承受力** 其中电动汽车用的磷酸亚铁锂电池可以达到15~30C充放电的能力，便于高强度地起动加速。

(5) **自放电率很低** 这是该电池最突出的优越性之一，自放电率目前一般可达1%/月以下，不足镍氢蓄电池的1/20。

(6) **重量轻** 相同体积下的重量约为铅酸蓄电池的1/6~1/5。

(7) **温度适应性强** 可以在-20~60℃的环境下使用，经过工艺上的处理，可以在-45℃的环境下使用。

(8) **绿色环保** 生产、使用和报废过程中都不含有也不产生铅、汞、镉等有毒害的重金属元素和物质。

(9) **生产过程中基本不消耗水** 对节约水资源十分有利。

2.8.4 锌银蓄电池

锌银蓄电池充电时，正极板上的活性物质为氧化银（Ag_2O），负极板上的活性物质为金属锌（Zn），电解液是KOH水溶液。放电时，负极板上的活性物质失去两个电子，与电解液中的两个氢氧根离子相结合，生成氢氧化锌[$Zn(OH)_2$]，再转化为氧化锌（ZnO）和水。正极板活性物质获得两个电子后，在水的参与下转化为Ag和两个氢氧根离子。在电解液中，两个氢氧根离子带着两个负电荷由正极向负极迁移。

锌银蓄电池的额定电压为1.5V，工作电压为1.7~1.8V，充电终止电压为2.00~2.05V，放电终止电压为1.0V。

目前汽车遥控钥匙中使用的就是锌银蓄电池。

思 考 题

1. 铅酸蓄电池主要有哪些作用？
2. 铅酸蓄电池的主要组成部件及其作用是什么？
3. 蓄电池的电动势如何建立？充电和放电时蓄电池极板及其电解液有何变化？
4. 蓄电池放电终了和充电终了的特征是什么？
5. 如何对蓄电池进行补充充电？
6. 蓄电池充电的注意事项有哪些？

第3章 发电机与调节器

3.1 概述

汽车蓄电池不具备长期给电器设备供电的能力,所以汽车电源除蓄电池外还有发电机。发电机由发动机通过带轮带动运转,将机械能转变成电能。在发动机工作时,发动机带动发电机发电,向除起动机以外的所有用电设备供电,并向蓄电池充电。

1. 发电机的类型

最早使用的车载发电机是直流同步发电机。这种发电机一般为铸铁外壳,其磁极较大,并且采用机械换向器整流,所以其体积较大、比功率小、低速充电性差、高速换向器换向火花大。因不能适应现代汽车对车载发电机的要求而被淘汰。现代汽车上普遍使用硅整流交流发电机。交流发电机按照不同的分类方法可分为以下类型。

1) 按总体结构的不同可分为普通交流发电机(又称为硅整流发电机,使用时需要配装电压调节器)、整体式交流发电机(发电机和调节器制成一个整体)、带泵交流发电机。

2) 按有无电刷可分为有刷式和无刷式两种。其中有刷式交流发电机应用较普遍,无刷式结构相对复杂,制造成本较高,一般用于工作环境较恶劣的场合。

3) 按励磁方式的不同分为励磁式和永磁式两种,其中励磁式交流发电机应用较多。

4) 按励磁绕组的搭铁方式不同可分为内搭铁式和外搭铁式两种。内搭铁式是指励磁绕组的一端接发电机外壳的直接搭铁方式,外搭铁式是指励磁绕组的一端接入调节器,通过调节器搭铁。

5) 按整流二极管的数量不同可分为六管、八管、九管、十一管等不同形式的交流发电机。六管交流发电机是指只有六个整流二极管的普通交流发电机,如 JF1522(东风汽车用);八管交流发电机是指在六管交流发电机的基础上又增加了两个中性点二极管,从而具有八个整流二极管的交流发电机,如 JFZ1542(夏利汽车用);九管交流发电机是指在六管交流发电机的基础上又增加了三个磁场二极管,从而具有九个整流二极管的交流发电机(日产、三菱、马自达汽车用);十一管交流发电机是指在六管交流发电机的基础上既有中性点二极管又有磁场二极管的具有十一只整流二极管的交流发电机,如 JFZ1913Z(奥迪、桑塔纳汽车用)。

2. 对发电机的要求

发动机工作时的转速变化很大，要求发电机在发动机转速变化范围内都能正常发电且电压稳定，以满足用电设备的用电需求；此外，要求发电机的体积小、重量轻、发电效率高、故障率低、使用寿命长等，以确保汽车有良好的使用性能。

3.2 交流发电机的构造、原理和工作特性

3.2.1 交流发电机的构造

汽车用交流发电机主要由转子、定子、整流器及前后端盖等组成。JF132型交流发电机的组成如图3-1所示。

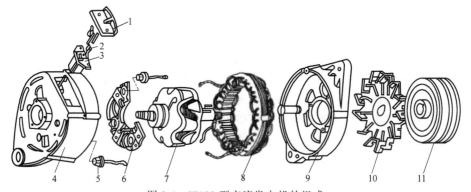

图3-1 JF132型交流发电机的组成

1—电刷弹簧压盖 2—电刷 3—电刷架 4—后端盖 5—硅二极管
6—元件板 7—转子 8—定子 9—前端盖 10—风扇 11—带轮

1. 转子

交流发电机的转子是用来建立磁场的，主要由两块爪极、励磁绕组、轴和集电环等组成，如图3-2所示。

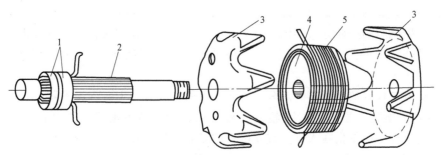

图3-2 交流发电机的转子

1—集电环 2—轴 3—爪极 4—磁轭 5—励磁绕组

两块爪极压装在转子轴上，爪极间的空腔内装有磁轭，磁轭上绕有励磁绕组，绕组两端的引线分别焊在与转子轴绝缘的两个铜制集电环上。两个电刷装在与端盖绝缘的电刷架内，

通过弹簧使电刷与集电环保持接触。当发电机工作时，两电刷与直流电源连通，为励磁绕组提供定向电流并产生轴向磁通，使两块爪极分别磁化为 N 极和 S 极，从而形成犬牙交错的磁极对并沿圆周方向均匀分布。转子磁场的磁力线分布与磁场电路原理如图 3-3 所示。

磁极对数可为 4 对、5 对和 6 对，我国设计的交流发电机的磁极对数多为 6 对。爪极凸缘的外形呈鸟嘴形，当发电机工作时，可在定子铁心内部形成近似正弦变化的交变磁场。

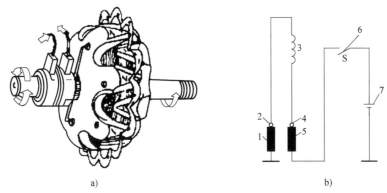

图 3-3　转子磁场的磁力线分布与磁场电路原理
a）磁场的磁力线分布　b）磁场电路原理
1、5—电刷　2、4—集电环　3—励磁绕组　6—点火开关　7—蓄电池

2. 定子

交流发电机的定子又称电枢，主要用来产生交流电动势。由定子铁心和对称的三相电枢绕组组成。定子铁心由一组相互绝缘的环状硅钢片叠制而成，环的内圆表面开有嵌线槽，三相电枢绕组按一定规则对称嵌放在槽内。一种 JF132 型交流发电机定子绕组的绕制如图 3-4 所示。

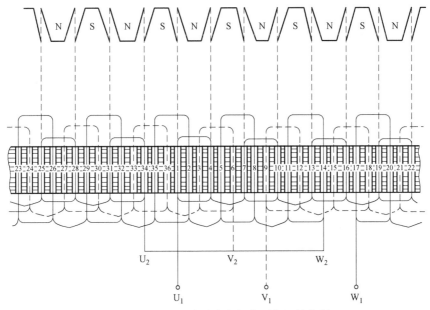

图 3-4　JF132 型交流发电机定子绕组的绕制

三相绕组的连接方法有星形联结（又称Y联结）和三角形联结（又称△联结）两种。Y联结是将三相绕组的三个末端 U_2、V_2、W_2 接在一起，将三相绕组的首端 U_1、V_1、W_1 作为交流发电机的交流输出端，如图 3-5a 所示。而△联结则是将每相绕组的首端和另一相绕组的末端依次相连接，因而有三个接点，这三个接点即为交流发电机的交流输出端，如图 3-5b 所示。汽车用交流发电机大多采用Y联结，美国通用汽车公司等的交流发电机采用△联结。

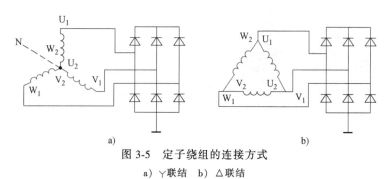

图 3-5　定子绕组的连接方式
a）Y联结　b）△联结

为了在三相绕组中产生大小相等、频率相同且相位相差 120° 的对称电动势，三相绕组的绕法应遵循以下原则：

1) 每相绕组的线圈个数及每个线圈的匝数相等。
2) 每个线圈的节距必须相同。
3) 三相绕组的首端 U_1、V_1、W_1 在定子槽内的排列须间隔 120° 电角度。

3. 整流器

整流器的作用是将定子绕组产生的三相交流电转换为直流电，并可阻止蓄电池电流向发电机倒流。

由六个硅整流二极管组成的三相桥式全波整流器，如图 3-6 所示。硅整流二极管通常直接压装在散热板上或后端盖上。其中，压装在散热板上的三个硅整流二极管，引线为正极，

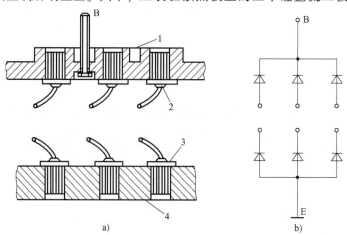

图 3-6　六个硅整流二极管的安装和电路符号
a）硅整流二极管的安装　b）硅整流二极管的电路符号
1—绝缘散热板　2—正极管（红色标记）　3—负极管（黑色标记）　4—后端盖板

外壳为负极，称为"正极管"，引线端一般涂有红色标记；压装在后端盖上的硅整流二极管，引线为负极，外壳为正极，称为"负极管"，引线端一般涂有黑色标记。新型的交流发电机将六个硅整流二极管分别压装在不同的散热板上。

为便于散热，散热板通常用铝合金制成，它与后端盖用绝缘材料垫片隔开，固定在散热板上的螺栓伸出发电机壳体外部，作为发电机的电源输出接柱，该接柱标记为"B"或"+""电枢"等。

4．端盖及电刷组件

前、后端盖均由铝合金压铸或用砂型铸造而成。铝合金为非导磁材料，可减少漏磁并具有轻便、散热性能良好等优点。为了提高轴承孔的机械强度，增加其耐磨性，有的发电机端盖的轴承座内镶有钢套。

后端盖上装有电刷架，它用酚醛塑料或玻璃纤维增强尼龙制成。两个电刷分别装在电刷架的孔内，借助弹簧压力与集电环保持接触。国产交流发电机的电刷架有两种结构型式，一种是电刷架可直接从发电机外部进行拆装，如图3-7a所示；另一种则不

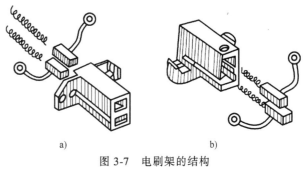

图3-7 电刷架的结构
a）外装式 b）内装式

能直接在发电机外部进行拆装，如图3-7b所示，若需更换电刷，必须将发电机拆开，故这种结构的电刷将逐渐被淘汰。

发电机的前端装有带轮，其后端装有叶片式风扇，前、后端盖上分别有出风口和进风口，如图3-8a所示。当发动机的曲轴驱动带轮旋转时，可使空气高速流经发电机内部进行冷却。对于一些轿车，其发电机的功率大，为了提高散热强度，一般装有两个风扇，且将风扇叶直接焊在转子上，可减小发电机的体积。图3-8b所示为双风扇式发电机。

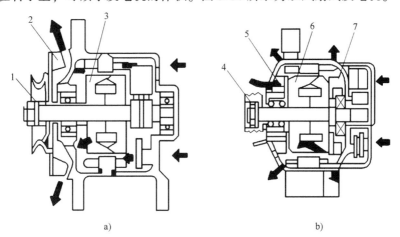

图3-8 交流发电机的通风
a）单风扇式 b）双风扇式
1、4—带轮 2、5、7—风扇 3、6—转子

3.2.2 国产交流发电机的型号

根据 QC/T 73—1993《汽车电气设备产品型号编制方法》的规定，汽车交流发电机的型号组成如图 3-9 所示。

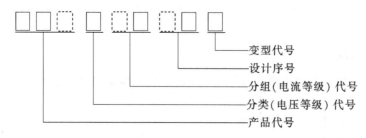

图 3-9 汽车交流发电机的型号组成

第一部分为产品代号。交流发电机的产品代号有 JF、JFZ、JFB、JFW 等，分别表示交流发电机、整体式交流发电机、带泵交流发电机和无刷交流发电机。

第二部分为分类（电压等级）代号，用 1 位阿拉伯数字表示，1 代表 12V，2 代表 24V，6 代表 6V。

第三部分为分组（电流等级）代号，用 1 位阿拉伯数字表示，其含义见表 3-1。

表 3-1 电流等级代号

电流等级代号	1	2	3	4	5	6	7	8	9
电流范围/A	≤19	≥20~29	≥30~39	≥40~49	≥50~59	≥60~69	≥70~79	≥80~89	≥90

第四部分为设计序号，按产品设计先后顺序，用 1~2 位阿拉伯数字表示。

第五部分为变型代号。交流发电机是以调整臂的位置作为变型代号的，从驱动端看，Y 代表调整臂位于右边，Z 代表位于左边，无字母则代表位于中间位置。

例如，桑塔纳、奥迪 100 型轿车用 JFZ1913Z 型交流发电机，其含义为：电压等级为 12V、输出电流大于或等于 90A、第 13 次设计、调整臂位于左边的整体式交流发电机。

3.2.3 交流发电机的工作原理

1. 发电原理

交流发电机的工作原理如图 3-10 所示。三相定子绕组按一定规律分布在发电机的定子槽中，彼此相差 120° 电角度。三相绕组的末端连在一起，成星形联结。当转子旋转时，定子绕组与磁力线之间产生相对运动，在三相绕组中产生频率相同、幅值相等、相位相差 120° 电角度的三相正弦交流电动势。

U_1、V_1、W_1 三相绕组的感应电动势分别为

$$e_{U1} = E_m \sin\omega t = \sqrt{2} E_\varphi \sin\omega t$$

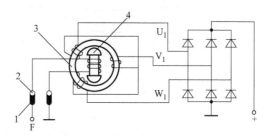

图 3-10 交流发电机的工作原理
1—电刷 2—集电环 3—定子 4—转子

$$e_{V1} = E_m \sin\left(\omega t - \frac{2\pi}{3}\right) = \sqrt{2} E_\varphi \sin\left(\omega t - \frac{2\pi}{3}\right)$$

$$e_{W1} = E_m \sin\left(\omega t + \frac{2\pi}{3}\right) = \sqrt{2} E_\varphi \sin\left(\omega t + \frac{2\pi}{3}\right)$$

式中　E_m——每相电动势的最大值（V）；

　　　E_φ——每相电动势的有效值（V）；

　　　ω——电角速度（rad/s）；

　　　t——时间（s）。

2. 整流原理

交流发电机定子绕组产生的交流电，通过硅整流二极管组成的整流电路转变为直流电。二极管具有单向导电性，当二极管加上正向电压时，二极管导通，呈现低阻状态；当二极管加上反向电压时，二极管截止，呈现高阻状态。利用二极管的单向导电性，即可把交流电转变成直流电。

六个硅整流二极管组成的三相桥式全波整流电路如图3-11a所示，二极管的导通原则为：二极管VD_1、VD_3、VD_5为正极管，其正极分别接在发电机三相绕组的首端，负极连接在一起，在某一瞬间，正极电位最高者导通；二极管VD_2、VD_4、VD_6为负极管，其负极分别接在发电机三相绕组的首端，正极连接在一起，某一瞬间负极电位最低者导通。该整流电路的整流过程如下：

1）$t=0$时，$u_{U1}=0$，u_{V1}为负值，u_{W1}为正值，二极管VD_4、VD_5获得正向电压而导通，电流由W_1相流出经$VD_5 \to R_L \to VD_4 \to V_1$相$\to W_1$相，形成电流回路。

2）$t_1 \sim t_2$时间内，U_1相电压最高，V_1相电压最低，VD_1、VD_4获得正向电压而导通，U_1、V_1相之间的线电压加在负载R_L上，形成电流回路。

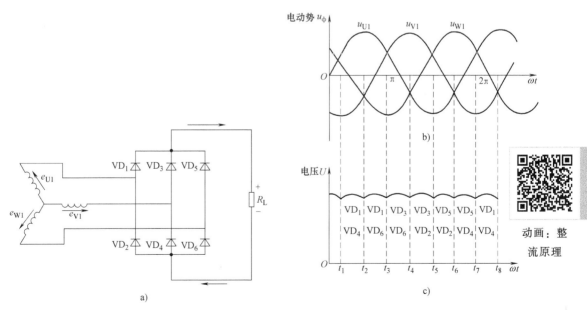

图3-11　三相桥式全波整流电路及整流原理

a）整流电路　b）三相交流电动势波形　c）整流电压波形

3) $t_2 \sim t_3$ 时间内，U_1 相电压最高，W_1 相电压最低，VD_1、VD_6 获得正向电压而导通，U_1、W_1 相之间的线电压加在负载 R_L 上，形成电流回路。

4) $t_3 \sim t_4$ 时间内，V_1 相电压最高，W_1 相电压最低，VD_3、VD_6 获得正向电压而导通，V_1、W_1 相之间的线电压加在负载 R_L 上，形成电流回路。

依上述循环导通，每一时刻有两个二极管导通，在负载两端可得到一个平稳的直流脉动电压，如图 3-11b、c 所示。

3. 励磁方式

交流发电机的励磁方式是先他励、后自励。当发电机转速较低，其电压低于蓄电池电压时，由蓄电池向发电机励磁绕组供电输出，为他励方式；当发电机转速升高、其电压高于蓄电池电压时，发电机向自身的励磁绕组供电，为自励方式。

一般交流发电机的励磁电路如图 3-12 所示。当点火开关 S 接通时，励磁电路是：蓄电池 "+" →点火开关 S→电压调节器→励磁绕组→蓄电池 "-"。当发电机电压高于蓄电池电压时，励磁电路是：发电机定子绕组→正极管→点火开关 S→电压调节器→励磁绕组→发电机 E 端→负极管→定子绕组。

动画：发电机他励

动画：发电机自励

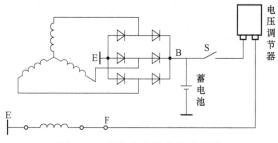
图 3-12 交流发电机的励磁电路

4. 带中性点输出的交流发电机整流原理

（1）**中性点抽头** 在星形联结的交流发电机中，将三相绕组的中性点用导线引出，称为中性点抽头，如图 3-13 所示。其接线柱的标记为 "N"，输出电压用 U_N 表示。由于 U_N 是通过三个搭铁的负极管整流后得到的直流电压，即三相半波整流电压，所以其大小为

$$U_N = \frac{1}{2}U$$

该电压一般用来控制各种用途的继电器，如磁场继电器、充电指示灯继电器等。

（2）**中性点整流输出** 在星形联结的交流发电机中，其中性点 N 不仅具有直

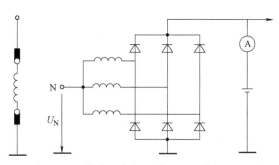
图 3-13 带中性点抽头的交流发电机电路

流电压（等于发电机直流输出电压的一半），而且还包含有交流电压成分。中性点瞬时电压为三相基波电压整流得到的直流分量和三次谐波交流分量的叠加，三次谐波交流分量与发电机转速有关，转速越高，三次谐波交流分量的瞬时最高值越大，如图 3-14 所示，图中，U_N 表示未整流的交流电压。

当发电机转速升高到一定程度时（超过 2000r/min），交流分量的最高瞬时值有可能超过发电机的直流输出电压 U（14V），最低瞬时值则可能低于搭铁电压（0V）。交流分量高

于发电机直流输出电压 U 和低于 0V 时便有可能对外输出。因此,可在中性点和发电机的"B+"端及与搭铁端"E"之间分别增加一个整流二极管,这两个二极管称为中性点整流二极管。中性点整流二极管 VD_7 和 VD_8 的连接如图 3-15 所示,其工作原理如下:

1)当中性点的瞬时电压高于发电机的输出电压 U 时,二极管 VD_7 导通,电流经 VD_7→负载→三只负极管中的一只后经某一相绕组形成回路。

2)当中性点的瞬时电压低于 0V 时,二极管 VD_8 导通,电流则从某一相流出,经该相的正极管→负载→搭铁→VD_8,回到中性点而形成回路。增加中性点整流输出后,发电机在高速状态下的输出电流和功率可增加 10%~15%。

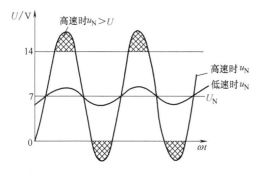

图 3-14 不同发电机转速时的中性点电压波形

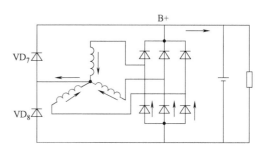

图 3-15 中性点整流输出的基本电路

5. 带励磁二极管的交流发电机

为进一步提高发电机的电流输出,增加发电机的输出功率,在交流发电机中增加三只正整流二极管作为励磁二极管,带励磁二极管的交流发电机的基本电路如图 3-16 所示。

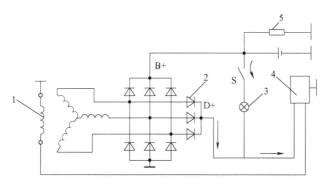

图 3-16 带励磁二极管的交流发电机的基本电路
1—励磁绕组 2—励磁二极管 3—充电指示灯 4—电压调节器 5—负载

当发电机处于自励状态时,三相绕组的电流分两路输出,一路作为输出电流通过六个二极管组成的三相全波桥式整流电路通过接线端子"B+"对外输出;另一路通过三只励磁二极管(正极管)和三个负整流二极管组成的励磁整流电路,通过接线端子"D+"→电压调节器→励磁绕组,向励磁绕组提供励磁电流。

6. 带励磁二极管和中性点整流输出的发电机

带励磁二极管和中性点整流输出的交流发电机的基本电路如图 3-17 所示。VD_1、VD_2、

VD_3、VD_4、VD_5、VD_6 六个整流二极管组成桥式全波整流电路，VD_{10}、VD_{11} 组成中性点整流输出电路，VD_2、VD_4、VD_6 三个负极管和 VD_7、VD_8、VD_9 三个正极管组成励磁整流电路。这种形式的发电机广泛应用在一汽大众、上海大众生产的各种轿车上。

接线端子"D+"同时接充电指示灯。发动机起动时，点火开关闭合，发电机为他励方式工作，励磁电路为：蓄电池"+"→点火开关SW→充电指示灯→励磁绕组→电压调节器→蓄电池"-"，充电指示灯点亮；发动机正常运转时，接线端子"D+"输出14V电压，充电指示灯熄灭。若发电机不工作或工作不良，充电指示灯经电压调节器、励磁绕组形成闭合回路，充电指示灯点亮，表明发电机存在故障。

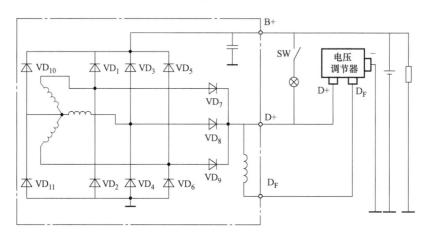

图 3-17　带励磁二极管和中性点整流输出的交流发电机的基本电路

3.2.4　交流发电机的工作特性

交流发电机的工作特性是指发电机经整流后输出的直流电压 U、电流 I 和转速 n 之间的关系，包括空载特性、外特性和输出特性，其中以输出特性最为重要。

1. 空载特性

当发电机空载运行时，发电机开路电压 U 和转速 n 之间的关系，即负载电流 $I=0$ 时，$U=f(n)$ 的函数关系，称为发电机的空载特性，如图 3-18 所示。空载特性是判断发电机低速充电性能是否良好的重要依据。

通过曲线的上升速率和达到蓄电池电压时的转速高低可判断发电机的性能是否良好。

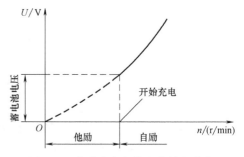

图 3-18　交流发电机的空载特性曲线

2. 外特性

当发电机转速一定时，发电机开路电压 U 与输出电流 I 之间的关系，即 n 为常数时，$U=f(I)$ 的函数关系，称为发电机的外特性，如图 3-19 所示，图中，n_1、n_2、n_3 为三种转速。

外特性曲线表明，在一定的转速下，输出电流增加时，发电机开路电压有较大幅度的下降，且转速越高，下降的斜率越大。因此，在发电机高速运转时，如果突然失去负载，开路电压会急剧升高，从而对汽车上电气设备中的电子元件造成损害。要使输出电压稳定，必须配备电压调节器。

另外，当输出电流增加到一定值时，如果继续增大负载，其输出电流不仅不会增加，反而会同输出电压一起下降，其发电机外特性曲线的表现如图3-19中的曲线尾部所示。一般交流发电机工作在转折点以前。

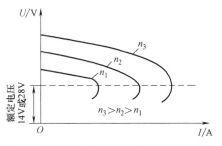

图3-19 交流发电机的外特性曲线

3. 输出特性

输出特性又称负载特性或输出电流特性。它是指发电机向负载供电时，保持发电机输出电压恒定（标称电压为12V的电源系统，发电机保持额定电压14V；标称电压为24V的电源系统，发电机保持额定电压28V）的情况下，输出电流I与发电机转速n之间的关系，即U为常数时，$I=f(n)$的函数关系。交流发电机的输出特性曲线如图3-20所示。

从发电机的输出特性曲线可以看出以下几点：

1) 当发电机转速$n<n_1$时，因发电机开路电压低于额定电压，不能向外输送电流，只能由蓄电池供电。

2) 当发电机转速$n=n_1$时，发电机开路电压达到额定电压。当发电机转速超过n_1时，发电机才有能力在额定电压下向负载供电，故称n_1为空载转速。空载转速n_1通常作为选择发电机与发动机传动比的依据。

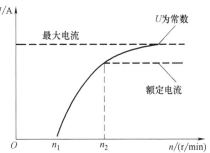

图3-20 交流发电机的输出特性曲线

当发电机转速$n>n_1$时，其输出电流随着转速增加而逐渐增大。

3) 发电机达到额定功率时的转速称为额定转速（n_2），这时发电机的负载电流为额定电流（I_e）。转速n_2是判断发电机性能的重要指标。

4) 当发电机转速达到一定值后，发电机的输出电流几乎不再继续增加，这说明硅整流发电机具有限制最大输出电流的作用。这是由于随着定子绕组中感应电动势的增加，定子绕组的阻抗也随转速的升高而增加；同时定子电流增加时，电枢反应的增强也使感应电动势下降。由于上述原因，发电机转速达到一定值后，其输出电流几乎不变，即具有限定输出电流的作用，故交流发电机不需要设置限流器。

3.3 交流发电机的电压调节器

3.3.1 电压调节器的作用和类型

1. 电压调节器的作用

交流发电机电压调节器的作用是通过调节发电机的励磁电流实现发电机输出电压的稳定。

2. 电压调节器的类型

按照结构特点和工作原理，交流发电机的电压调节器可分为电磁振动式和电子式两大类。

电磁振动式电压调节器通过触点的反复开闭改变串联在励磁绕组的电阻的阻值，从而调节励磁绕组的励磁电流，进而实现电压调节。电磁振动式电压调节器主要用于早期的发电机，电压调节器单独安装，通过线路和发电机连接。

电子式电压调节器利用晶体管的开关特性控制励磁绕组的接通和关断，以调节励磁绕组的励磁电流，从而实现电压调节。电子式电压调节器应用广泛，采用分离电子元件的电子式电压调节器通常单独安装，通过线路和发电机连接；采用集成电路的电子式电压调节器用于整体式发电机，安装在发电机内部。

3.3.2 电压调节器的基本原理

每相绕组电动势的有效值为

$$E_\varphi = 44.4kfN\Phi$$

式中　E_φ——每相电动势的有效值（V）；

　　　k——绕组系数，交流发电机采用整距集中绕组时，$k=1$；

　　　N——每相绕组的匝数；

　　　Φ——每极磁通（Wb）；

　　　f——感应电动势的频率（Hz），

$$f = \frac{pn}{60}$$

其中，p 为磁极对数，一般交流发电机 $p=6$；n 为转速。

因此有

$$E_\varphi = 44.4k\frac{pN}{60}n\Phi$$

令 $C = 44.4k\dfrac{pN}{60}$（常数），则

$$E_\varphi = Cn\Phi$$

交流发电机是由发动机按一定的传动比驱动的，转速变化范围很大。当发电机转速变化时，要保持发电机电压稳定在某一限定值不变，只能相应地改变发电机的磁通，而磁通的大小又取决于励磁电流的大小。也就是说，当发电机转速变化时，只要使励磁电流有相应的变化，就可保持发电机输出电压不变。

3.3.3 双级电磁振动式电压调节器

双级电磁振动式电压调节器利用触点的开闭使励磁电路中串入或短接附加电阻 R_1 来调节励磁电流，从而达到调节电压的目的。附加电阻的阻值越大，则电压调节起作用的转速范围就越大，但在触点打开时，产生的火花就越强烈。为了减小火花，延长使用寿命，交流发电机多采用双级电磁振动式电压调节器。双级电磁振动式电压调节器的工作原理图如图 3-21

所示，其电压调节特性如图 3-22 所示。

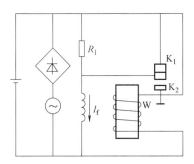 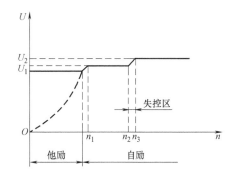

图 3-21 双级电磁振动式电压调节器的工作原理　　图 3-22 双级电磁振动式电压调节器的电压调节特性

双级电磁振动式电压调节器的工作过程如下：

调节器不工作时，低速触点 K_1 闭合，高速触点 K_2 处于开启状态。

发电机低速运转时，低速触点 K_1 闭合，励磁电流由蓄电池供给。随着发电机转速的增加，输出电压增加，当输出电压大于蓄电池电动势时，发电机进入自励阶段。

当发电机转速升到 n_1，发电机电压稍高于第一级调节电压 U_1 时，流经电磁线圈 W 的电流产生电磁吸力，克服弹簧拉力使 K_1 打开，电阻 R_1 串入励磁回路，励磁电流减小，发电机输出电压下降，铁心吸力减小，K_1 复位，输出电压又上升。当电压升至略高于调节电压 U_1 时，K_1 又打开，如此往复，使发动机输出电压的平均值维持在 U_1 不变。这样 K_1 不断开闭，转速越高，打开时间越长，励磁电流的平均值越小，将 R_1 短路，励磁电流增大，从而使发电机在 $n_1 \sim n_2$ 的转速范围内输出电压的平均值维持在 U_1 不变。

当发电机转速超过 n_2 且小于 n_3 时，K_1 一直打开，R_1 一直串入励磁回路中，励磁电流和发电机开路电压都随转速的升高而升高，低速触点失去调节作用，活动触点处于中间位置，称为失控区。

当发电机转速继续升高，高于 n_3 时，电磁线圈 W 的电磁吸力使高速触点 K_2 闭合，将励磁绕组短路，励磁电流减小为零，发电机电压随之迅速下降，电磁线圈的吸力减小，K_2 分开，活动触点处于中间位置，励磁回路又串入 R_1，发电机开路电压又随之上升。在转速大于 n_3 的范围内，发电机转速越高，K_2 闭合的时间就越长，励磁电流的平均值就越小，从而使发电机开路电压的平均值维持在 U_2 不变。

3.3.4 电子式电压调节器

电磁振动式电压调节器存在结构复杂、质量和体积大、触点易烧蚀、机械惯性和磁惯性大、调节后的电压波动幅度大、寿命低、对无线电波干扰大等缺点，已逐步被电子式电压调节器取代。电子式电压调节器可分为晶体管调节器和集成电路调节器，两者的工作原理基本相同。

电子式电压调节器以开关管代替触点，开关频率提高，且不会产生火花，调节效果好，具有质量小、体积小、寿命长、可靠性高等优点，所以电子式电压调节器正逐渐取代电磁振动式电压调节器。

1. 内搭铁与外搭铁

交流发电机有内搭铁与外搭铁之分，内搭铁发电机的两个电刷中，一个电刷的引线与磁场接线柱(标记为"F"或"磁场")连接,另一个电刷的引线与发电机外壳相连;外搭铁发电机的两个电刷通过引线均与绝缘接线柱(标记为"F+""F-")相连,励磁绕组通过"F-"接线柱经调节器搭铁。励磁绕组经过电压调节器搭铁称为外搭铁,励磁绕组直接搭铁称为内搭铁。

2. 电子式电压调节器的基本原理

电子式电压调节器有多种形式,其内部电路各不相同,但基本工作原理相同。电子式电压调节器都是利用晶体管的开关特性,通过晶体管导通和截止相对时间的变化来调节发电机的励磁电流的。外搭铁电压调节器的基本电路如图3-23所示。

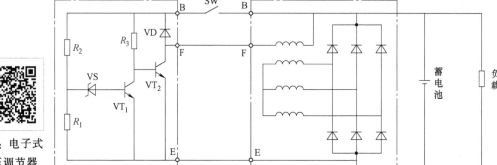

图3-23 外搭铁电压调节器的基本电路

其中,R_1和R_2组成分压器,将发电机的电压按一定比例加于稳压管VS上;VS根据R_1分得电压的变化而导通或截止。VT_1为小功率晶体管,其导通或截止由VS控制,VT_1控制大功率晶体管VT_2的导通或截止。VT_2用于控制励磁电流,VT_2饱和导通时,发电机励磁绕组励磁回路通路,VT_2截止时,励磁回路断路。电路参数的设置使VT_1、VT_2均工作在开关状态。

当发电机不转动或低速运转时,接通点火开关,蓄电池的开路电压便加在分压器电阻R_1和R_2上,R_1的分压低于VS的导通电压,不能使稳压管VS反向击穿,VT_1截止,VT_1截止使得VT_2导通,发电机励磁回路通路,此时由蓄电池供给励磁电流。当发电机电压升高到大于蓄电池电压而低于设定的目标电压时,发电机自励发电并开始对蓄电池充电,VT_1继续截止,VT_2继续导通,但此时的励磁电流由发电机供给,发电机电压随转速升高迅速升高。当发电机电压上升至设定的目标电压时,R_1的分压达到了VS的导通电压,使VS导通,VT_1同时饱和导通,VT_1导通后,VT_2失去正向偏压而截止,发电机励磁回路断路。发电机无励磁电流时,其电动势及开路电压迅速下降,当降到R_1的分压不足以维持VS导通时,VS又截止,VT_1也截止,VT_2重新导通,发电机励磁回路又通路。如此反复,发电机的输出电压U_{V1}被控制在设定的调节电压范围内。

当发电机转速较高、负载较小时,调节器中VT_2的截止时间相对延长,发电机的平均励磁电流减小;当发电机转速较低、负载较大时,调节器中VT_2的导通时间相对延长,发电机的平均励磁电流增大,从而使发电机在变负载、变转速的工况下保持输出电压稳定。

图 3-24 所示为适用于内搭铁发电机的电压调节器的基本电路,晶体管 VT_1、VT_2 采用 PNP 型,发电机的励磁绕组连接在 VT_2 的集电极和搭铁端之间,与外搭铁型电路显著不同,电路的工作原理和结构与外搭铁型电压调节器类似。

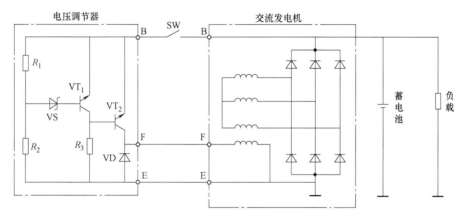

图 3-24 内搭铁电压调节器的基本电路

3. 基本电路的不足与改善

图 3-23 和图 3-24 所示的只是晶体管电压调节器的基本电路,不能满足实际工作的需要,实际的电压调节器还必须附加其他的电子元件和电路,以弥补基本电路的不足。图 3-25 所示为满足实际使用要求的电子式电压调节器电路,此电压调节器为 JFT106 型晶体管电压调节器,包括基本电路和辅助电路两部分。

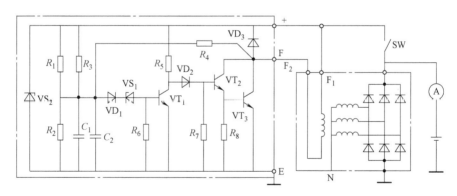

图 3-25 JFT106 型晶体管电压调节器电路

基本电路由电阻 R_1、R_2、R_5、R_6、R_7、R_8,稳压管 VS_1,续流二极管 VD_1 和晶体管 VT_1、VT_2、VT_3 组成。其中 VT_2、VT_3 组成复合开关管,目的是提高放大倍数,增大输出电流,它的负载是发电机励磁绕组。

辅助电路由电阻 R_3、R_4,二极管 VD_2、VD_3,电容器 C_1、C_2 和稳压管 VS_2 等组成。

(1) JFT106 型晶体管电压调节器的工作原理

1) 接通点火开关 SW 且发电机运转,当其电压低于蓄电池电压时,蓄电池电压加在分压器 R_1、R_2 上,R_2 上的分压低于 VS_1 的击穿电压,VS_1 截止,VT_1 截止。蓄电池电压经 R_5 加在 VD_2、R_7 上,电阻 R_7 使 VT_2 获得正向偏压而导通。VT_2 导通后,偏流电阻 R_8 使 VT_3

获得正向偏压而导通，接通磁场电路。其电流回路为：蓄电池正极→电流表→点火开关 SW→发电机"F_1"接线柱→励磁绕组→发电机"F_2"接线柱→调节器"F"接线柱→VT_3→调节器"E"接线柱→蓄电池负极。发电机电压随转速的升高而升高。

2）当发电机电压达到限额电压时，电阻 R_2 的分压加在 VD_1、VS_1、R_6 上，使 VS_1 击穿导通，VT_1 随之导通，VT_1 集电极对地的电压几乎为零，使 VT_2 失去正向偏压而截止，并使 VT_3 截止，励磁电流为零，发电机电压下降。当发电机电压稍低于限额电压时，VS_1 截止，VT_1 截止，VT_2、VT_3 获正向偏压而导通，励磁绕组中又有电流通过，发电机电压又上升。VT_1、VT_2、VT_3 交替导通、截止，从而使发电机电压限定在调节电压范围内。

（2）辅助元件的作用　　辅助元件用来保护调节器和改善调节器的性能，各辅助元件的作用如下：

1）电阻 R_3 为调整电阻。通过调整 R_3 的阻值可以调整调节器限额电压的高低。R_3 的阻值增大，限额电压升高，反之限额电压降低。

2）VD_3 为续流二极管。在晶体管 VT_3 截止瞬间，励磁绕组产生的自感电动势经二极管构成回路放电，保护 VT_3 不被击穿。

3）VD_1 为温度补偿二极管。它与稳压管反向串联，其温度系数为负值，工作温度升高，管压降降低，反之管压降升高。稳压管的温度系数为正值，当温度变化时，起补偿作用，使调节器性能稳定。

4）VD_2 为分压二极管。当 VT_1 导通时，使 VT_2、VT_3 可靠截止，减小 VT_1 温度变化对 VT_2、VT_3 的影响。

5）VS_2 为稳压二极管。它并联在发电机两端，起过电压保护作用。

6）R_4 为正反馈电阻。其作用是提高 VT_3 的开关速度，减小晶体管的耗散功率，延长调节器的使用寿命。

7）电容器 C_1、C_2 称为降频电容。它们并联在分压电阻 R_2 两端，利用其两端电压不能突变的特性来降低 VT_1 的开关频率，减少 VT_1 的开关次数，从而减小耗散功率，延长调节器的使用寿命。

3.3.5　集成电路电压调节器

集成电路又称 IC 电路，可根据使用要求，将电路中的若干元件集成在同一基片上，制成一个独立的电子芯片。集成电路具有体积小、可靠性高、成本低、适应性强等优点，因而被广泛用于汽车电子工业。用集成电路开发的电压调节器体积很小，可方便地安装在发电机内部与发电机组成一个整体，故装有集成电路调节器的交流发电机又称为整体式交流发电机。

集成电路电压调节器的基本工作原理与晶体管电压调节器相同，都是根据发电机的电压信号，利用晶体管的开关特性来控制发电机的励磁电流，达到稳定发电机输出电压的目的。

根据输入电压信号检测点的不同，集成电路电压调节器的基本电路又可分为发电机电压检测法和蓄电池电压检测法。图 3-26a 所示的电路采用发电机电压检测法，图 3-26b 所示的电路采用蓄电池电压检测法。

发电机电压检测法与蓄电池电压检测法的区别在于，前者控制电路所取信号直接来自于发电机的输出端，后者则来自于蓄电池端。

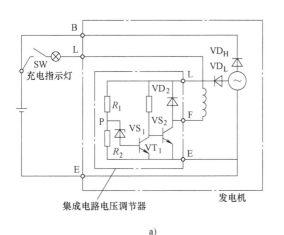 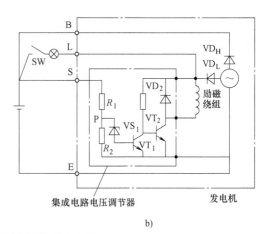

图 3-26 集成电路电压调节器的基本电路

a) 发电机电压检测法 b) 蓄电池电压检测法

相比而言，采用发电机电压检测法可省去信号输入线，缺点是当发电机至蓄电池电路上的压降损失较大时，会导致蓄电池的开路电压偏低，从而引起蓄电池充电不足。因此，一般大功率发电机多采用蓄电池电压检测法，使蓄电池的开路电压得以保证。但采用蓄电池电压检测法后，若发电机的电压输出线或信号输入线断路，由于无法检测发电机的工作情况，会造成发电机失控。故在大多数实用电路的设计中，对具体电路进行了相应改进。

3.4 充电系统电路实例分析

1. 解放 CA1091 充电系统电路

解放 CA1091 充电系统电路如图 3-27 所示，交流发电机为非整体式结构，晶体管电压调

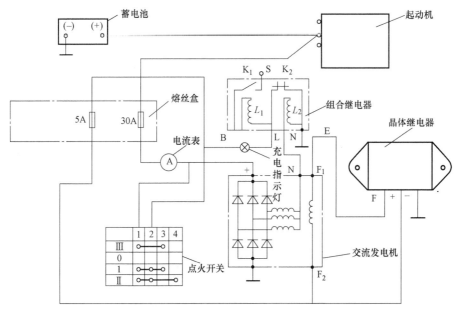

图 3-27 解放 CA1091 充电系统电路

节器单独安装,通过导线与发电机励磁绕组和点火开关线连接。发电机三相绕组为星形联结,带中性点抽头。中性点抽头"N"端子接复用继电器"N"接线柱,用于充电指示灯控制和起动保护。接通点火开关,发动机不工作时中性点抽头"N"端子电压为0,通过线圈 L_2 的电流为0,常闭触点 K_2 闭合,充电指示灯点亮。发动机正常工作时,中性点抽头"N"端子电压为7V,线圈 L_2 通电,常闭触点 K_2 断开,充电指示灯熄灭,表明充电系统工作正常。发动机运转时,充电指示灯点亮,表明充电系统出现故障。起动时,发动机运转后,中性点抽头"N"端子电压为7V,常闭触点 K_2 断开,通过线圈 L_1 的电流为0,常闭触点 K_1 断开,切断"S"端子供给起动机电磁开关的电流,起动机停止工作,起到起动保护的作用。

2. 上汽大众桑塔纳2000系列轿车充电系统电路

上汽大众桑塔纳2000系列轿车充电系统电路如图3-28所示,交流发电机为整体式结构,集成电路调节器与电刷组件组成一个整体安装在发电机内部。整流电路中带中性点整流输出和励磁整流管,共由11个整流管构成。位于仪表板的发光二极管式充电指示灯通过中央电路板与发电机"D+"端子连接,监视发电机的工作状况。接通点火开关,发动机不工作时,充电指示灯点亮,进行充电指示灯的自检;发动机运转时,充电指示灯熄灭,表明充电系统工作正常;发动机运转时,充电指示灯点亮,表明充电系统出现故障。

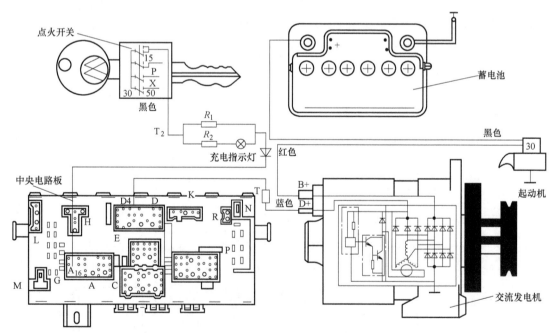

图 3-28 上汽大众桑塔纳2000系列轿车充电系统电路

3. 上汽通用别克轿车充电系统电路

上汽通用别克轿车充电系统电路如图3-29所示,交流发电机为整体式结构,采用多功能固态调节器。发电机三相绕组为三角形联结,整流电路中带六个整流管构成三相桥式全波整流电路。发动机运行时,发动机控制模块(PCM)通过"L"端子、"225"号线路控制发电机"L"端子,控制发电机工作和充电指示灯工作。发动机控制模块通过"F"端子、

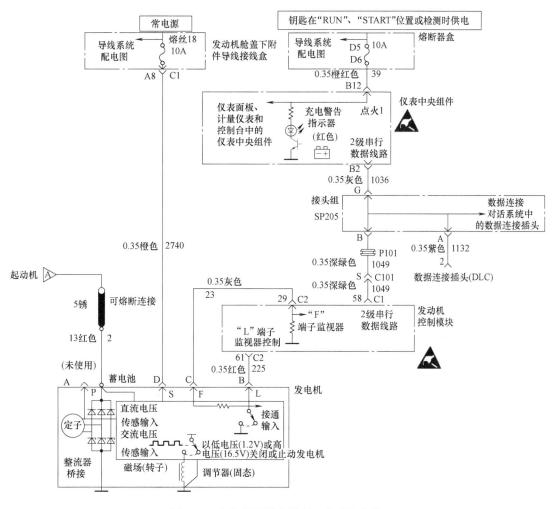

图 3-29 上汽通用别克轿车充电系统电路

"23"号线路监视发电机"F"端子电压，通过发动机控制模块的 2 级串行数据接口向仪表中组件的 2 级串行数据接口传送数据，控制充电指示灯工作。接通点火开关，发动机不工作时，充电指示灯点亮，进行充电指示灯的自检；发动机运转时，充电指示灯熄灭，表明充电系统工作正常；发动机运转时，充电指示灯点亮，表明充电系统出现故障。

3.5 交流发电机的使用与检测

3.5.1 交流发电机使用和维修注意事项

交流发电机整流器、晶体管电压调节器和集成电路电压调节器内部均装有电子元件，当瞬时电压或电流过大时，易造成损坏。交流发电机在使用和维修中应注意以下事项：

1）蓄电池的搭铁极性必须与发电机的搭铁极性一致，否则会烧坏整流器中的二极管和调节器中的电子元件。

2）不允许采用发电机输出端搭铁试火的方法检查发电机是否发电，否则将损坏发电机整流器。

3) 发电机正常运行时,不可任意拆动各电器的连接线,以防引起电路中的瞬时过电压,损坏二极管及调节器中的电子元件或其他电子设备。

4) 蓄电池可起到电容器的作用,可在一定程度上吸收电路中的瞬时过电压,有效保护电路中的电子元件。所以发电机与蓄电池之间的连线务必牢固可靠。

5) 不允许用200V以上的交流电压表或兆欧表检查发电机的绝缘性能,否则将损坏二极管及调节器中的电子元件。

6) 发动机熄火后,应及时关闭点火开关,避免损坏发电机的励磁绕组及调节器中的电子元件。

7) 调节器的调节电压不能过高或过低,以免损坏用电设备或造成蓄电池充电不足。

8) 传动带的张紧度应符合规定,否则会损坏发电机轴承或引起蓄电池充电不足。

3.5.2 交流发电机的检测与试验

交流发电机每运行750h(相当于汽车行驶30000km)后,应按照维护要求进行检修。主要检查电刷和轴承的情况,若轴承有明显松动,应予更换。

1. 整机检测

用万用表$R \times 1$档测量发电机各接线柱之间的电阻值,若所测电阻值不符合表3-2中的规定值,则表示发电机有故障。

表3-2 交流发电机各接线柱之间的电阻值

发电机型号	"F"与"-"之间的电阻/Ω	"-"与"+"之间的电阻/Ω		"+"与"F"之间的电阻/Ω	
		正向	反向	正向	反向
JF11、JF13、JF15、JF21	5~6	40~50	>10000	50~60	>10000
JF12、JF22、JF23、JF25	19.5~21	40~50	>10000	50~70	>10000

2. 整机性能试验

按励磁绕组搭铁类型不同,交流发电机可分为内搭铁式和外搭铁式。内搭铁式交流发电机是指励磁绕组的一端与发电机壳相连接,如东风EQ1090型汽车用的JF132型发电机。外搭铁式交流发电机是指励磁绕组的一端经调节器后搭铁,如解放CA1091型汽车用的JF152D、JF1522A型发电机。

按图3-30所示的方法,在试验台上对发电机进行发电试验,并测出发电机空载转速和

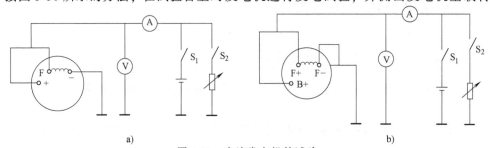

图3-30 交流发电机的试验
a) 内搭铁式交流发电机试验 b) 外搭铁式交流发电机试验

额定转速。试验结果应符合表 3-3 的规定。如果空载转速过高或达到额定转速时发电机的输出电流过小，则表示发电机有故障。

表 3-3 国产车用交流发电机的规格

发电机型号	适用车型	空载转速/(r/min)	额定电流/A	额定转速/(r/min)	发电机型号	适用车型	空载转速/(r/min)	额定电流/A	额定转速/(r/min)
JF1314ZD	CA1091	≤1000	≥25	3500	JFZ1714	依维柯	≤1000	≥45	6000
JF1314-1	CA1091	≤1000	≥25	3500	JFZ1813ZB	桑塔纳、奥迪	≤1050	≥90	6000
JF1314B	EQ1091-1	≤1000	≥25	3500	AT4030Q1	切诺基	≤1000	≥60	3500
JF1314Z	BJ1060 系列	≤1000	≥25	3500	JFZ2814	斯太尔 91	≤1150	≥27	5000
JF13A	NJ1060	≤1000	≥25	3500	JFWZ18	CQ30290	≤1150	≥35	5000
JF2311	NJ1140 系列	≤1000	≥18	3500					

3. 用示波器观察输出电压波形

当发电机有故障时，其输出电压的波形将出现异常，因此根据输出电压的波形可以判断发电机是否有故障，各种故障的输出电压的波形如图 3-31 所示。

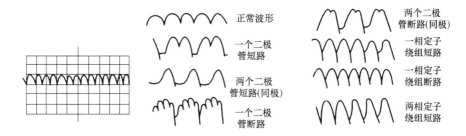

图 3-31 发电机各种故障的输出电压的波形

4. 解体后的检查

解体后的检查方法如下：

（1）**硅整流二极管的检查** 拆开定子绕组与硅整流二极管的连接线后，用万用表逐个检查每个硅整流二极管的正向和反向电阻，即可判断二极管的好坏，检查方法如图 3-32 所示。正常的二极管的正向电阻应在 8~10Ω 的范围内，反向电阻应在 10kΩ 以上。若正、反向电阻均为零，则表明硅整流二极管短路；若电阻均为无穷大，则二极管断路。短路和断路的二极管均应予以更换。

（2）**励磁绕组的检查** 用万用表测量励磁绕组两集电环间的电阻，如图 3-33 所示。若电阻符合规定值，则说明励磁绕组良好；若电阻小于规定值，则说明励磁绕组有短路；若电阻为无穷大，则说明励磁绕组已经断路。用万用表测量集电环和转子轴间的电阻可以判断励磁绕组是否搭铁，如图 3-34 所示。

（3）**定子绕组的检查** 用万用表检查定子绕组是否断路和搭铁，分别如图 3-35 和图 3-36 所示。

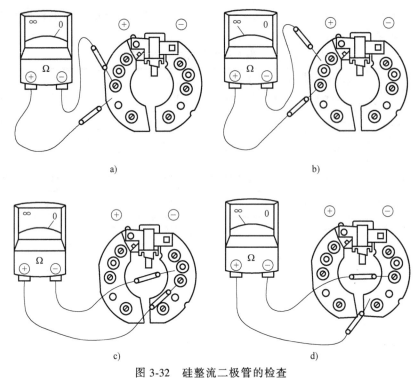

图 3-32 硅整流二极管的检查

a) 检测正极管的正向电阻 b) 检测正极管的反向电阻 c) 检测负极管的正向电阻 d) 检测负极管的反向电阻

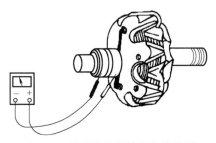

图 3-33 励磁绕组短路和断路检测

图 3-34 励磁绕组搭铁检测

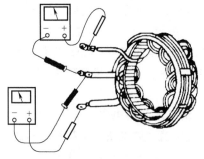

图 3-35 定子绕组断路检查

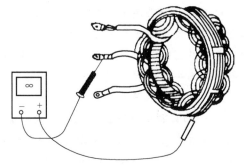

图 3-36 定子绕组搭铁检查

(4) **电刷组件的检查** 电刷和电刷架应无破损或裂纹,电刷在电刷架中应活动自如,不得出现卡滞现象。电刷露出电刷架部分的长度称为电刷长度,电刷长度不应小于磨损极限

（原长的 1/2），否则应更换。

电刷弹簧压力应符合标准，一般为 2~3N，将电刷压入电刷架使之露出长度约 2mm，弹簧压力过小应更换。

5. 电压调节器的检查

电压调节器可通过一个可调直流电源（输出电压为 0~30V，输出电流为 3A）和一个测试灯泡（电压为 12V 或 24V，功率为 20W）对其进行检验，检测电路如图 3-37 所示。检测方法如下：

接通开关 S，然后逐渐提高直流电源电压。如果测试灯亮起并且亮度随着电源电压的升高而增强，而当电压上升至调节器的调节电压值（14V 调节器为 13.5~14.5V，28V 调节器为 27~29V）或略高于调节电压值时，测试灯熄灭，则说明调节器能正常起调节作用；如果测试灯不熄灭，或一直不亮，则说明调节器有故障，应予以更换。

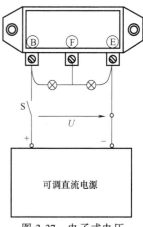

图 3-37 电子式电压调节器的检查

发电机装复后，需进行空载和满载试验，若性能符合规定，即可交付使用。

3.6 其他类型的交流发电机

3.6.1 无刷交流发电机

带有电刷集电环结构的交流发电机易因电刷过度磨损、电刷在电刷架中卡滞、电刷弹簧失效、集电环脏污等原因而使电刷与集电环接触不良，造成发电机不发电或发电不良的故障。无刷交流发电机可克服普通交流发电机的这一缺陷，因此在汽车上得到了应用。目前无刷交流发电机有爪极式、励磁机式、感应子式等不同的类型。

（1）**爪极式无刷交流发电机** 图 3-38 所示为一种爪极式无刷交流发电机结构图。励磁绕组 8 通过一个磁轭托架固定在后端盖 3 上，两个爪极只有一个直接固定在转子轴上，另一爪极 4 则通过非导磁连接环 7 固定在前一爪极上。转子转动时，一个爪极就带动另一爪极一起转动。当固定不动的励磁绕组通直流电后，产生的磁场使爪极磁化，一边爪极为 N 极，另一边为 S 极，并经气隙和定子铁芯形成闭合磁路（图 3-37）。转子转动时，定子内形成交变的磁场，三相电枢绕组便产生三相交流电动势，再经三相整流电路整流后输出直流电。

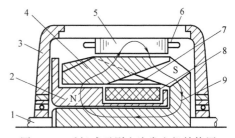

图 3-38 爪极式无刷交流发电机结构图
1—轴 2—磁轭托架 3—端盖 4—爪极
5—定子铁心 6—定子绕组 7—非导磁
连接环 8—励磁绕组 9—转子磁轭

爪极式无刷交流发电机的主要缺点是磁轭托架与爪极和转子磁场之间有附加间隙，漏磁较多，因此输出功率较低。

(2) 励磁机式无刷交流发电机 图 3-39 所示为德国博世公司生产的 T4 型励磁机式无刷交流发电机结构图,由无刷的普通交流发电机与专为其励磁的发电机所组成。励磁发电机简称励磁机,其磁极为定子,电枢为转子。当发电机转动时,励磁机电枢转动,其三相绕组产生电动势,通过内部整流电路整流后,直接供给发电机转子 14 内的励磁绕组励磁发电。

由于无附加气隙,励磁机式无刷交流发电机的输出功率大,缺点是结构较为复杂。

(3) 感应子式无刷交流发电机 图 3-40 所示为感应子式无刷交流发电机原理图。感应子式无刷交流发电机的特点是转子由齿轮状钢片叠成,励磁绕组和电枢绕组均安放在定子槽内。当定子槽内的励磁绕组通入直流电后,在定子铁心中产生固定的磁场。由于转子有凸齿和凹槽,当转子转动时,转子与定子凸齿之间的气隙就会不断变化。转子凸齿正对定子凸齿时气隙最小而磁通最大,转子凹槽正对定子凸齿时气隙大而磁通减小。因此,随着转子的转动,定子内的磁场呈脉动变化,电枢绕组便产生交变的感应电动势。

感应子式无刷交流发电机的缺点是比功率较低。

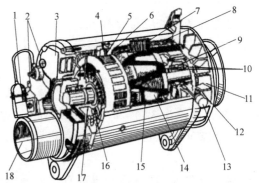

图 3-39 励磁机式无刷交流发电机结构图
1—抑制电容 2—接线柱 3—电压调节器 4—励磁发电机转子 5—励磁发电机定子 6—励磁发电机励磁绕组 7—发电机定子铁心 8—发电机定子绕组 9—前端盖 10—油封 11—风扇 12—油道 13—油环 14—发电机转子 15—励磁绕组 16—整流管 17—散热板 18—进风口

3.6.2 永磁式交流发电机

永磁式交流发电机以永久磁铁为转子磁极而产生旋转磁场,常用的永磁材料有铁氧体、铝镍钴、稀土钴、钕铁硼等。图 3-41 所示为钕铁硼永磁转子结构示意图。具有较高剩磁力和矫顽力的钕铁硼永磁体采用瓦片式结构,并用环氧树脂粘在磁轭上。

发电机的转子结构按照励磁方式的不同可分为盘式转子、爪极式转子、切向励磁、径向励磁四种结构。

工作时发电机输出的交流电经半控桥式整流电路整流稳压后向负载供电。当开路电压达到设定值时,与基准电压比较后,切断晶闸管触发信号,晶闸管延时至无正向电压时截止,发电机输出电压降低;当开路电压低于设定值时,控制电路输出触发信号,晶闸管导通,发电机对外输出,向负载和蓄电池供电,如此周而复始,实现稳定的电压输出。永磁式交流发电机电压控制原理如图 3-42 所示。

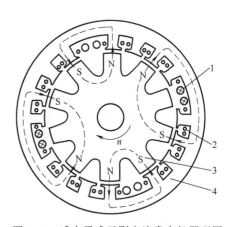

图 3-40 感应子式无刷交流发电机原理图
1—励磁绕组 2—电枢绕组 3—转子 4—定子

永磁式无刷交流发电机具有体积小、质量小、维护方便、比功率大、低速充电性能好等优点,若永磁材料的性能有更进一步的提高,永磁式无刷交流发电机技术将会有更大的

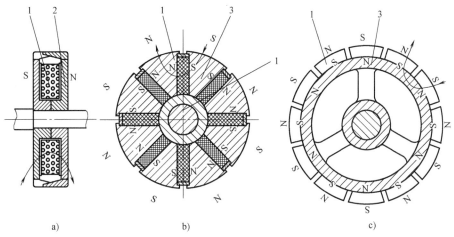

图 3-41 转子结构示意图
a）爪极式 b）切向励磁式 c）径向励磁式
1—永磁体 2—爪极 3—磁轭

发展。

3.6.3 带泵交流发电机

带泵交流发电机（图 3-43）与普通交流发电机的不同是转子轴很长并伸出后端盖，利用外花键与真空泵的转子内花键相连接，驱动真空泵与发电机转子同步旋转，给汽车制动系统中的真空筒抽真空，为制动系统的真空增压器提供真空源。

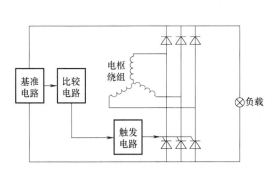

图 3-42 永磁式交流发电机电压控制原理

图 3-43 带泵交流发电机

3.7 汽车电源系统设计

汽车电源系统控制着车上所有带电的设备，随着汽车技术的不断发展，车上用电设备的负载越来越大，因此，合理确定蓄电池的容量和发电机的功率，是设计汽车电源系统的主要内容。

3.7.1 蓄电池容量的选择

选择蓄电池容量时,一方面要考虑起动机的功率,保证发动机的起动性能,即蓄电池能在短时间内(3~5s)向起动机提供大电流,使发动机顺利起动;另一方面还要考虑蓄电池的储备容量,即在汽车充电系统失效时,蓄电池能为照明和点火系统、刮水器等用电设备提供电能,保证汽车行驶一段时间(180~200min)。

由此可见,选择蓄电池的容量时可先根据起动机的功率计算初步结果,然后结合其他因素进行调整,再根据蓄电池的型号规格选取 20 小时率额定容量适当的蓄电池。

当起动机的功率确定后,可按照经验公式计算蓄电池的容量:

$$C_n = (600 \sim 800) \frac{P_R}{U_R} \tag{3-1}$$

式中　C_n——蓄电池的 20 小时率额定容量（A·h）;
　　　P_R——起动机的额定功率（kW）;
　　　U_R——起动机的额定电压（V）。

例如,国产桑塔纳轿车使用 QD125 型起动机,额定电压为 12V,额定功率为 0.95kW,按照式(3-1)计算其蓄电池容量为 48~63A·h,实际选用容量为 54A·h 的蓄电池。

对于功率大于 7.5kW 的起动机,蓄电池容量的选定可比计算值小一些。

3.7.2 电量平衡分析

在汽车行业,一般用发电机的输出电流来表示发电机的输出功率,如发电机最主要的参数就是额定输出电流。这是因为交流发电机的输出功率等于输出电压与输出电流的乘积,而汽车交流发电机的输出电压已由电压调节器控制在某一恒定值。

确定发电机功率的基本思路是根据车辆用电设备的负载电流选定发电机的输出电流。这就要求定量计算车辆用电设备的负载电流和发电机能够输出的电流。这个过程一般称为汽车电量平衡分析。汽车电器系统的电量平衡是指汽车交流发电机(以下简称发电机)、蓄电池和其他各种用电设备之间的电能产生与消耗的相互制约关系。在这种关系中,发电机的性能对蓄电池的寿命及汽车电器系统的正常运行起着十分重要的作用。选择发电机功率时,如果选定的发电机输出电流太小,一方面会影响用电设备正常工作(如照明灯灯光变暗、扬声器声音变小等),另一方面不能保证蓄电池电能得到足够的补充,蓄电池长期亏电会产生硫化故障,这不仅影响蓄电池起动性能,而且会使使用寿命大大降低。如果发电机的输出电流选得过大,则不仅功率不能充分利用,而且发电机的质量和体积也会增加,成本过高。

1. 发电机额定输出电流的计算

由交流发电机的输出特性可知,发电机输出电流 I 是发电机转速 n 和发动机转速 n_m 的函数,即 $I=f(n)$。在汽车行驶过程中,因为发动机转速 n_m 是一个随行车时间 t 变化的随机变量,所以发电机输出电流也是时间 t 的函数。因此,要想计算交流发电机在汽车行驶过程中输出电流的统计值,首先要知道发动机转速这个随机变量在实际应用中的分布规律。

世界各国出于立法的需要,对实际使用的发动机转速的分布做了大量的统计分析,并找出发动机转速的分布规律。欧洲经济委员会轻型车辆试验行驶规范 ECE 15 工况就包含了发动机典型工作循环，如图 3-44 所示。

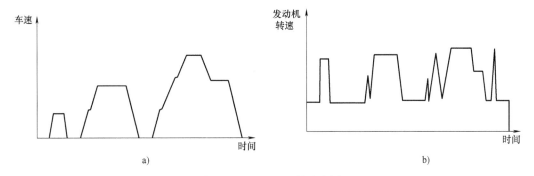

图 3-44　ECE 15 工况示意图
a）ECE 15 工况车速　b）ECE 15 工况发动机转速

发动机转速计算式为

$$n_{\mathrm{m}} = k \frac{v i_0 i_{\mathrm{s}}}{r} \qquad (3\text{-}2)$$

式中　n_{m}——发动机转速（r/min）；

　　　k——比例常数，$k = \dfrac{1000}{12\pi}$；

　　　v——车速（km/h）；

　　　i_0——主减速比；

　　　i_{s}——变速器在相应档位时的传动比；

　　　r——车轮滚动半径（m）。

根据统计规律算出发动机平均转速后，再根据发动机与发电机之间的传动比 i 即可求出在一个工作循环中对应的发电机转速分布情况，再由发电机的电流-转速特性即可得到发电机在一个工作循环中的平均输出电流值 I。

2. 汽车用电设备负载电流的计算

计算整车用电设备负载电流时，并不是将所有用电设备在额定功率下的电流计算值简单地相加。因为许多电器设备并不是同时和始终工作，如大部分车型前照灯的远光灯和近光灯就是交替工作的，而转向灯只是在转向时工作，起动机只有在起动时工作，刮水器只有在雨雪天才使用。所以在确定整车用电设备负载电流时，必须考虑用电设备的工作性质和运行条件。

汽车用电设备按其工作性质的不同可分为长期用电设备、连续工作用电设备和间歇用电设备；按其运行条件的不同可分为冬季和夏季用电设备、白天和夜间用电设备、晴天和雨天用电设备等。因此，计算整车负载电流时，首先引入电器使用频度系数这一概念。随着季节和环境的不同，各种电器的使用机会也不同，即使用频度系数不同。在此，用 μ_0、μ_{s}、μ_{w} 分别表示电器与季节气候无关、夏季及冬季三种情况下的使用频度系数。电器的使用频度系数 μ_0、μ_{s}、μ_{w} 可以通过长期的道路行驶统计获得，以上汽大众某型轿车为例，其使用频度系数见表 3-4。

表 3-4 上汽大众某型轿车常用电器电量平衡分析表

类型		电器名称	电流/A	使用频度系数			夏季使用频度系数	加权电流
				μ_0	μ_s	μ_w		
Ⅰ	1	点火系统	3.0		1.0		1.0	3.1
	2	饱和充电	2.0		1.0		1.0	2.0
	3	起动机	300.0		0.02		0.02	6.0
	4	组合仪表	2.0		1.0		1.0	2.0
	5	散热风扇	12.5	0.75		0.25	0.75	9.4
	6	行驶系统	6.0		1.0		1.0	6.0
Ⅱ	7	转向灯	3.5		0.1		0.1	0.4
	8	制动灯	3.5		0.75		0.75	2.6
	9	夜间灯	0.8		1.0		1.0	0.8
	10	近光灯	9.2		1.0		1.0	9.2
	11	远光灯	10.0	0.45		0.2	0.45	4.5
	12	前雾灯	9.2		0.4		0.4	3.7
	13	后雾灯	1.8		0.3		0.3	0.5
	14	后倒车灯	3.5		0.05		0.05	0.2
	15	信号扬声器	8.0		0.6		0.6	4.8
	16	刮水器	3.0	0.5		0.4	0.5	1.5
Ⅲ	17	车内灯	2.0		0.2		0.2	0.4
	18	电动门窗	24.0		0.1		0.1	2.4
	19	牌照灯	0.8		0.5		0.5	0.4
	20	电动喷水系统	2.0	0.2		0.1	0.2	0.4
	21	空调压缩机	2.5		1.0		1.0	2.5
	22	空调风扇	24.0	0.2		0.2	0.2	4.8
	23	防抱制动系统(ABS)	20.0		0.75		0.75	15.0
	24	点烟器	8.0		0.05		0.05	0.4
	25	收音机	1.6		0.95		0.95	1.6
	26	电动天线	4.0		0.5		0.5	2.0
	27	其他电器	3.0		1.0		1.0	3.0
总计								89.6

3. 交流发电机电流 I 和功率 P 的选定

电量平衡的评判标准可利用式（3-3）表示：

$$\sum (I_{in} \Delta t_{in}) > \sum (I_{out} \Delta t_{out}) \tag{3-3}$$

式中　I_{in}——蓄电池在 Δt 时间内的平均充电电流（A）；

　　　Δt_{in}——蓄电池处于充电状态时的一个时间段；

　　　I_{out}——蓄电池在 Δt 时间内的平均放电电流（A）；

Δt_{out}——蓄电池处于放电状态时的一个时间段。

也就是说,发电机与汽车用电量平衡与否是以蓄电池的充、放电量为评判标准的,即可用充、放电量比率来衡量。充、放电量比率 K 定义为

$$K = \frac{\sum(I_{in}\Delta t_{in})}{\sum(I_{out}\Delta t_{out})}$$

考虑到汽车起动时,蓄电池的电能消耗和系统的可靠性,在环境和汽车用电正常的极限条件下,应该保证 $K>1.2$。在这里强调的所谓正常的极限条件是指,在能出现的最炎热或最寒冷的季节,汽车在发电机发电能力最差的状态下行驶,且最大限度地正常使用所有必要的电器,如夏季或冬季的雨天黑夜中长时间在路上低速行驶。

由此计算出发电机功率后,根据发电机标准系列选取合适的发电机即可。

4. 发动机与发电机传动比 i 的选定

选择交流发电机时,还要合理选定发动机与发电机之间的传动比 i,使汽车常用车速与发电机的额定转速 n_R(发电机输出额定电流时的转速)相对应。选择方法是取该型汽车常用车速,由式(3-2)求出对应的发动机转速 n_m,则发动机与发电机之间的传动比 i 为

$$i = \frac{n_m}{n_R} \tag{3-4}$$

由式(3-4)计算出传动比后,还要根据所得传动比求出发动机怠速时对应的发电机转速,对照所选择的发电机的电流-转速特性,检查发电机怠速时的输出电流是否达到额定电流的60%~80%的设计要求。此外,还要校核发动机达到最高转速 n_{max} 时,发电机对应的转速是否超过最高允许转速。

思 考 题

1. 交流发电机的主要组成部分有哪些?
2. 何谓交流发电机的输出特性、空载特性和外特性?
3. 试分析交流发电机三相桥式电路和整流电路的整流过程。
4. 试分析JFT106型晶体管调节器的工作原理。
5. 简述交流发电机检测与试验项目和方法。
6. 试分析解放CA1091的充电系统电路。
7. 试分析上汽大众桑塔纳2000系列轿车充电系统电路。

第4章 起动系统

4.1 概述

4.1.1 起动系统的基本组成

汽车发动机必须在外力驱动下使转速达到起动的最低转速后才能起动,这一过程称为发动机的起动过程。常用的起动方式有人力起动、辅助汽油机起动和电力起动机起动等。现代汽车发动机大部分以电机作为起动动力源,所以本章主要介绍电动起动系统。

汽车电动起动系统的作用是通过将蓄电池的电能转化成机械运动来起动发动机。电动起动系统一般由蓄电池、起动机、起动继电器、点火开关等组成,如图4-1所示。

(1) **起动机** 起动机的作用是将蓄电池的电能转变成机械运动,起动发动机,使发动机起动工作。

(2) **起动开关** 起动开关的作用是接通起动机电磁开关电路,使电磁开关通电工作。汽油机的起动开关与点火开关组合在一起。

(3) **起动继电器** 由于流经起动机电机开关的电流较大(一般为35~40A),直接由起动开关控制会因电流过大而烧坏起动开关。在起动控制电路中装有起动继电器,由起动继电器触点的开闭控制起动机电磁开关电路的通

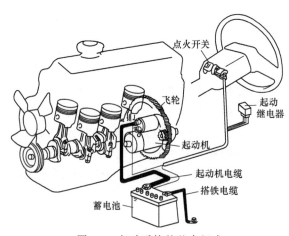

图4-1 起动系统的基本组成

断,起动开关只控制起动继电器线圈电路的通断,因而减小了通过起动开关的电流。

4.1.2 起动机的分类

起动机有多种结构形式,现以不同的分类方式予以概括。

1. 按电动机磁场产生的方式分

(1) **励磁式起动机**　电动机的磁场由磁场绕组通入电流产生。

(2) **永磁式起动机**　电动机的磁极用永久磁铁制成,磁极无励磁绕组,也无须通入电流。

2. 按起动时起动机的操纵方式分

(1) **直接操纵式起动机**　由驾驶人通过脚踏起动踏板或手拉起动拉杆直接操纵拨叉使起动机与飞轮啮合,现已被淘汰。

(2) **电磁操纵式起动机**　由电磁开关通电后产生的电磁力控制驱动齿轮啮入飞轮齿圈和接通电机电路。电磁操纵式起动机克服了直接操纵式发动机的不足,现已普遍采用。

3. 按驱动齿轮啮入方式分

(1) **强制啮合式起动机**　靠人力(现已淘汰)或电磁力推动驱动小齿轮做轴向移动,强制小齿轮与飞轮齿圈啮合。强制啮合式起动机结构简单、工作可靠,使用较广泛。

(2) **惯性啮合式起动机**　靠驱动齿轮自身旋转惯性产生轴向移动,啮入飞轮齿圈。惯性啮合式起动机结构简单,但工作可靠性较差,现已很少采用。

(3) **电枢移动式起动机**　靠磁极产生的电磁力吸引电枢轴向移动,带动固定在电枢轴上的驱动齿轮啮入飞轮齿圈。电枢移动式起动机结构较复杂,主要用于欧洲国家生产的柴油车上。

(4) **磁极移动式起动机**　靠磁极产生的磁力使其中活动铁心移动,带动驱动齿轮啮入飞轮齿圈。采用此种结构形式的起动机较为少见。

(5) **齿轮移动式起动机**　靠电磁开关推动安装在电枢轴孔内的啮合杆,使小齿轮啮入飞轮齿圈。

(6) **减速式起动机**　靠电磁吸力推动单向离合器,使小齿轮啮入飞轮齿圈。减速式起动机的结构特点是在电枢和驱动齿轮之间装有一级减速齿轮(一般减速比为3~4)。它的优点是:可采用小型高速低转矩的电动机,使起动机的体积减小,质量约减小35%,并便于安装;提高了起动机的起动转矩,有利于发动机的起动;电枢轴较短,不易弯曲;减速齿轮的结构简单、效率高,保证了良好的力学性能;拆装修理方便。

4.1.3　起动机的型号

根据 QC/T 73—1993《汽车电气设备产品型号编制方法》,汽车用起动机的型号组成如图 4-2 所示。

(1) **产品代号**　由汉语拼音字母表示,有 QD、QDJ、QDY 三种,分别表示起动机、减

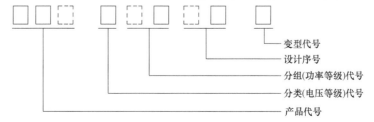

图 4-2　汽车用起动机的型号组成

速起动机、永磁起动机。

(2) **分类**（电压等级）**代号** 用1位阿拉伯数字表示，1代表12V，2代表24V。

(3) **分组**（功率等级）**代号** 用1位阿拉伯数字表示，其含义见表4-1。

表4-1 起动机功率等级代号

功率等级代号	1	2	3	4	5	6	7	8	9
功率/kW	≤1	>1且≤2	>2且≤3	>3且≤4	>4且≤5	>5且≤6	>6且≤7	>7且≤8	>8

(4) **设计序号** 按产品设计先后顺序，用1~2位阿拉伯数字表示。

(5) **变型代号** 主要电气参数和基本结构不变的情况下，一般电气参数的变化或结构有某些改变时称为变型，以汉语拼音大写字母A、B、C、…顺序表示。

例如，QDJ1260型起动机表示额定电压为12V、功率为1~2kW（1.2kW），第60次设计的（永磁行星）减速起动机。

4.2 起动机的结构及工作原理

本节介绍目前使用最广泛的电磁操纵强制啮合式起动机，其结构如图4-3所示，由直流电动机、传动机构和电磁开关三部分组成。

(1) **直流电动机** 其作用是将蓄电池输入的电能转换为驱动发动机转动的机械运动（电磁转矩）。汽车起动机均采用直流串励式电动机。

(2) **传动机构** 其作用是将电动机所产生的电磁转矩传递给发动机飞轮，并在发动机起动后自动断开发动机向起动机的逆向动力传递。

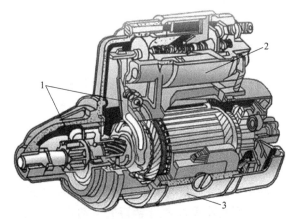

图4-3 电磁操纵强制啮合式起动机的结构
1—传动机构 2—电磁开关 3—直流电动机

(3) **电磁开关** 它是现代汽车上普遍使用的起动机控制装置，其作用是控制起动机驱动齿轮与发动机飞轮的啮合与分离，同时控制电动机电路的通断。

4.2.1 直流电动机

1. 直流电动机的工作原理

(1) **电磁转矩的产生** 直流电动机依靠带电导体在磁场中受磁场力的作用而产生电磁转矩，其工作原理如图4-4所示。电源的直流电通过电刷和换向铜片引入可转动的电枢绕组，电枢绕组的两匝边便受磁场力F的作用而形成电磁转矩M，如图4-4a所示。在M的作用下，电枢绕组转动，当cd匝边转到下半平面、ab匝边转到上半平面时，a端换向片与d端换向片交换所接触的电刷，使电枢绕组的电流换向，电枢绕组两匝边受磁场力F的作用所形成的电磁转矩M的方向保持不变，如图4-4b所示。在方向不变的电磁转矩M的作用下，电枢便可持续转动。

实际直流电动机为产生足够大且稳定的电磁转矩，其电枢用多匝绕组串联而成，并由多片换向铜片组成换向器。

根据安培定律可以推导出直流电动机通电后所产生的电磁转矩 M 与磁极磁通量 Φ 及电枢电流 I_s 之间的关系：

$$M = C_m \Phi I_s \tag{4-1}$$

式中 C_m——电动机的结构参数，它与电动机磁极对数 P、电枢绕组导线总根数 Z 及电枢绕组电路的支路对数 α 等有关 $\left(C_m = \dfrac{PZ}{2\pi\alpha}\right)$。

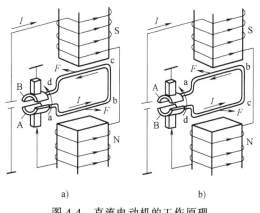

图 4-4 直流电动机的工作原理

（2）直流电动机的工作过程 通电的直流电动机，其电枢在电磁转矩 M 的作用下转动起来时，电枢绕组因切割磁力线而产生电动势，此电动势与电枢电流 I_s 的方向相反，故称之为反电动势 E_f。E_f 与磁极的磁通量 Φ 和电枢的转速 n 成正比，有

$$E_f = C_e \Phi n \tag{4-2}$$

式中 C_e——电动机结构常数。

由此得到电枢电路的电压平衡方程为

$$U = E_f + I_s R_s \tag{4-3}$$

式中 R_s——电枢电路的电阻，包括电枢绕组的电阻和电刷与换向器的接触电阻。

在直流电动机刚接通电源的瞬间，电枢转速 n 为 0。电枢反电动势 E_f 也为 0，这时，电枢绕组通过最大电流（$I_{smax} = U/R_s$），并产生最大的电磁转矩 M_{max}，如果 M_{max} 大于电动机的阻力矩 M_Z，电枢就开始加速转动。随着电枢转速的上升，电枢反电动势 E_f 增大，电枢电流 I_s 便开始下降，电磁转矩 M 也就随之下降，当 M 下降至与 M_Z 相平衡（$M = M_Z$）时，电枢就在此时的转速下稳定运转。

可见，当负载变化时，直流电动机能通过转速、电流和转矩的自动变化来满足负载的需要，使之能在新的转速下稳定工作，因此直流电动机具有自动调节转矩的功能。

2. 直流电动机的构造

直流电动机由电枢、磁极铁心、换向器、电刷、电刷架及其他附件组成，如图 4-5 所示。

（1）电枢总成 电枢总成的作用是通入电流后，在磁场的作用下产生一个方向不变的电磁转矩。电枢总成由电枢轴、铁心、电枢绕组及换向器等组成，如图 4-6 所示。

电枢铁心用多片、内外圆均带槽、表面绝缘的硅钢片叠成，通过内圆花键槽固

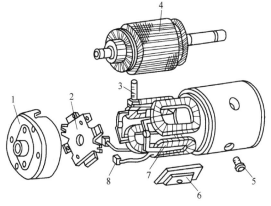

图 4-5 直流电动机的构造
1—端盖 2—电刷架 3—接线柱 4—电枢
5—磁极固定螺钉 6—磁极铁心
7—励磁绕组 8—电刷

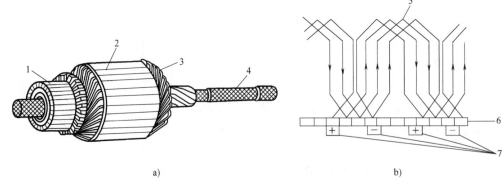

图 4-6 电枢的结构与电枢绕组的展开图
a）电枢的结构　b）电枢绕组的展开图
1、6—换向器　2—铁心　3、5—电枢绕组　4—电枢轴　7—电刷

定在电枢轴上，外圆槽内绕有电枢绕组，电枢绕组一般使用较粗的扁铜线采用波绕法绕制，如图 4-6b 所示。各电枢绕组的端子与换向器铜片焊接，使各电枢绕组串联。

换向器由铜片和云母片叠压而成，压装于电枢轴的一端，云母片使铜片之间、铜片与轴之间均绝缘。根据材质的不同，换向器铜片之间的云母片有低于铜片和与铜片平齐两种。云母片低于铜片主要是为了避免铜片磨损后云母片外凸而造成电枢与换向器接触不良，云母片与铜片平齐则主要是为了防止电刷粉末落入铜片之间的槽中而造成短路。国产起动机换向器中的云母片一般不低于铜片，但许多进口汽车起动机换向器中的云母片却低于铜片。

（2）磁极　磁极的作用是产生磁场。它有永磁式和励磁式两类，永磁式电动机的磁极直接由永磁材料组成。励磁式电动机的磁极由铁心和励磁绕组构成，用螺钉固定在电动机壳体上，如图 4-7 所示。为了增大电磁转矩，一般采用四个磁极，有的大功率起动机采用六个磁极。励磁绕组也是用粗扁铜线绕制而成的，与电枢绕组串联，如图 4-8 所示。

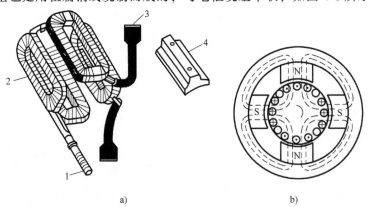

图 4-7 励磁式电动机的磁极结构
a）磁极　b）磁路
1—接线柱　2—励磁绕组　3—电刷　4—铁心

（3）电刷与电刷架　电刷用铜和石墨粉压制而成，石墨中加入铜粉是为了减小电阻和增加耐磨性。电刷架多为柜式，电刷架上的盘形弹簧用于将电刷紧紧地压在换向器铜片上。如图 4-9 所示，在四个电刷架中，其中一对电刷架与机壳直接相通而构成了电动机内部搭

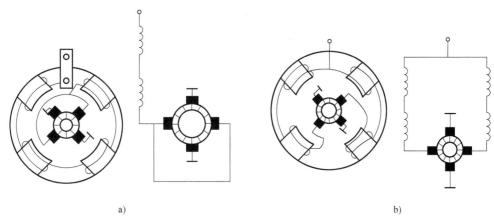

图 4-8 励磁绕组与电枢绕组的接法
a) 四个励磁绕组串联　b) 励磁绕组两两串联后再并联

铁。也有的电动机是通过励磁绕组的一端与机壳连接实现内部电路搭铁,这种电动机的所有电刷都与机壳绝缘。

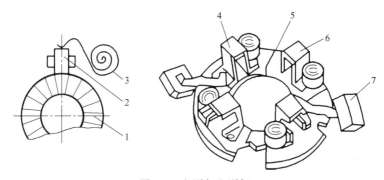

图 4-9　电刷与电刷架
1—换向器　2—电刷　3—盘形弹簧　4—搭铁电刷架　5—绝缘垫　6—绝缘电刷架　7—搭铁电刷

（4）**轴承与端盖**　电动机轴承安装于前后端盖上,端盖与机壳用螺栓固定。普通起动机的电动机一般采用青铜石墨滑动轴承或铁基含油滑动轴承。减速起动机由于其电枢的转速很高,电动机轴承一般采用滚柱轴承或滚珠轴承。

4.2.2　传动机构

普通起动机传动机构的主要组成部分是单向离合器,减速起动机则增加了一组减速齿轮。图 4-10 所示为传动机构的工作示意图。

1. 单向离合器

单向离合器的作用是起动时将电枢的电磁转矩传递给发动机飞轮,而在发动机起动后就立即打滑,以防止发动机飞轮带动起动电枢高速旋转而造成飞散事故。常见的单向离合器有滚柱式、摩擦片式、扭簧式、棘轮式等形式,下面具体介绍其中三种。

（1）**滚柱式单向离合器**　滚柱式单向离合器的结构如图 4-11 所示。

单向离合器外壳 2 与驱动齿轮 1 连为一体,离合器外壳和十字块 3 装配后形成四个楔形

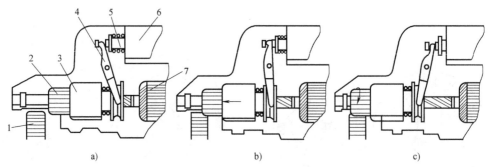

图 4-10 传动机构的工作示意图

a) 起动机静止状态 b) 驱动齿轮与飞轮齿圈正在啮合 c) 完全啮合

1—飞轮 2—驱动齿轮 3—单向离合器 4—拨叉 5—活动铁心 6—电磁开关 7—电枢

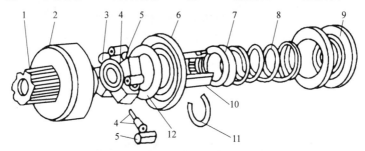

图 4-11 滚柱式单向离合器的结构

1—驱动齿轮 2—外壳 3—十字块 4—滚柱 5—弹簧及压帽 6—护盖 7—弹簧座
8—弹簧 9—移动衬套 10—传动套筒 11—卡簧 12—垫圈

槽,槽中有四个滚柱4,滚柱的直径大于槽窄端又小于槽宽端,弹簧及压帽5将滚柱推向槽窄端,使得滚柱与十字块3及外壳2表面有较小的摩擦力。十字块3与传动套筒10刚性连接,传动套筒10安装在电枢轴花键部位,使单向离合器总成可做轴向移动和随轴转动。

起动时,拨叉通过移动衬套推动单向离合器总成做轴向移动,使驱动齿轮啮入飞轮齿圈的同时,电枢轴通过花键带动传动套筒而使十字块转动,十字块相对于外壳的转动使滚柱在小摩擦力的作用下滚向槽窄端而被卡紧,使得外壳随十字块一起转动,于是电枢的电磁转矩通过单向离合器传递给了驱动齿轮,如图4-12a所示。发动机一旦发动,发动机飞轮带动驱

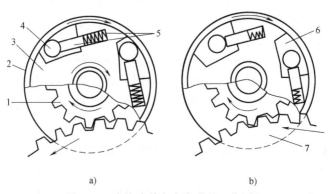

图 4-12 滚柱式单向离合器的工作原理

a) 起动时传递电磁转矩 b) 起动后打滑

1—驱动齿轮 2—外壳 3—十字块 4—滚柱 5—弹簧与压帽 6—楔形槽 7—飞轮

动齿轮旋转，使离合器外壳的转速高于十字块，此时，滚柱滚向槽宽端而打滑，如图4-12b所示，从而防止了发动机飞轮带动起动机电枢高速旋转而造成飞散事故。

滚柱式单向离合器的结构简单且紧凑，在中小功率的起动机上被广泛采用，但在传递较大转矩时，滚柱容易变形而卡住。因此，滚柱式单向离合器不适用于较大功率的起动机。

（2）**摩擦片式单向离合器**　摩擦片式单向离合器的结构如图4-13所示。

传动套筒10的内圆与电枢轴以右螺旋花键连接，传动套筒的外圆与内接合鼓9以三线螺旋花键连接；内接合鼓外圆上有凹槽，与主动摩擦片7的内凸齿相配合；从动摩擦片6有外凸齿，插入外接合鼓的槽中，驱动齿轮与外接合鼓1制成一体；传动套筒上自左向右还装有弹性垫圈3、压环4和调整垫圈5，端部用限位螺母2轴向固定。

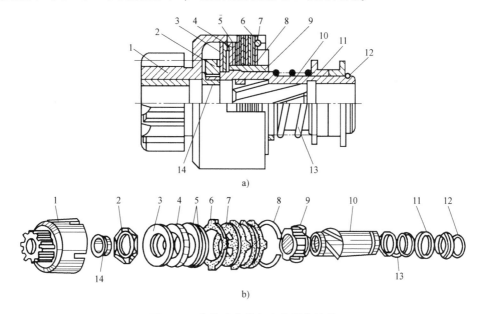

图4-13　摩擦片式单向离合器的结构
a）装配图　b）解体图
1—驱动齿轮与外接合鼓　2—螺母　3—弹性垫圈　4—压环　5—调整垫圈　6—从动摩擦片　7—主动摩擦片　8、12—卡环　9—内接合鼓　10—传动套筒　11—移动衬套　13—缓冲弹簧　14—挡圈

起动时，起动机电枢带动传动套筒转动，由于惯性的作用，内接合鼓与传动套筒之间有相对的转动而使内接合鼓轴向左移，主动摩擦从动摩擦片被压紧，通过其摩擦力将电枢的电磁转矩传递给驱动齿轮。发动机发动后，在飞轮的带动下，内接合鼓的转速将高于传动套筒的转速，其相对转动使内接合鼓轴向右移，主片与从动摩擦片之间的压力消失而打滑，从而避免了发动机飞轮带动起动机电枢高速旋转。

摩擦片式单向离合器可以传递较大的转矩，但最大转矩会因摩擦片的磨损而降低，因此需要经常检修调整，故这种单向离合器的结构也比较复杂。

（3）**扭簧式单向离合器**　扭簧式单向离合器的结构如图4-14所示。

传动套筒与起动机电枢通过螺旋花键连接，驱动齿轮柄套在传动套筒上，止推套筒限制了驱动齿轮和传动套筒之间的轴向相对移动，但不妨碍其相对转动。扭力弹簧包在驱动齿轮柄和传动套筒的外圆表面，弹簧的两端各有1/4圈内径较小，分别箍紧在驱动齿轮柄和传动套筒上。

起动时，扭力弹簧在其两端摩擦力的作用下被扭紧，整个弹簧紧箍在驱动齿轮柄和传动套筒上而传递转矩。发动机起动后，由于驱动齿轮转速高于电枢的转速，扭力弹簧放松，驱动齿轮便在传动套筒上滑转。

扭簧式单向离合器的结构简单，使用寿命长，但由于扭力弹簧的轴向尺寸较大，不宜在小功率起动机上使用。

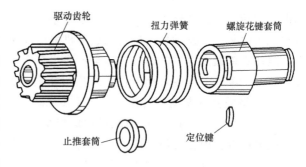

图 4-14 扭簧式单向离合器的结构

2. 减速机构

减速起动机在电枢和驱动齿轮之间设有减速机构，传动比一般为 2~4。起动机增设了减速机构后，可采用小型高速低转矩的电动机，电动机电流也可减小，因而减速起动机体积小，质量小，便于安装。此外，减速起动机的起动性能提高，可减小蓄电池的负担。

减速起动机的减速机构有外啮合式、内啮合式和行星齿轮啮合式，如图 4-15 所示。

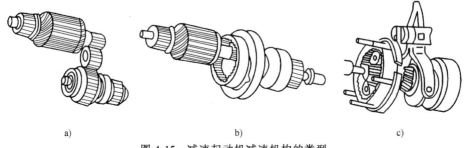

图 4-15 减速起动机减速机构的类型
a) 外啮合式　b) 内啮合式　c) 行星齿轮啮合式

（1）**外啮合式减速机构**　外啮合式减速机构的传动中心距较大，受起动机结构的限制，其传动比不能太大，因此一般只在小功率的起动机上应用。

（2）**内啮合式减速机构**　内啮合式减速机构的传动中心距较小，可以有较大的传动比，故可适用于较大功率的起动机。内啮合式减速起动机驱动齿轮的轴向移动需用拨叉拨动，因此，内啮合式减速起动机的外形与普通起动机相似。

（3）**行星齿轮啮合式减速机构**　行星齿轮传动具有结构紧凑、传动比大、效率高等特点。行星齿轮啮合式起动机由于输出轴与电枢轴同心、同旋向，电枢轴无径向载荷，可使整机尺寸减小。

3. 拨叉

拨叉的作用是使离合器做轴向移动，使驱动齿轮啮入或脱离飞轮齿圈。

4.2.3　电磁开关

电磁开关的作用是控制拨叉，使起动机驱动齿轮与飞轮啮合或分离，以及控制主电路的通断。

1. 电磁开关的结构

电磁开关主要由吸引线圈、保持线圈、活动铁心、接触盘和触点等组成，如图 4-16 所示。

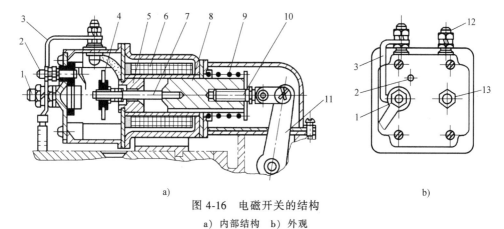

图 4-16 电磁开关的结构
a) 内部结构 b) 外观

1、13—主接线柱 2—附加电阻短路接线柱 3—导电片 4—接触盘 5—磁轭 6—吸引线圈及保持线圈
7—接触盘推杆 8—活动铁心 9—回位弹簧 10—调节螺钉 11—拨叉 12—电磁开关接线柱

电磁开关两主接线柱 1、13 分别连接蓄电池和电动机，两主接线柱在电磁开关内部有相应的触点，由接触盘 4 将其接通；电磁开关接线柱内部连接吸引线圈和保持线圈，外部通过线路连接起动开关或起动继电器；附加电阻短路接线柱 2 与点火线圈初级[⊖]绕组相连，在起动时，由接触盘将其内部的触点与主触点接通，将点火线圈附加电阻短路。电磁开关活动铁心的右端通过螺钉连接拨叉，左端连接接触盘的推杆（或与推杆保持一定的间隙）。当活动铁心被电磁开关线圈吸动左移时，就会带动拨叉和接触盘。

2. 电磁开关的工作原理

电磁开关内的吸引线圈与电动机串联，保持线圈与电动机并联，其工作原理如图 4-17 所示。

视频：起动机的工作过程

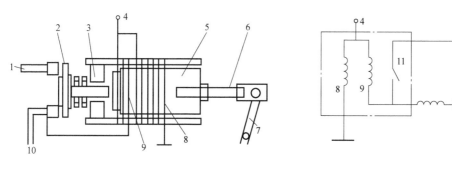

图 4-17 电磁开关的工作原理
a) 结构简图 b) 电路原理

1—电源接线柱 2—接触盘 3—磁轭 4—电磁开关接线柱 5—活动铁心 6—拉杆
7—拨叉 8—保持线圈 9—吸引线圈 10—接电动机 11—电磁开关触点

⊖ 根据行业有关标准，本书点火系统中统一采用初级、次级绕组（电压、电流、线圈）。

电磁开关接线柱接通电源时，吸引线圈和保持线圈同时通电，两线圈产生的磁力使活动铁心克服回位弹簧力而左移，带动拨叉转动而将驱动齿轮拨向飞轮齿圈，与此同时，使接触盘左移而接通电动机电路。

电动机通电工作时，吸引线圈被接触盘短路，但保持线圈仍然通电，所产生的磁力使铁心保持在移动的位置。

断开起动开关瞬间，接触盘还未回位，电源通过接触盘使电磁开关两线圈仍然通电，但此时吸引线圈所产生的磁力与保持线圈的磁力相互抵消，活动铁心在回位弹簧力的作用下退回，使驱动齿轮和接触盘退回原处，电动机停止工作。

4.3 起动机的工作特性

1. 转矩特性

起动机的转矩特性是指其电动机所产生的电磁转矩 M 与其电枢电流 I_s 的关系。由直流电动机的工作原理可知电动机产生的电磁转矩与电枢电流和磁通量成正比。对于串励式电动机，励磁绕组的励磁电流 $I_j = I_s$，而磁极磁通量 Φ 在磁极未饱和时与励磁电流成正比（$\Phi = CI_j$），于是就有

$$M = C_m I_s C I_j = C'' I_s^2$$

直流串励式电动机的转矩特性曲线如图 4-18 所示。在磁极未饱和的情况下，直流串励式电动机的电磁转矩 M 与电枢电流 I_s 的二次方成正比；在磁极饱和的情况下，M 才与电枢电流 I_s 成正比。与直流并励式电动机相比，在 I_s 相同的情况下，直流串励式电动机可以产生较大的电磁转矩，这是起动机采用直流串励式电动机的原因之一。

2. 机械特性

起动机的机械特性是指其电动机的转速随电磁转矩变化的规律。根据电枢绕组反电动势的关系式 $E_f = C_e \Phi n$ 和电动机电路电压电流平衡关系式 $U = E_f + I_s(R_s + R_j)$，可得到直流串励式电动机的转速 n 与电枢电流 I_s 的关系为

$$n = \frac{U - I_s(R_s + R_j)}{C_m \Phi}$$

在磁极未饱和的情况下，I_s 增大时，Φ 也增大，其转速 n 将迅速下降，由于 $M \propto I_s^2$，直流串励式电动机的转速随电磁转矩的增加而迅速下降，即具有软的机械特性，如图 4-19 所示。

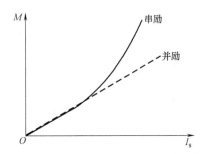

图 4-18 直流串励式电动机的转矩特性曲线

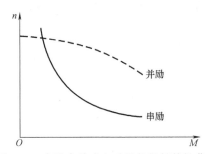

图 4-19 直流串励式电动机的机械特性曲线

3. 功率特性

起动机某一时刻的输出功率 P 可由下式确定：

$$P=\frac{M_s n_s}{9550}$$

式中　M_s——起动机的输出转矩（N·m）；

　　　n_s——起动机的转速（r/min）。

起动机的功率特性是指其电动机的功率与电枢电流的变化关系，即 $P=f(I)$，其曲线是一条基本对称的抛物线，如图 4-20 中的 P 曲线。将串励式直流电动机的转矩特性曲线、机械特性曲线、功率特性曲线叠加到同一坐标中，就可得到起动机的特性曲线（图 4-20）。

1) 发动机即将起动时，即起动机刚接入瞬间，转速 $n=0$，电枢电流最大（称为制动电流），转矩也达到最大值（称为制动转矩），此时输出功率为 0。

2) 在起动机空转时，电枢电流最小（称为空载电流），转速达到最大值（称为空载转速），此时输出功率也为 0。

3) 在起动电流接近全制动电流的 1/2 时，起动机的输出功率最大。

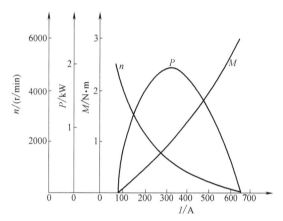

图 4-20　起动机的特性曲线

由于起动机的工作时间短，允许在最大功率状态下工作。通常将起动机的最大功率作为它的额定功率。

4.4　起动机控制电路

起动机的控制电路大致分为起动开关直接控制的控制电路、带起动继电器的控制电路和带保护继电器的起动机驱动保护电路三种形式。

1. 起动开关直接控制的控制电路

由起动机开关直接通断电磁开关的控制电路原理图如图 4-21 所示。

微课：起动机的工作原理

起动时，将点火开关 S 打到 ST 档（起动档），电磁开关通电，其电流流向为：蓄电池正极→主接线柱 3→点火开关 S→起动接线柱 5→吸引线圈 7→主接线柱 1→直流串励式电动机→搭铁。

　　　　　　　　　　　　└──────→保持线圈 8──────┘

此时吸引线圈和保持线圈产生的磁力方向相同，在两线圈磁力的共同作用下，活动铁心克服弹簧力左移，带动拨叉将驱动齿轮推向飞轮。与此同时，活动铁心将接触盘顶向触点。当驱动齿轮与飞轮啮合时，接触盘将电磁开关主接线柱 1、3 接通，使电动机通入起动电流，电枢产生正常电磁转矩，并通过传动装置带动发动机转动。这时，吸引线圈被接触盘短路，活动铁心靠保持线圈的磁力保持在移动的位置。

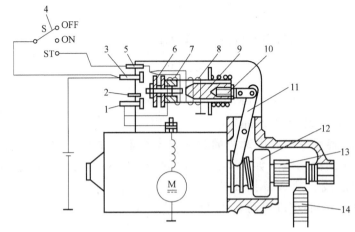

图 4-21 起动开关直接通断电磁开关的控制电路原理图

1、3—主接线柱　2—点火线圈附加电阻短路接线柱　4—点火开关　5—起动接线柱　6—接触盘　7—吸引线圈
8—保持线圈　9—活动铁心　10—调节螺钉　11—拨叉　12—单向离合器　13—驱动齿轮　14—飞轮

动画：起动过程

发动机起动后，在断开起动开关瞬间，接触盘仍在接触位置，此时电磁开关线圈的电流流向为：蓄电池正极→主接线柱3→接触盘→主接线柱1→吸引线圈→保持线圈→搭铁→蓄电池负极。此时吸引线圈与保持线圈的磁力相互抵消，活动铁心便在弹簧力的作用下回位，使驱动齿轮退出；与此同时，接触盘也回位，切断起动机电路，起动机停止工作。

在起动机驱动齿轮啮入飞轮齿圈的过程中，由于吸引线圈的电流流经电动机，电枢产生较小的电磁转矩使驱动齿轮缓慢转动与飞轮啮合，避免了顶齿和冲击。

2. 带起动继电器的控制电路

由于电磁开关通电电流较大（达35～45A），起动开关直接控制容易使开关触点烧蚀。为此，一些汽车的起动电路中增设了起动继电器，用于保护起动开关。带起动继电器的控制电路如图4-22所示。

起动继电器触点常开，串联在起动机电磁开关电源电路中；起动继电器线圈电路由点火开关控制通断。

起动时，点火开关拨至起动档，起动继电器线圈通电，其电流通路为：蓄电池正极→蓄电池接线柱11→电流表→点火开关（起动触点）→起动继电器线圈→搭铁→蓄电池负极。起动继电器线圈通电产生电磁力将触点吸合，接通起动机电磁开关电路，起动机便开始工作。由于点火开关的起动触点只是控制起动继电器线圈较小的电流，开关触点不容易烧蚀，从而延长了点火开关的使用寿命。

3. 带保护继电器的起动机驱动保护电路

有些汽车的起动机控制电路会增设一个保护继电器，用于实现起动机驱动保护功能。其作用是：发动机起动后，起动机立刻自动停止工作，避免造成起动机的磨损和蓄电池电能的消耗；当发动机工作时，即使误接通起动开关，起动机也不会通电工作。

目前大部分汽车的驱动保护电路是依靠汽车交流发电机的中性点电压及保护继电器来工作的。图4-23所示为东风EQ1090F型汽车起动机驱动保护电路的工作原理图。起动继电器的触点是常开的，用于控制起动机电磁开关的工作。保护继电器为常闭触点，串联在起动继

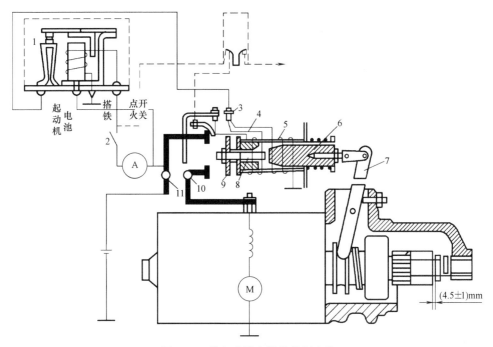

图 4-22 带起动继电器的控制电路

1—起动继电器 2—点火开关 3—电磁开关接线柱 4—吸引线圈 5—保持线圈 6—活动铁心
7—拨叉 8—接触盘推杆 9—接触盘 10—电动机接线柱 11—蓄电池接线柱

电器的线圈电路中,用于控制起动继电器线圈电流,保护继电器线圈一端接至发电机的中性点,承受发电机中性点电压,其作用是保护起动机并控制充电指示灯。

起动时,将点火开关旋至起动档,此时保护继电器触点 K_2 未打开,其电流通路为两路,一路为蓄电池正极→电流表→点火开关起动档→接线柱 SW→起动继电器线圈 L_1→保护继电器触点 K_2、磁轭→搭铁→蓄电池负极,另外一路为蓄电池正极→电流表→点火开关起动档→充电指示灯→接线柱 L→保护继电器触点 K_2、磁轭→搭铁→蓄电池负极。

充电指示灯点亮,说明发电机未发电;同时起动继电器线圈 L_1 产生电磁吸力,则起动继电器的常开触点 K_1 闭合,将起动机电磁开关电路接通,起动机开始工作。

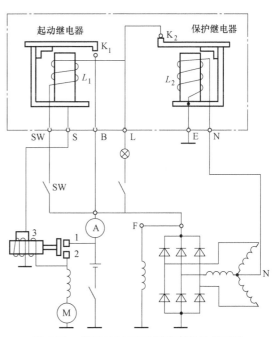

图 4-23 东风 EQ1090F 型汽车起动机驱动保护电路的工作原理图

发动机起动后,发电机便正常发电,当发电机中性点电压达到 5V 时,保护继电器线圈 L_2 的电磁吸力使触点 K_2 打开,切断了充电指示灯的电路，充电指示灯熄灭，同时又将起动继电器线圈 L_1 的电路切断，于是 K_1 打开，切断了起动机电磁开关电路，起动机便自动停止工作。

发动机工作时，在交流发电机中性点电压的作用下，K_2 一直处于打开状态，线圈 L_1 中无电流，则 K_1 始终处于打开状态，起动机电磁开关电路不能接通，所以即使误接通起动开关，起动机也不会工作，从而实现了起动机驱动保护功能。

4.5 起动机的使用、检修与试验

4.5.1 起动机的使用

1）每次起动时间不应超过 5s，再次起动时应停止 2min，使蓄电池得以恢复。如果有连续第三次起动，应在检查与排除故障的基础上停止 15min 以后进行。

2）在气温较低的情况下起动时，应采取相应的措施，如对蓄电池进行保温以确保蓄电池有充足的起动容量、手摇发动机进行预润滑等。

3）发动机起动后，必须立即松开点火开关，使起动机停止工作。

4）应经常清洁起动机外部，各连接导线，特别是与蓄电池相连接的导线，应连接紧固。

5）汽车每行驶 3000km 时，应检查与清洁换向器；汽车每行驶 5000～6000km 时，应检查测试电刷的磨损程度及电刷弹簧的压力，它们均应在规定范围之内；每年应对起动机进行一次保养。

4.5.2 起动机的检修

视频：起动机的分解

1. 励磁绕组的检修

励磁绕组常见的故障是接头脱焊，绕组断路、搭铁或短路等。检修方法如下。

（1）**直观检查** 将起动机解体后，检查励磁绕组接头是否松脱，有无破损。若外部验视未发现问题，进行下一步检查。

（2）**励磁绕组断路故障检查** 可用万用表的欧姆档检测，如图 4-24 所示，两表笔分别接触起动机外壳引线（即电流输入接线柱）与励磁绕组绝缘电刷接头，如果测得的电阻值为无穷大，说明励磁绕组断路，应予以检修或更换。

（3）**励磁绕组搭铁故障检查** 用万用表检查励磁绕组的正极端与定子壳体之间的电阻，如图 4-25 所示，电阻值应为无穷大，否则表示励磁绕组与壳体短路，应予以检修或更换。

（4）**励磁绕组匝间短路故障检查** 如图 4-26 所示，若通电 5min 后绕组发热，则说明绕组有匝间短路故障。

2. 电枢总成的检修

电枢总成常见的故障有搭铁、匝间短路、断路和换向器磨损等。

（1）**电枢绕组搭铁故障检查** 用万用表的欧姆档检测，如图 4-27 所示，一根表笔接触电枢，另一根表笔依次接触换向器铜片，电阻应为无穷大，否则说明电枢绕组有搭铁故障。

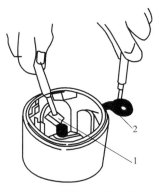

图 4-24 励磁绕组断路故障检查
1—励磁绕组绝缘电刷接头 2—电流输入接线柱

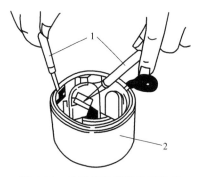

图 4-25 励磁绕组搭铁故障检查
1—万用表表笔 2—定子壳体

（2）**电枢绕组匝间短路故障检查** 如图 4-28 所示，把电枢放在电枢感应仪上，当感应仪通电后将铁片置于电枢铁心上，并一边转动电枢一边移动铁片。若电枢中有短路故障，则在电枢绕组中将产生感应电流，铁片在交变磁场的作用下会在槽上振动，由此可判断电枢绕组中有短路故障。

（3）**电枢绕组断路故障检查** 如图 4-29 所示，用万用表的欧姆档，将两个表笔分别接触换向器相邻的铜片，测量每相邻两换向片间是否相通。若相通，则说明电枢绕组无断路故障；若万用表显示的阻值为无穷大，则说明此处有断路故障，应更换电枢。

（4）**电枢轴的检查** 如图 4-30 所示，用百分表检查电枢轴的圆跳动量，若铁心表面摆差大于 0.15mm 或换向器径向圆跳动大于 0.05mm，则说明电枢轴弯曲严重，应进行校正或更换。另外，还应检查电枢轴上的花键齿槽，若发现磨损严重或损坏，则应修复或更换。

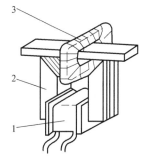

图 4-26 励磁绕组匝间
短路故障检查
1—感应仪 2—铁心
3—励磁绕组

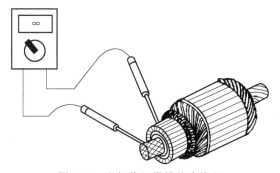

图 4-27 电枢绕组搭铁故障检查

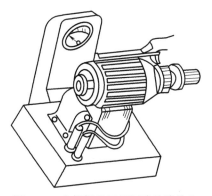

图 4-28 电枢绕组匝间短路故障检查

（5）**换向器的检查**

1）直观检查换向器表面应无烧蚀，云母片应无凸出。

2）检查换向器绝缘云母槽的深度，标准值为 0.5~0.8mm，使用极限值为 0.2mm。如果云母槽深度低于极限值,可用锉刀修整,再用细砂纸打磨。修整时锉刀要与换向器外圆母线平行。

3)用游标卡尺检查换向器外径尺寸,换向器的外径一般不小于标准值1mm,否则应更换电枢。

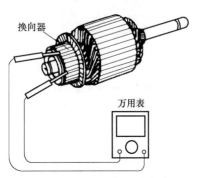

图 4-29 电枢绕组断路故障检查

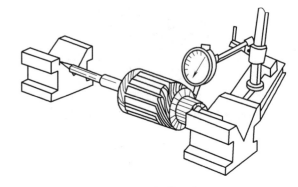

图 4-30 电枢轴的检查

3. 电刷与电刷架的检修

电刷使用的极限高度为标准高度的2/3(国产起动机新电刷长度一般为14mm),即7~10mm,小于极限值时应更换。电刷与换向器的接触面积不应小于总面积的75%,否则应研磨电刷。电刷在电刷架内应活动自如无卡滞现象,电刷弹簧的弹力可用弹簧秤测量,如图4-31所示,弹力应大于12N,否则应更换。电刷架的绝缘情况可用万用表的欧姆档进行测量,如图4-32所示。测量时,万用表显示的阻值应为无穷大,否则说明电刷架绝缘损坏。

图 4-31 电刷弹簧的弹力测量

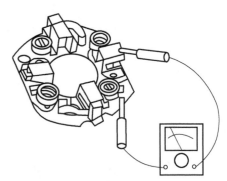

图 4-32 电刷架的绝缘情况测量

4. 单向离合器的检修

单向离合器常见的故障是打滑。将单向离合器夹在虎钳上,用扭力扳手转动,如图4-33所示,若转矩小于规定值,说明单向离合器打滑,应予以更换。对于摩擦片式单向离合器,如果转矩偏小,可以通过调整压环前的垫圈厚度使转矩达到要求。

5. 电磁开关试验

电磁开关的常见故障一般是吸引线圈和保持线圈断路、短路和搭铁,以及接触盘及触点表面烧蚀等。

线圈是否断路、搭铁可用欧姆表通过测量电阻来检查。如果线圈不良应予以更换。接触盘及触点表面烧蚀轻微的可以用锉刀或砂布修整。回位弹簧弹力过小时应予以更换。

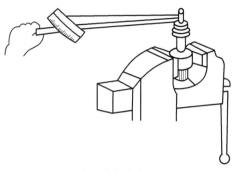

图 4-33　检查单向离合器是否打滑

（1）**吸拉动作试验**　将起动机固定在虎钳上，拆下起动机端子"C"上励磁绕组的电缆引线端子，用带夹电缆将起动机"C"端子和电磁开关壳体与蓄电池负极连接，用带夹电缆将起动机"50"端子与蓄电池正极连接，如图 4-34 所示。此时驱动齿轮应向外移动，若驱动齿轮不动，则说明电磁开关有故障，应予以修理或更换。

（2）**保持动作试验**　该试验是在吸拉动作试验的基础上进行的，当驱动齿轮保持在伸出位置时，拆下电磁开关"C"端子上的电缆夹，如图 4-35 所示。此时驱动齿轮应保持在伸出位置不动，若驱动齿轮回位，则说明保持线圈断路，应予以修理。

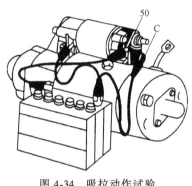

图 4-34　吸拉动作试验

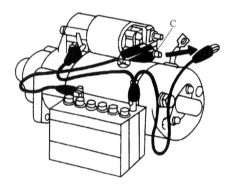

图 4-35　保持动作试验

（3）**回位动作试验**　在保持动作试验的基础上，再拆下起动机壳体上的电缆夹，如图 4-36 所示。此时驱动齿轮应迅速回位，若驱动齿轮不能回位，则说明回位弹簧失效，应更换回位弹簧或电磁开关总成。

4.5.3　起动机的试验

修复后的起动机在装车前，通常需要对其进行空载试验和全制动试验，以检验其性能是否良好。

1. 空载试验

将起动机夹紧，接通起动机电路，测量起动机空载时的转速和电流，如图 4-37 所示。起动机应运转均匀、电刷无火花。其电流表、电压表和转速表上的读数应符合规定值。

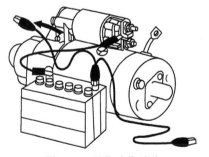

图 4-36　回位动作试验

> 注意：每次空载试验不应超过 1min，以免起动机过热。

2. 全制动试验

在空载试验通过后，应通过测量起动机全制动时的电流和转矩来检验起动机的性能是否良好。试验在万能试验台上进行，试验方法如图 4-38 所示。通电后迅速记下电流表、弹簧秤和电压表的读数，其全制动电流和制动转矩应符合表 4-2 规定的值。

> 注意：全制动试验要动作迅速，一次试验时间不要超过 5s，以免烧坏电动机及对蓄电池使用寿命造成不利影响。

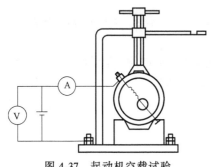

图 4-37 起动机空载试验

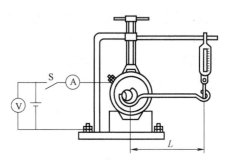

图 4-38 起动机全制动试验

表 4-2 起动机空载特性和全制动特性

起动机型号	规格		空载特性		全制动特性			电刷		适用车型
	额定电压/V	额定功率/kW	电流</A	转速>/(r/min)	电压/V	电流</A	转矩>/N·m	牌号	弹簧压力/N	
QD124A	12	1.85	95	5000	8	600	24	TS-2		解放 EQ1091
AD124H	12	1.47	90	5000	8	650	29.4		2~15	解放 CA1091
QD124F	12	1.47	90	5000	8	650	29.4		8~13	东风 EQ1090
321	12	1.1	100	5000	6	525	15.7	TS-4	12~15	北京 2020N
QD1225	12	0.96	45	6000	7	480	13			上汽桑塔纳
QD142A	12	3	90	5000	7	650	25		12~15	南京依维柯
DW1.4	12	1.4	67	2900	9.0	160	13			北京切诺基
D6RA37	12	0.57	220	1000		350	85			神龙富康
B-23	12	0.7	55	5000						天津夏利
QD27	24	8.09	90	3200	12	1700	145	TSl03	12~15	红岩 CQ261

4.6 其他类型起动机

1. 电枢移动式起动机

电枢移动式起动机的工作原理如图 4-39 所示。起动机是借磁极磁力移动整个电枢而使驱动齿轮啮入飞轮齿圈的。起动机的电枢 12 在回位弹簧 10 的作用下与磁极 13 错开一定距离，换向器比较长。起动机的壳体上装有电磁开关，其电磁线圈由起动开关 1 控制，活动触点为接触桥 4，接触桥上段较长、下端较短，使起动机电路的接通分两个阶段进行。驱动齿轮固定在电枢轴上，其轴向移动靠电枢的移动实现。

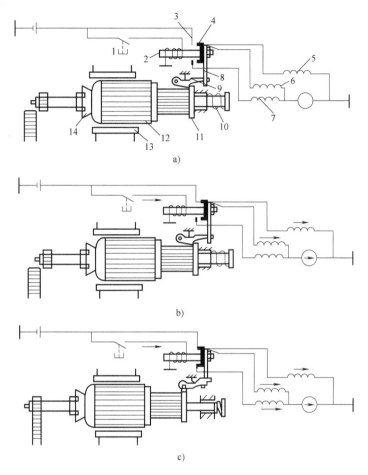

图 4-39 电枢移动式起动机的工作原理
a）起动机未工作时　b）起动机进入啮合状态　c）起动机完全啮合
1—起动开关　2—电磁线圈　3—触点　4—接触桥　5—并联辅助励磁绕组　6—串联辅助励磁绕组
7—主励磁绕组　8—挡片　9—扣爪　10—电枢回位弹簧　11—换向器突缘　12—电枢
13—磁极　14—摩擦片式单向离合器

起动机有三个励磁绕组，除一个匝数少用扁铜条绕组的主励磁绕组 7 外，还有两个导线较细但匝数较多、电阻较大的辅助励磁绕组。两辅助励磁绕组中一个与电动机并联，称为并联辅助励磁绕组（又称保持线圈），起吸引电枢移动和保持电枢移动位置的作用；另一个与电动机的电枢绕组串联，称为串联辅助励磁绕组，主要用于吸引电枢轴向移动。

电枢移动式起动机保护"飞车"的能力和承受发动机反击的能力不受功率限制，因此可以做成大功率起动机。它的不足是不宜在倾斜位置工作，结构复杂，传动比不能过大；当摩擦片磨损后，摩擦力会大大降低，因此需要经常调整。

2. 永磁行星齿轮式减速起动机

相对于常见的串励式汽车用起动机，永磁行星齿轮式减速起动机同样由直流电动机、驱动机构和控制装置三大部分组成。不同之处是直流电动机属于永磁式，减速机构采用行星齿轮啮合式。北京切诺基吉普车上装用的12V DW1.4型起动机（德国博世公司生产）即是永磁行星齿轮式减速起动机，其结构原理图如图4-40所示。

直流电动机定子主要由外壳机座、磁极组成。磁极主要用于在定子、电枢之间的气隙中建立磁场，使电枢绕组在此磁场的作用下产生电磁转矩，起动机的磁极由六块永久磁铁组成，通过弹性保持片将永久磁铁固定在机壳内，六块永久磁铁的N、S极交错排列，形成三对磁极。机座主要用来固定磁极，另外也是电机磁路系统中的一部分。定子示意图如图4-41所示。

永磁式起动机的磁极采用了铁氧体或钕铁硼永磁材料，由于无须励磁绕组，简化了起动机的结构，起动机的体积相对较小，质量也可相应减小。

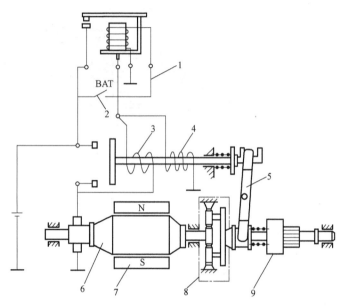

图4-40 12V DW1.4型永磁行星齿轮式减速起动机结构原理图
1—起动继电器 2—点火开关 3—吸引线圈 4—保持线圈 5—拨叉
6—电枢 7—永久磁铁 8—行星齿轮减速装置 9—滚柱式单向离合器

减速机构的主要作用是降低转速、提高转矩，并能有效减小起动机的体积，节约材料。而行星齿轮减速机构由于体积小、传动效率高、调速范围广、精度高等特点，以及整机外观接近直驱式起动机而被广泛应用。行星齿轮减速机构主要包括太阳轮、行星轮、齿圈，其结构示意图如图4-42所示。

永磁行星齿轮式减速起动机的工作原理与励磁式起动机基本相同。

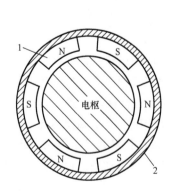

图4-41 定子示意图
1—磁极 2—外壳机座

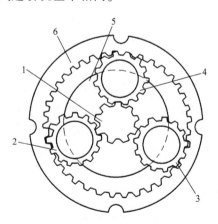

图4-42 行星齿轮减速机构结构示意图
1—太阳轮 2、3、4—行星轮 5—行星轮支架（输出轴） 6—内齿圈

4.7 起动系统的设计

起动系统的工作性能对发动机的使用方便性、工作可靠性及使用寿命都有很大的影响。在起动过程中,进入发动机零部件摩擦表面的机油量很少,因此不可避免地会暂时出现干摩擦。如果起动机不能迅速起动发动机,起动磨损将增加,发动机寿命将缩短,因此,必须按以下原则设计起动系统:

1) 操作方便,并在规定的环境温度下能可靠起动。
2) 起动迅速,并能使发动机在较短的时间内达到正常的运转速度。
3) 能够多次起动。
4) 体积及质量小,结构简单,维修方便。
5) 制造成本低。

4.7.1 起动形式的选择

根据起动时所需的外在能源的不同,一般发动机起动系统的类型有人力起动、起动机起动、惯性起动、液压马达起动等几种。目前,汽车上主要用起动机起动。

起动机一般采用低压直流电机,它具有较大转矩,从而保证发动机在较短的时间内能达到需要的起动转速。在低温条件下,发动机不易起动,如果在短时间内多次起动,会对蓄电池不利。因此,低温条件下使用的柴油汽车多采用辅助起动装置。

起动机安装于发动机飞轮壳的一端,以便起动机驱动齿轮与飞轮齿圈能够啮合。

4.7.2 起动系统的主要参数

1. 起动机功率的选择

为了使发动机能迅速可靠地起动,起动机必须具有足够的功率。起动机的功率 P 根据发动机起动所需的功率选取,它取决于发动机的最低起动转速和起动阻力矩,可由下式计算:

$$P \geq \frac{M_Q n_Q}{9550}$$

式中　P——起动机的功率(kW);
　　　M_Q——起动机的输出转矩(N·m);
　　　n_Q——起动机的转速(r/min)。

(1) 最低起动转速　发动机的最低起动转速是指起动时能保证进入气缸内的混合气在压缩终了时具有一定的温度并得到良好的雾化,能使发动机可靠点火发动所需的最低转速。

在起动汽油机时,如果起动转速太低,则会使进气系统中的气流转速低,汽油蒸发条件差,并且火花塞的火花强度不足,从而不能顺利点燃可燃混合气。为了保证在低温环境下也能顺利起动发动机,要求汽油机的最低起动转速为 50~70r/min。

在起动柴油机时,要求压缩终了时空气的温度必须高于柴油自燃温度。如果起动转速太低,压缩时的漏气损失和传热损失增加,会使压缩终点温度下降;同时转速低时,柴油雾化不良,与空气混合不良,也会造成起动困难。柴油机在 0℃ 以上的环境温度起动时,要求最

低起动转速为100~200r/min。当环境温度太低时，有些柴油机必须使用辅助起动装置才能保证可靠起动。

(2) **起动阻力矩**　为了保证发动机顺利可靠地起动，起动系统必须克服发动机的起动阻力矩。发动机的起动阻力矩是指在最低起动转速时的发动机阻力矩，主要包括气缸压缩阻力矩、运动件的摩擦阻力矩和惯性阻力矩。

对于结构一定的发动机，气缸压缩阻力矩和惯性阻力矩在温度降低时变化不大，而运动件的摩擦阻力矩主要取决于润滑油的黏度。在摩擦阻力中，活塞与气缸、曲轴各轴承的摩擦力是主要的，约占起动摩擦阻力的60%以上。

随着温度的下降，机油的黏度增加，发动机阻力矩增加，使发动机起动所需要的功率增加。温度为0℃时，发动机起动所需功率P可由以下经验公式推算：

汽油机：$\qquad P = (0.18 \sim 0.22)L$

柴油机：$\qquad P = (0.74 \sim 1.1)L$

式中　L——发动机的工作容积（L）。

2. 蓄电池容量的选择

起动机的功率确定后，可以按如下经验公式确定蓄电池的20小时率额定容量：

$$C_n = (610 \sim 810)\frac{P}{U}$$

式中　U——起动机额定电压（V）；

$\qquad P$——起动机额定功率（kW）；

$\qquad C_n$——蓄电池20小时率额定容量（A·h）。

对于大功率起动机（功率为7.0~10kW），蓄电池的容量可以选择比计算值小一些。

3. 传动比的选择

起动机与发动机之间的最佳传动比应能保证发动机起动可靠，同时能使起动机达到最大功率。在实际选择中，由于受飞轮齿圈和驱动齿轮结构的限制，传动比往往稍小于最佳值。这种选择使起动机在工作时并没有达到最大功率，但起动机的转矩增大，对起动是有利的。起动机与发动机的传动比一般在如下范围内选择：汽油机为13~17，柴油机为8~10。

思　考　题

1. 起动继电器的作用是什么？简述其工作过程。
2. 简述起动机电磁开关的工作过程。
3. 起动机检修后应进行哪些试验？

第5章 点火系统

5.1 概述

5.1.1 点火系统的作用

汽油机是靠高压火花点燃的。点火系统的作用是按照汽油机的工作要求，适时准确地点燃气缸内的混合气，使发动机做功。

5.1.2 点火系统的分类

按照点火系统能源的不同，可将其分为蓄电池点火系统和磁电机点火系统两类。汽车均采用蓄电池点火系统。点火系统的类型和应用见表 5-1。

表 5-1 点火系统的类型和应用

点火系统类型			应用
蓄电池点火系统	电感储能式	传统点火系统	早期化油器发动机
		无触点半导体点火系统 磁感应式	化油器发动机
		无触点半导体点火系统 霍尔式	
		无触点半导体点火系统 光电式	
		无触点半导体点火系统 电磁振荡式	
		微机控制点火系统 有分电器点火系统	电喷发动机
		微机控制点火系统 无分电器点火系统(DIS)	
	电容放电式(CDI)		摩托车发动机和赛车高速发动机
磁电机点火系统			无蓄电池的小型发动机

5.1.3 发动机点火系统的基本要求

点火系统应在发动机各种工况和使用条件下，都能保证可靠而准确地点火。点火系统应满足以下三个基本要求。

1. 能产生足以击穿火花塞电极间隙的电压

火花塞电极间产生火花的电压称为击穿电压。试验表明，发动机在低速满负荷状态下运行时，需要 8~10kV 的击穿电压，起动时需要的击穿电压最高可达 17kV。为了保证可靠地点火，点火系统必须具有一定的二次电压储备，大多数点火系统可提供 28kV 以上的击穿电压。

2. 火花应具有足够的能量

要使混合气可靠点燃，火花塞产生的电压应具有一定的能量。点燃混合气所必需的最低能量，与混合气的成分、浓度、火花塞电极的间隙及电极形状等有关。发动机正常工作时，由于混合气压缩终了的温度已接近其自燃温度，所需的火花能量很小，为 1~5mJ。在发动机起动、怠速及加速时，则需要较高的火花能量。为保证可靠点火，一般应保证有 50~80mJ 的点火能量。目前采用的高能点火装置，一般点火能量都要求达到 80~100mJ 或更高。

3. 点火时刻必须适应发动机工作情况

点火系统应按发动机气缸的工作顺序进行点火，并且各缸必须在最佳的时刻进行点火，以满足发动机获得最大功率、最小燃料消耗量和减少有害气体的排放等要求。

点火时刻是用点火提前角来表示的。点火提前角是指火花塞电极跳火时曲柄位置与活塞到达上止点时曲柄位置的夹角。

若点火过迟，在活塞到达上止点时才点火，会使气缸中的压力降低，发动机功率下降并导致发动机过热，油耗增大。而点火过早，则燃烧完全在压缩过程中进行，气缸内压力急剧上升，在活塞到达上止点前即达到最大压力，给正在上升的活塞一个很大的阻力，会使发动机功率下降，油耗增加，并引起发动机爆燃。

影响最佳点火提前角的主要因素有发动机转速、负荷、压缩比和温度等。

5.2 点火系统的组成及其工作原理

5.2.1 传统点火系统的组成及其工作原理

1. 传统点火系统的组成

传统点火系统的组成如图 5-1 所示，它主要由蓄电池、点火开关、点火线圈、分电器和火花塞等组成。蓄电池供给点火系统所需电能，点火开关接通或断开点火系统电源。点火线圈储存点火能量，并将蓄电池电压转变为点火高压电。分电器由断电器、配电器和点火提前调节机构等部分组成。断电器的作用是接通或切断点火线圈的初级电路；配电器的作用是将点火线圈产生的点火高压按发动机的工作顺序输送至相应缸的火花塞；点火提前调节机构的作用是随发动机转速、负荷和辛烷值的变化来调节点火提前角。火花塞将点火高压引入燃烧室，并在电极间产生电火花，点燃可燃混合气。

2. 传统点火系统的工作原理

传统点火系统的基本工作原理如图 5-2 所示。当点火开关接通、发动机运转时，分电器轴和断电器凸轮在发动机凸轮轴的驱动下旋转，使断电器触点交替地闭合、打开。当触点闭

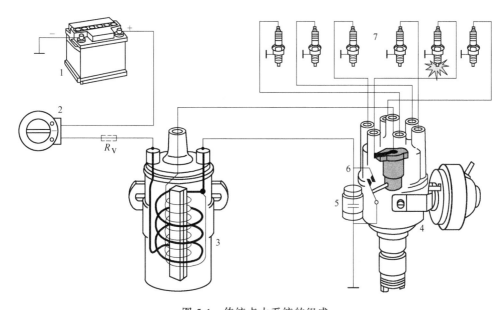

图 5-1 传统点火系统的组成

1—蓄电池 2—点火开关 3—点火线圈 4—分电器 5—电容 6—断电器触点 7—火花塞

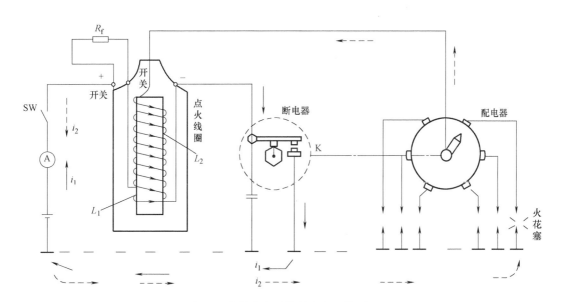

图 5-2 传统点火系统的基本工作原理

合时，电流经点火线圈的初级绕组形成闭合回路，产生初级电流 i_1，初级电流所流过的电路称为低压电路。低压电路的路径是：蓄电池正极→电流表→点火开关→点火线圈 "+开关"接线柱→附加电阻 R_f→点火线圈 "开关" 接线柱→点火线圈初级绕组 L_1→点火线圈 "-"接线柱→断电器触点 K→搭铁→蓄电池负极。初级电流在初级绕组 L_1 中逐渐增大至某一值并建立较强的磁场。当触点打开时，初级电路被切断，初级电流及磁场迅速消失，由电磁感应定律 $e = -\dfrac{\mathrm{d}\varPhi}{\mathrm{d}t} = -L\dfrac{\mathrm{d}i}{\mathrm{d}t}$（$e$ 为感应电动势，$\varPhi$ 为磁通量，t 为时间，L 为自感系数，i 为电流）

可知，在两个绕组中都感应出电动势。由于初级电流迅速消失，变化率 $\dfrac{di}{dt}$ 很大，在初级绕组中，可感应出 200~300V 的自感电动势 U_1。由变压器原理可知 $\dfrac{U_2}{U_1}=\dfrac{L_2}{L_1}$，次级电压 $U_2=U_1\dfrac{L_2}{L_1}$，由于次级绕组 L_2 的匝数较多，因而在次级绕组内就感应出 15~20kV 的互感电动势 U_2，U_2 称为次级点火高压，通过高压线输送给火花塞，击穿火花塞的电极间隙产生火花，点燃混合气。从点火线圈到火花塞的电路被称为高压电路，高压电路的路径是：次级绕组 L_2→附加电阻→"+开关"接线柱→点火开关→电流表→蓄电池→搭铁→火花塞侧电极→中心电极→配电器（旁电极、分火头）→次级绕组 L_2。

电容器与触点并联，其作用是减小触点火花，延长触点寿命并提高次级电压。当触点打开时，初级绕组中产生的自感电动势向电容器迅速充电，开始充电时，电容器两端电压为零，随着充电电压的不断提高，触点间隙逐渐增大，在触点间已不易形成电火花。同时触点打开后，初级绕组和电容器形成一个衰减振荡回路，使初级电流迅速切断，加速磁场消失，有利于次级电压的提高。

5.2.2 无触点电子点火系统的组成及其工作原理

1. 无触点电子点火系统的组成

无触点电子点火系统的组成如图 5-3 所示，其主要由点火信号发生器、点火器、点火线圈、分电器和火花塞等组成。无触点电子点火系的组成部分中，其电源、点火开关、点火线圈及火花塞的功能与传统点火系统相同。所不同的是无触点电子点火系统中取消了断电器，采用点火信号发生器和点火控制器取代白金触点控制点火线圈初级电流的接通和切断。

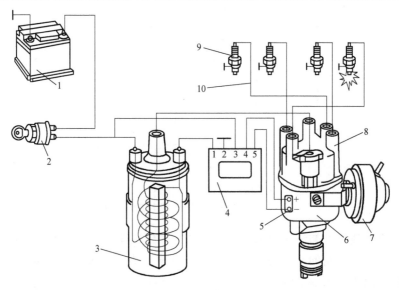

图 5-3 无触点电子点火系统的组成

1—蓄电池 2—点火开关 3—点火线圈 4—点火器 5—点火信号发生器 6—分电器
7—真空点火提前调节装置 8—配电器 9—火花塞 10—高压线

(1) **点火器** 点火器又称点火电子组件或点火控制器,由半导体元件(如二极管、晶体管等)组成电子开关电路,主要作用是根据点火信号发生器产生的点火脉冲信号,接通和切断点火线圈的初级电流。

(2) **点火信号发生器** 点火信号发生器装在分电器内部,其作用是根据发动机点火时刻要求,产生控制点火的脉冲信号。

具体的工作过程是:点火信号发生器根据各缸的点火时刻产生相应的点火脉冲信号,触发点火器内部的末级大功率晶体管的导通或截止,接通或断开点火线圈的初级电路,完成点火工作。

2. 普通电子点火系统的工作原理

如图 5-4 所示,发动机工作时,信号发生器的转子在分电器轴(或配气凸轮轴)的驱动下旋转而在其感应线圈中产生信号电压(微机控制点火系统则是由电子控制单元 ECU 根据各传感器信息产生触发信号),该信号电压以方波的形式输入点火器后控制其末级大功率晶体管的导通与截止,完成点火工作。

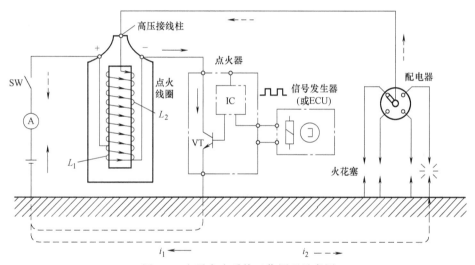

图 5-4 电子点火系统工作原理示意图

点火开关 SW 接通时,在信号发生器(或 ECU)触发信号的作用下,当点火器末级大功率晶体管 VT 导通时,点火线圈初级绕组中有初级电流 i_1 流过(图 5-4 中实线箭头所示),其电路为:蓄电池正极→电流表→点火开关 SW→点火线圈"+"端子→初级绕组 L_1→点火线圈"-"端子→点火器末级大功率晶体管 VT→搭铁→蓄电池负极。电流流过点火线圈初级绕组时,在铁心中形成磁场。当点火器大功率晶体管 VT 截止时,初级电路被切断,初级电流迅速消失,铁心中的磁通迅速变化,在初级绕组 L_1 和次级绕组 L_2 中分别产生自感电动势和互感电动势。设计时使点火线圈次级绕组的匝数足够多,以保证能够感应出足以击穿火花塞电极间隙的高压电动势。次级绕组产生的高压电流流经的路径(图 5-4 中虚线箭头所示)为:次级绕组 L_2→点火线圈"+"端子→点火开关 SW→电流表→蓄电池→搭铁→火花塞侧电极、中心电极→配电器旁电极、分火头→点火线圈高压接线柱→次级绕组。

点火器的大功率晶体管每截止一次,点火线圈就产生一次高压电;分电器轴每转一转,配电器就按发动机的点火顺序,轮流向各缸火花塞输送一次高压电。发动机工作时,信号发生器转子在发动机凸轮轴驱动下连续旋转,并不断产生点火信号控制晶体管导通与截止,点火线圈就不断产生高压电并由配电器按照点火顺序分配到各缸火花塞产生电火花点燃混合气,保证发动机正常工作。

综上所述,发动机的点火系统有两个电路,初级电流 i_1 流经的电路称为低压电路或初级电路;高压电流 i_2 流经的电路称为高压电路。不论是哪一种点火系统,其工作过程都可分为3个过程:初级电路接通,初级电流 i_1 增长的过程;初级电路切断,次级绕组产生高电压的过程;火花塞电极之间产生火花放电的过程。

若要停止发动机的工作,只要断开点火开关,切断低压电源的电路即可。

5.3 点火系统的主要部件

5.3.1 点火线圈

点火线圈按磁路结构形式的不同,一般分为开磁路式和闭磁路式两种。开磁路点火线圈在传统点火系统中被广泛采用,闭磁路点火线圈多用于电子点火系统和微机控制的点火系统。

1. 开磁路点火线圈

传统的开磁路点火线圈的结构如图 5-5 所示,其主要由铁心、绕组、外壳等组成。

绕组与外壳之间装有导磁用的钢片,用来加强磁通。当初级电流流过初级绕组时,铁心磁化,由于磁路上、下部分都是从空气中通过的,铁心未构成闭合磁路,所以称它为开磁路点火线圈,如图 5-6 所示。这种点火线圈上部装有胶木盖,底部装有绝缘用的瓷杯,以增强耐高压击穿性能。为加强绝缘性能并防止潮气侵入,在外壳内填满沥青或变压器油。填充变压器油后,线圈散热性能较好,温升较低,且绝缘性能好。点火线圈胶木盖上装有接线柱。

两接线柱式点火线圈在低压接线柱上分别标有"+""-"标志。三接线柱式点火线圈在外壳上装有一个附加电阻,同时增加了一个低压接线柱。附加电阻串联在标有"开关"和"开关+"的两个接线柱上,发动机工作时,附加电阻串联在初级电路中。胶木盖的中央是高压线插座,四周较高,以防高压电在接线柱间放电。

附加电阻由低碳钢丝、镍铬丝或纯镍丝制成,具有温度升高时电阻增大、温度降低时电阻减小的特性。发动机工作时,利用附加电阻这一特点自动调节初级电流,可以改善点火系统的工作特性。

发动机起动时,附加电阻短路,以增大初级电流,提高次级电压和火花能量,从而改善了发动机的起动性能。

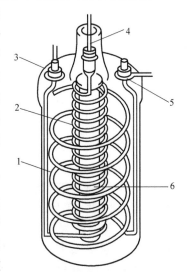

图 5-5 开磁路点火线圈的结构
1—初级绕组 2—次级绕组 3—点火线圈"+"接线柱 4—中央高压线接线柱 5—点火线圈"-"接线柱 6—铁心

2. 闭磁路点火线圈

闭磁路点火线圈的结构如图 5-7 所示。铁心是"日"字形或"口"字形,铁心上绕有初级绕组,在初级绕组外面绕有次级绕组。整个铁心只有一个微小的气隙,磁力线经铁心构成闭合磁路,减小了磁滞损失,其磁路如图 5-8 所示。闭磁路点火线圈漏磁少,磁路磁阻小,能量变换效率高达75%,而开磁路点火线圈的能量变换效率只有60%。此外,由于闭磁路铁心导磁能力强,可在较小的磁动势(安匝数)下产生较强的磁通,因而可减少线圈匝数,使点火线圈小型化。有的还直接装在分电器上,不仅结构紧凑,而且省去了点火线圈与分电器之间的高压导线。

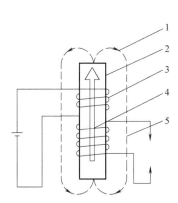

图 5-6 开磁路点火线圈的磁路
1—磁力线 2—铁心 3—初级绕组 4—次级绕组 5—导磁钢套

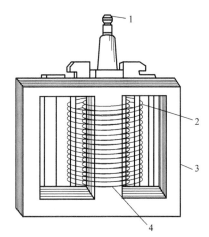

图 5-7 闭磁路点火线圈的结构
1—中央高压线接线柱 2—次级绕组 3—铁心 4—初级绕组

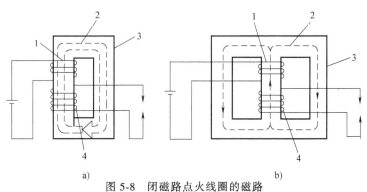

图 5-8 闭磁路点火线圈的磁路
a)"口"字形铁心 b)"日"字形铁心
1—初级绕组 2—磁力线 3—铁心 4—次级绕组

5.3.2 火花塞

火花塞的作用是将点火线圈产生的点火高压引入发动机的燃烧室,在其电极间隙中形成电火花,点燃混合气。

1. 火花塞的结构

火花塞的结构如图5-9所示。在钢质壳体5的内部固有陶瓷绝缘体2，在绝缘体中心孔的上部装有金属杆3，金属杆上端有接线螺母1，用来连接高压导线，下部装有中心电极10。金属杆3与中心电极10之间用导体玻璃6密封，铜制内密封垫圈4和8起密封和导热作用。壳体5上部的外侧制成六角平面以便于拆装，下部的螺纹安装在发动机气缸盖的火花塞孔内，壳体下端固定有弯曲的侧电极9。

中心电极和侧电极分别采用不同的镍锰合金或贵金属合金制成，具有良好的耐高温、耐腐蚀性能。火花塞的电极间隙一般为0.6~0.7mm。采用高能电子点火装置，其火花塞间隙可增大至1.0~1.2mm。

火花塞与气缸盖座孔间的密封有平面密封和锥面密封两种。采用平面密封时，在火花塞与座孔间应加装铜包石棉垫圈；采用锥面密封时，无须使用密封垫圈，而是利用火花塞壳体的锥形面与气缸盖相应的锥形面进行密封。靠锥形面密封的火花塞称为锥座型火花塞。

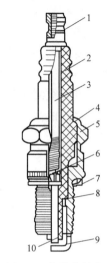

图5-9 火花塞的构造
1—接线螺母 2—陶瓷绝缘体
3—金属杆 4、8—内密封垫圈
5—壳体 6—导体玻璃 7—密封垫圈 9—侧电极
10—中心电极

2. 火花塞的热特性

要使火花塞能正常工作，其绝缘体裙部的温度应保持在500~750℃，使落在绝缘体上的油滴立即烧掉，不致形成积炭，该温度为火花塞的"自净温度"。如果绝缘体裙部的温度低于自净温度，就会引起火花塞积炭；若温度过高，则混合气与炽热的绝缘体接触时会引起炽热点火而产生早燃、爆燃等现象。

影响火花塞裙部温度的主要因素是裙部长度。裙部越长，受热面积越大，散热路径越长，散热越困难，则裙部温度越高，这种火花塞称为热型火花塞；反之，裙部越短，裙部温度越低，这种火花塞称为冷型火花塞。热型火花塞的绝缘体长度为16~20mm，标准型火花塞的绝缘体长度为11~14mm，冷型火花塞的绝缘体长度小于8mm。热型火花塞适用于功率小、转速低、压缩比小的发动机，冷型火花塞适用于功率大、转速高、压缩比大的发动机。

3. 火花塞的型号

根据QC/T 430—2014《道路车辆 火花塞产品型号编制方法》的规定，国产火花塞的型号由三部分组成，如图5-10所示。

图5-10 火花塞型号组成

第一部分为单个或两个汉语拼音字母，表示火花塞的结构类型及主要型式尺寸，各字母的含义见表5-2。

表 5-2 火花塞结构类型及主要型式尺寸　　　　　　　　（单位：mm）

代表字母	螺纹规格	安装座型式	螺纹旋合长度	六角对边
J	M8×1	平座	19	16
A	M10×1	平座	12.7	16
AC	M10×1	矮型平座	12.7	16
AM	M10×1	矮型平座	9.5	16
B	M10×1	平座	19	16
BS	M10×1	平座	20.5	16
BH	M10×1	平座	26.5	16
BL	M10×1	平座	28	16
BM	M10×1	平座	19	14
BN	M10×1	平座	26.5	14
W	M10×1	平座	19	12 双六角
WH	M10×1	平座	26.5	12 双六角
CZ	M12×1.25	锥座	11.2	16
DZ	M12×1.25	锥座	17.5	16
C	M12×1.25	平座	12.7	17.5
D	M12×1.25	平座	19	17.5
DS	M12×1.25	平座	20.5	17.5
DH	M12×1.25	平座	26.5	17.5
DL	M12×1.25	平座	28	17.5
DE	M12×1.25	平座	12.7	16
DK	M12×1.25	平座	19	16
XS	M12×1.25	平座	20.5	16
XH	M12×1.25	平座	26.5	16
XL	M12×1.25	平座	28	16
V	M12×1.25	平座	19	14
VS	M12×1.25	平座	20.5	14
VH	M12×1.25	平座	26.5	14
VL	M12×1.25	平座	28	14
U	M12×1.25	平座	19	14 双六角
US	M12×1.25	平座	20.5	14 双六角
UH	M12×1.25	平座	26.5	14 双六角
UL	M12×1.25	平座	28	14 双六角
E	M14×1.25	平座	12.7	20.8
F	M14×1.25	平座	19	20.8
FH	M14×1.25	平座	26.5	20.8
H	M14×1.25	平座	11	20.8

(续)

代表字母	螺纹规格	安装座型式	螺纹旋合长度	六角对边
KE	M14×1.25	平座	12.7	16
K	M14×1.25	平座	19	16
KS	M14×1.25	平座	20.5	16
KH	M14×1.25	平座	26.5	16
KL	M14×1.25	平座	28	16
G	M14×1.25	平座	9.5	20.8
GL	M14×1.25	矮型平座	9.5	20.8
L	M14×1.25	矮型平座	9.5	19
Z	M14×1.25	平座	11	19
M	M14×1.25	矮型平座	11	19
N	M14×1.25	矮型锥座	7.8	19
P	M14×1.25	锥座	11.2	16
PS	M14×1.25	锥座	12.3	16
Q	M14×1.25	锥座	17.5	16
QS	M14×1.25	锥座	20.5	16
QH	M14×1.25	锥座	25	16
R	M18×1.5	平座	12	26
RF	M18×1.5	平座	19	26
RH	M18×1.5	平座	26.5	26
SE	M18×1.5	平座	12.7	20.8
S	M18×1.5	平座	19	20.8
SH	M18×1.5	平座	26.5	20.8
T	M18×1.5	锥座	10.9	20.8
TF	M18×1.5	锥座	17.5	20.8
TH	M18×1.5	锥座	25	20.8

第二部分为阿拉伯数字,表示火花塞热值,由热型到冷型依次用1、2、3、4、5、6、7、8、…表示。

第三部分为汉语拼音字母或通用符号字母,表示火花塞派生产品结构特征、发火端特征、材料特性及技术要求。无字母表示普通型火花塞。

火花塞特征及其代表字母或数字见表5-3。

例如,F5RTC型火花塞表示螺纹旋合长度为19mm,壳体六角对边为20.8mm,热值代号5的M14×1.25带电阻及Ni-Cu复合电极的突出型平座火花塞。

表 5-3 火花塞特征及其代表字母或数字

字母或数字	代表特征	字母或数字	代表特征
R	电阻型火花塞	J	三侧电极
L	电感型火花塞	Q	四侧电极
B	半导体型火花塞	C	Ni-Cu 复合电极
V	环状电极火花塞	P	铂金电极
Y	沿面放电型火花塞	I	铱金电极
F	V 形槽中心电极	E	钇金电极
H	半螺纹	S	银电极
T	绝缘体突出型<3mm	U	U 形槽侧电极
K	绝缘体突出型≥3mm	-11[①]	点火间隙 1.1mm
D	双侧电极	-G	燃气火花塞

① 连字符"-"后面一位或两位阿拉伯数字,数值除以 10 代表点火间隙,单位为 mm。

5.3.3 传统点火系统用分电器

传统点火系统用分电器由断电器、配电器、电容器和点火提前调节机构等组成,分电器的结构如图 5-11 所示。

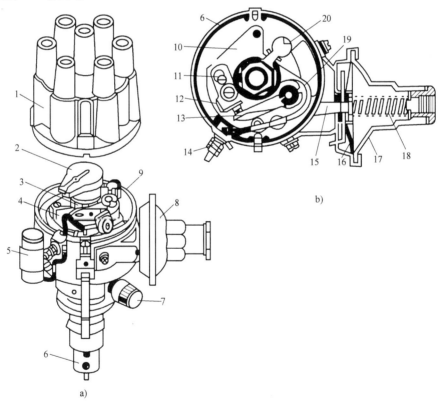

图 5-11 FD632 型分电器
a) 整体结构 b) 内部结构
1—分电器 2—分火头 3—断电器凸轮 4—断电器触点及底板总成 5—电容器 6—联轴器
7—油杯 8—真空提前调节器 9—分电器壳体 10—活动底板 11—偏心螺钉
12—定触点与支架 13—动触点臂 14—接线柱 15—拉杆 16—膜片
17—真空提前机构外壳 18—弹簧 19—动触点弹簧片 20—油毡及夹圈

1. 断电器

断电器的作用是接通和切断低压电路。它由断电器凸轮和一对触点组成。

断电器触点及底板总成 4 安装在活动底板 10 上。断电器的一对触点由钨合金制成，俗称"白金触点"，分为动触点和定触点。定触点经底板搭铁，动触点安装在动触点臂一端并与壳体绝缘，经动触点弹簧片与绝缘接线柱 14 相连。动触点臂的中部装有胶木顶块，通过动触点弹簧片 19 紧压在断电器凸轮上。触点间隙可通过转动偏心螺钉 11 进行调整。断电器凸轮的凸角数和发动机的气缸数相同。工作时，凸轮轴以 1：1 的传动比带动分电器轴旋转，分电器轴又带动断电器凸轮转动，间歇地打开和闭合触点。

触点间隙对闭合角有直接的影响。若触点间隙过大，则凸轮转动时，触点推迟打开，触点闭合角 β 变小，触点的闭合时间缩短，初级电流减小，从而使次级电压和点火能量下降；若触点间隙过小，触点闭合角 β 变大，初级电流增大，但触点间隙过小，会造成触点断开时触点处产生火花，损失点火能量，降低次级电压。

触点间隙也会影响点火时刻。触点间隙增大时，由于触点被推迟打开，点火提前角减小；反之，点火提前角则增大。

使用中由于触点烧蚀和动触点臂绝缘顶块的磨损，触点间隙会发生变化，故应及时打磨触点，并调整其间隙。

2. 配电器

配电器的作用是按发动机的工作顺序将次级高压分配给各缸火花塞。配电器由分火头和分电器盖组成。

分电器盖由胶木制成，如图 5-12 所示。在分电器盖内外周有与发动机气缸数相等的旁电极，各旁电极和分电器盖上各缸高压线插孔相连接。分电器盖的中间有中央高压线插孔，其内侧为中心电极，在电极孔中安装有带弹簧的炭精柱，弹性地抵靠在分火头的导电片上。

分火头安装在断电器凸轮顶端，并随断电器凸轮及分电器轴旋转，分火头导电片在距旁电极 0.25～0.8mm 的间隙处掠过。当断电器触点张开时，分火头导电片对准点火缸旁电极，高压电便由中心电极传给各缸高压线和火花塞。

传统的点火高压线为铜心外包覆聚氯乙烯绝缘层的高压线，这种高压线的寿命长，但在点火系统工作时，会产生电磁辐射。现代点火高压线普遍采用高压阻尼线。高压阻尼线常用的线芯为金属阻芯式和塑料芯导线式，能有效抑制电磁波辐射。

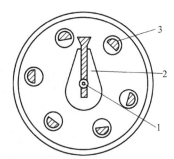

图 5-12 分电器盖
1—中心电极及带弹簧的
碳精柱　2—分火头
3—旁电极

3. 电容器

电容器的作用是当触点打开时减小触点间的火花，防止触点烧蚀，同时由于电容器能吸收触点打开时的电能，使初级电流迅速切断，提高磁场变化的速率，从而可以提高次级电压。

电容器的容量一般为 0.15～0.35μF。当电容器容量过小时，触点间的电弧放电增强，点火能量损失增大，触点烧蚀加重；当电容器容量过大时，触点火花减小，但电容器充放电的周期较长，磁通变化的速率降低，使次级电压下降。由于电容器工作时要承受触点打开瞬间初级绕组产生的 200~300V 的自感电动势，要求其耐压值为 500V，电容器在 20℃ 时，绝缘电阻应不低于 50MΩ。

4. 点火提前调节机构

点火提前调节机构的作用是随发动机工况的变化而自动调节点火提前角，保证发动机具有最佳点火提前角。传统点火系统一般仅考虑转速、负荷和汽油辛烷值对最佳点火提前角的影响，在分电器上设置了离心提前机构、真空提前机构和辛烷值选择器。

（1）**离心提前机构** 离心提前机构的作用是随发动机转速的变化而自动调节点火提前角。发动机转速越高，最佳点火提前角越大。这是因为发动机转速升高时，在单位时间内，活塞的移动距离较大，曲轴也相应地转过较大的角度，如果混合气燃烧速率不变，则最佳点火提前角应按线性规律增长。但当转速升高到一定程度时，由于混合气的压力和温度的提高及扰流的增强，燃烧速度也随之加快，因此最佳点火提前角随发动机转速的升高呈非线性增大。

离心提前机构安装在断电器固定底板的下面，其结构及工作原理如图 5-13 所示。在分电器轴 4 上固定有托板 7，两个离心块 5 分别套在托板的柱销 9 上，可绕柱销转动。离心块的另一端由弹簧 6 拉向轴心。断电器凸轮及拨板 3 为一体，套装在分电器轴上，拨板的矩形孔套在离心块的销钉 8 上，通过离心块驱动。当分电器轴转动时，离心块上的销钉即通过拨板带动断电器凸轮相对分电器轴转动一个角度。

当发动机转速升高时，离心块的离心力逐渐增大，克服弹簧拉力使离心块向外甩开。离心块上的销钉便推动拨板带着断电器凸轮顺着分电器轴旋转的方向向前转过一个角度，使断电器凸轮提前打开触点，点火提前角增大。转速越高，离心块的离心力越大，离心块甩开的程度就越大，点火提前角也就越大。反之，当转速降低时，离心力减小，弹簧便拉动离心块，拨板和断电器凸轮逆着分电器轴旋转的方向向后退回一个角度，使点火提前角减小。

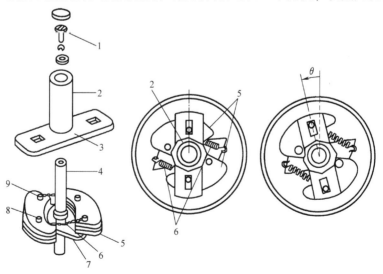

图 5-13 离心提前机构的结构及工作原理
1—固定螺钉 2—信号发生器转子轴 3—拨板 4—分电器轴
5—离心块 6—弹簧 7—托板 8—销钉 9—柱销

离心块上的两根弹簧是由直径不同的钢丝绕成的,其弹性系数不同。粗而强的一根弹簧安装后呈自由状态;细而弱的一根弹簧安装后略微拉紧。在低速范围内,只有细弹簧起作用,而当转速提高到一定程度后,两根弹簧同时起作用,以便点火提前角开始成正比增大,以后又趋向平缓,即点火提前角与转速不是线性关系,使之更符合发动机转速变化时对点火提前角的要求。

(2) 真空提前机构　真空提前机构的作用是随发动机负荷的大小而自动调节点火提前角。在相同转速下,随着发动机负荷的增大,最佳点火提前角将随之减小。这是由于发动机负荷大即节气门开度大时,吸入气缸的混合气增多,压缩终了时的气缸压力和温度升高,使燃烧速度加快,因此最佳点火提前角应随负荷增大而减小。

真空提前机构的工作原理如图5-14所示。当发动机负荷较小时,节气门开度小,真空度增大,吸动膜片,克服弹簧弹力向右拱曲,拉杆拉动活动底板并带动断电器凸轮逆着分电器轴旋转方向向后转动一定角度,使触点提前打开,点火提前角增大,如图5-14a所示;当发动机负荷增大即节气门开度增大时,真空度减小,在弹簧弹力的作用下,膜片向左拱曲,拉杆带动活动底板顺着凸轮旋转方向向前转动一定角度,使点火提前角减小,如图5-14b所示。

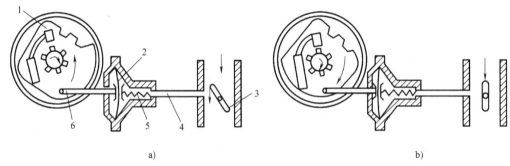

图5-14　真空提前机构的工作原理
a) 点火提前角增大情景结构图　b) 点火提前角减小情景结构图
1—活动板（定子盘）　2—膜片　3—节气门　4—真空管　5—弹簧　6—驱动连接件

发动机在怠速时,如果点火提前角较大,将使怠速运转不稳,进气管道中的小孔此时位于节气门的上方,该处的真空度几乎为零,在弹簧张力的作用下,可推动膜片使点火提前角减小或基本不提前,以满足怠速时的要求。

(3) 辛烷值选择器　辛烷值选择器的作用是根据燃油辛烷值的不同,由人工调节点火提前角,也称人工调节器。辛烷值选择器安装在分电器下部的壳体上,通过转动分电器的壳体来带动触点,使触点与分电器轴做相对移动,从而改变点火提前角。当燃用高牌号（即辛烷值大）的汽油时,逆着分电器轴旋转方向转动分电器壳体,点火提前角增大;反之,当燃用低牌号汽油时,则顺着分电器轴旋转方向转动分电器壳体,点火提前角减小。壳体转动角度的大小可从刻度板上读出。

5.3.4　信号发生器

按工作原理的不同,信号发生器可分为磁感应式、霍尔式、光电式三种类型。

1. 磁感应信号发生器

磁感应信号发生器的作用是产生与发动机曲轴位置相应的磁感应电压脉冲信号,并输入点火器作为点火控制信号。磁感应信号发生器的结构及工作原理如图 5-15 所示，它由信号转子、永久磁铁、铁心和绕在铁心上的感应线圈等组成。信号转子安装在分电器轴上，凸齿数与发动机气缸数相等。

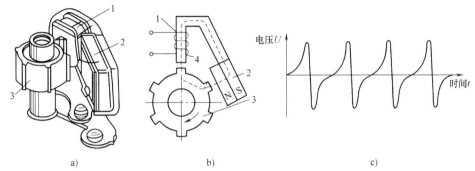

图 5-15 磁感应信号发生器的结构及工作原理
a) 结构简图 b) 工作原理 c) 点火信号波形
1—感应线圈 2—永久磁铁 3—信号转子 4—导磁铁心

磁感应信号发生器是利用电磁感应原理工作的。当信号转子转动时，转子与铁心之间的空气隙发生变化。转子凸齿靠近铁心时，空气隙减小，磁路的磁阻减小，磁通量增大；转子凸齿离开铁心时，空气隙增大，磁路的磁阻增大，磁通量减小。磁通量的交替变化使感应线圈产生交变的感应电动势，输入点火器。

2. 霍尔信号发生器

霍尔信号发生器是根据霍尔效应原理制成的，霍尔效应的原理如图 5-16 所示。当电流 I 通过放在磁场中的半导体基片（又称霍尔元件）且方向和磁场方向垂直时，在垂直于电流和磁场的半导体基片的横向侧面上即产生一个电压，这个电压称为霍尔电压 U_H。霍尔电压 U_H 与通过的电流 I 和磁感应强度 B 成正比，即

$$U_H = \frac{R_H}{d} IB \tag{5-1}$$

式中 R_H——霍尔系数；
　　　d——基片厚度；
　　　I——电流；
　　　B——磁感应强度。

由式（5-1）可知，当通过的电流 I 为一定值时，霍尔电压 U_H 与磁感应强度 B 成正比，即霍尔电压随磁感应强度的大小而变化。

霍尔信号发生器装在分电器内，其基本结构如图 5-17 所示，它由触发叶轮 1 和信号触发开关 4 等组成。触发叶轮套装在分电器轴的上部。它可以随分电器轴一起转动，又能相对于分电器轴做微量转动，以保证离心调节装置正常工作。触发叶轮的叶片数与气缸数相等，其上部套装分火头，分火头与触发叶轮一起转动。信号触发开关

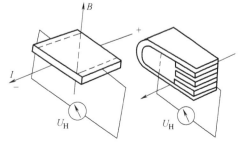

图 5-16 霍尔效应的原理

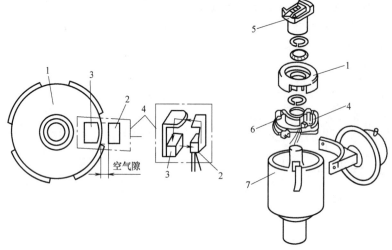

图 5-17 霍尔信号发生器的基本结构
1—触发叶轮 2—霍尔集成块 3—带导板的永久磁铁 4—触发开关 5—分火头
6—触发开关托盘 7—分电器壳

由带导板（导磁）的永久磁铁和霍尔集成块组成。

霍尔信号发生器的工作原理如图 5-18 所示。触发叶轮的叶片在霍尔集成块和永久磁铁之间转动。当叶片进入永久磁铁与霍尔集成块之间的空气隙时，霍尔集成块中的磁场即被触发叶轮的叶片所旁路（或称隔磁），这时霍尔元件不产生霍尔电压；当叶片离开空气隙时，永久磁铁的磁通便穿过霍尔集成块经导磁板构成回路，此时霍尔元件产生霍尔电压。

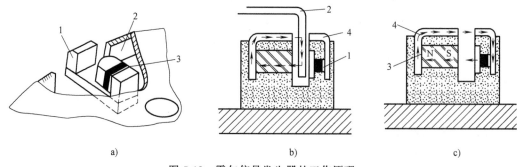

图 5-18 霍尔信号发生器的工作原理
a）结构原理 b）叶片在霍尔集成块与永久磁铁之间 c）叶片离开霍尔集成块与永久磁铁之间的气隙
1—霍尔元件 2—触发叶轮的叶片 3—永久磁铁 4—导磁板

在霍尔信号发生器中应用的霍尔元件实际上是一个霍尔集成电路，其内部集成电路原理如图 5-19 所示。霍尔信号发生器工作时，霍尔元件产生微弱的霍尔电压信号，经过由脉冲整形、放大、变换等部分组成的集成电路处理后，以标准方波输出。霍尔信号发生器波形如图 5-20 所示，图

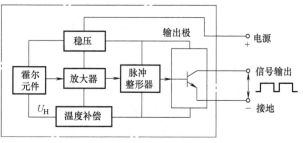

图 5-19 霍尔信号发生器的内部集成电路原理

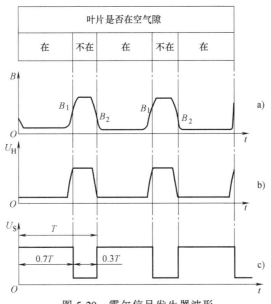

图 5-20 霍尔信号发生器波形

a）磁感应强度　b）霍尔电压　c）信号发生器输出电压

中 T 表示周期。

3. 光电信号发生器

光电信号发生器是利用光电元件（光电晶体管或光电二极管）的光电效应原理制成的，其安装在分电器内，主要由发光二极管、光电晶体管和遮光盘三部分组成，光电信号发生器的结构如图 5-21 所示。发光二极管与光电晶体管相对，并相距一定距离。遮光盘用金属或塑料制成，装在分电器轴上，位于分火头下面，盘的外缘伸入光源与光接收器之间，盘的外缘上开有缺口，缺口数与气缸数相等。缺口处允许红外线光束通过。

光电信号发生器的工作原理如图 5-22 所示。遮光盘随分电器轴旋转时，当遮光盘的叶片转至发光二极管与光电晶体管之间时，便把发光二极管发出的光束阻断，使其不能射入光电晶体管，此时光电晶体管截止。点火器接收到由光电晶体管产生的触发信号后，控制点火系统的工作。

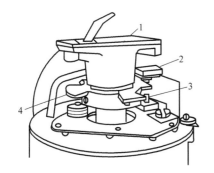

图 5-21 光电信号发生器的结构
1—分火头　2—发光二极管　3—光电晶体管　4—遮光盘

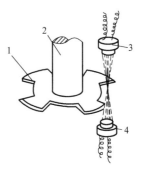

图 5-22 光电信号发生器的工作原理
1—遮光盘　2—分电器轴　3—发光二极管　4—光电晶体管

5.3.5 点火器

点火器是电子点火系统的核心部件,又称为点火电子组件或点火控制器。点火器性能和技术状态的好坏,直接影响点火系统的工作性能和工作状态。

点火器壳体一般用铝材模铸而成,以利于散热,内部电路用导热树脂封装,壳体上封装有一个插座,用以与点火线路的线束插头连接。点火器的电路结构多种多样,其基本功能电路如图5-23所示。其基本功能是根据点火信号发生器送来的脉冲电信号,通过其内部大功率晶体管的导通与截止,控制点火线圈初级电路的接通与切断。

下面以几种典型的点火器为例介绍其工作原理。

1. 丰田汽车20R型发动机点火系统

丰田汽车20R型发动机点火系统的组成如图5-24所示,其工作原理如图5-25所示。

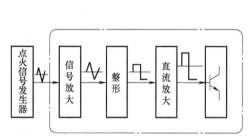

图 5-23 点火器基本功能电路

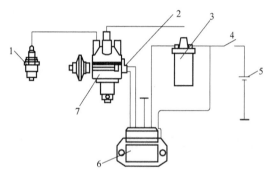

图 5-24 丰田汽车 20R 型发动机点火系统组成
1—火花塞 2—信号发生器 3—点火线圈 4—点火开关
5—蓄电池 6—点火器 7—分电器

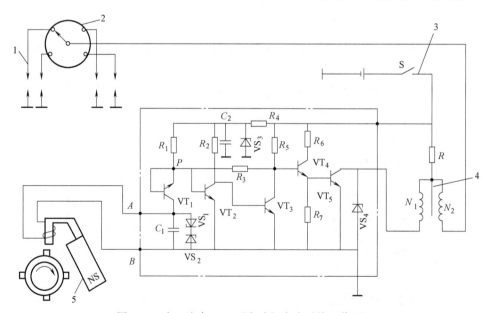

图 5-25 丰田汽车 20R 型发动机点火系统工作原理
1—火花塞 2—配电器 3—点火开关 4—点火线圈 5—信号发生器

丰田汽车 20R 型发动机的点火器组装在一个小盒内，其基本电路如图 5-25 中点画线框内部分所示。它由点火信号检出电路（晶体管 VT_2）、开关放大电路（晶体管 VT_3、VT_4）和大功率晶体管 VT_5 三部分组成。其中 VT_1 主要起温度补偿作用，其发射极和基极相接，故相当于一个二极管（图 5-26）。只有当图 5-25 中 P 点电位高于 A 点电位时，VT_1 才导通。

丰田汽车 20R 型发动机点火系统的工作原理如下：

1）将点火开关接通，发动机未起动时，信号发生器的信号转子不转，点火器 A、B 端无输入信号。此时，蓄电池电压加到信号发生器的感应线圈上，其电路为蓄电池"+"极→点火开关 S→R_4→R_1→P 点→VT_1（b、c）→A 点→感应线圈→B 点→搭铁→蓄电池"-"极。这时电路中 P 点的电位较高，使 VT_2 管的发射极加

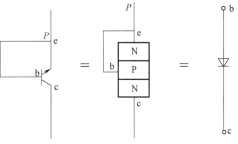

图 5-26　VT_1 二极管的作用

正向电压而导通，故其集电极电位降低到约等于 0，使 VT_3 截止。VT_3 截止时，蓄电池通过 R_5 向 VT_4 提供偏流使之导通，此时，R_7 上的电压加到 VT_5（b、e），使 VT_5 导通。这样点火线圈初级电路接通，电路为蓄电池"+"极→点火开关 S→附加电阻 R→点火线圈初级绕组 N_1→VT_5（c、e）→搭铁→蓄电池"-"极。此时初级绕组中有电流通过，在点火线圈中形成磁场。

2）起动发动机，分电器开始运转，信号发生器开始产生交变电动势信号，当感应线圈输出正信号（即 A 端为"+"，B 端为"-"）时，由于 VT_1 的集电极加反向偏压而截止（与二极管的反向截止相同），故 P 点仍保持较高的电位，使 VT_2 导通。于是 VT_3 截止，VT_4 和 VT_5 导通，点火线圈初级绕组仍有电流流过。

3）当感应线圈输出负信号（即 A 端为"-"，B 端为"+"）时，VT_1 则加正向电压而导通。此时 P 点电位降低，于是 VT_2 截止。当 VT_2 截止时，蓄电池通过 R_2 向 VT_3 提供偏流，使 VT_3 导通，VT_4 和 VT_5 立即截止，点火线圈初级电流被切断，磁场迅速消失，次级绕组 N_2 产生高电压，此高电压再由配电器分配至各缸火花塞使之跳火，点燃可燃混合气。

发动机不断转动，周而复始重复上述过程，点火线圈不断产生高压电。信号发生器的信号转子每转动一周，各个气缸便轮流点火一次。

由上述分析可知，该点火器工作中，只要点火开关处于接通状态，尽管发动机还未转动，由于 VT_2、VT_5 导通，点火线圈中就有一次电流，因此停车时，不要忘记切断点火开关。

4）其他元件的作用。VT_1 管起温度补偿作用，使 VT_2 的导通与截止时间不受温度影响。VS_1、VS_2 两个稳压管反向串联后，与点火信号发生器的传感线圈并联，其作用是当传感线圈产生的信号电压高于稳压管的反向击穿电压时，稳压管立即导通，将感应线圈输出的正向和负向信号电压波峰全部"削平"，使其稳定在某一数值，保护 VT_1 和 VT_2 不受损害。VS_3 与 R_4 组成稳压电路，其作用是保证 VT_1 和 VT_2 在稳定的电源电压下工作，因为电源电压升高时，会使 P 点电位升高，造成 VT_2 导通时间增长，点火时间延迟。VS_4 的作用是保护 VT_5 管，当 VT_5 截止时，VS_4 可将初级绕组的自感电动势限制在某一值之内，保护 VT_5 不被击穿。

C_1 的作用是消除点火信号发生器感应线圈输出电压波形上的"毛刺",使电压平滑稳定,防止误点火,使点火时刻准确无误。C_2 与 R_4 组成阻容吸收电路,其作用是吸收瞬时过电压,防止误点火。电阻 R_3 为正反馈电阻,加速 VT_2(也即 VT_5)翻转。

2. 与霍尔信号发生器相配的点火器

图 5-27 所示为较早期桑塔纳轿车装用的霍尔式电子点火系统组成,点火器 4 上共有 7 个端子,端子 7 为备用端子。

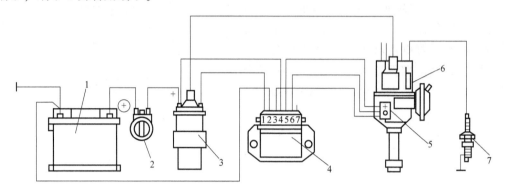

图 5-27 桑塔纳轿车霍尔式电子点火系统组成
1—蓄电池 2—点火开关 3—点火线圈 4—点火器 5—霍尔信号发生器
6—分电器 7—火花塞

目前单一功能的点火器已被集多功能为一体的集成电路式点火器所取代。图 5-28 所示为桑塔纳轿车电子点火系统的基本电路。集成电路电子点火器的核心部件是 L497 双列直插式点火集成块,它有 16 个引脚。该点火器除具有一般点火器的基本点火功能外,还增加了点火线圈限流控制、闭合角控制、停车断电保护、过电压保护等功能。

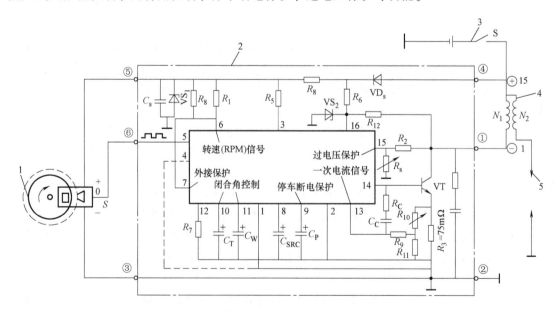

图 5-28 桑塔纳轿车电子点火系统的基本电路
1—霍尔信号发生器 2—点火器 3—点火开关 4—点火线圈 5—火花塞

（1）**基本控制** 霍尔信号发生器输出的脉冲信号输入给 L497 芯片的 5 号引脚，经过内部放大后，驱动电流由 14 号引脚输出，再控制大功率晶体管 VT 的导通与截止。接通点火开关，发动机曲轴带动分电器转动时，信号发生器转子叶片交替穿过霍尔元件的空气隙。当转子叶片进入空气隙时，信号发生器输出高电平（11.1~11.4V 的高电压），大功率晶体管 VT 导通，接通点火线圈的初级电流；当转子叶片离开空气隙时，信号发生器输出低电平（0.3~0.4V 的低电压），大功率晶体管 VT 截止，初级电流断开，在次级线圈中感应出高压电，配电器将此高压电按点火顺序分配给各缸火花塞，使火花塞跳火，点燃气缸中的可燃混合气。

（2）**闭合角控制** 闭合角控制也称通电时间控制。L497 芯片的 10 号引脚控制定时器的定时端，其外接电容 C_T 可利用对它的充放电来控制大功率晶体管 VT 的导通时间，C_W 上的电压 U_W 取决于发动机的转速，从而使初级电流的通电时间随发动机转速的变化而保持相应的值，保证了高速时的点火性能。

（3）**点火线圈初级电流上升速率的控制** 由 L497 芯片上的电容 C_{SRC}、12 号引脚上的偏置电阻 R_7 组成初级电流上升速率控制电路，它可调整点火线圈初级电流上升的速率。当检测到初级绕组中的电流小于其额定值的 90% 时，该控制电路便在输入信号向低电平转换前加大其电流上升速率，使初级绕组中的电流加大。

（4）**停车断电保护** 电路工作时，保护电路不停地检测输入的信号发生器信号电压电平的高低。若输入为高电平，电路即以恒定的充电电流向电容器 C_P 充电，若输入为低电平，则 C_P 向外放电。一旦汽车熄火，霍尔信号发生器给出的高电平时间超过一定值，此时 C_P 上的电压值即达到限流回路的正常工作电压，因而控制电路工作，使初级绕组内的电流逐渐下降为 0，当霍尔输入信号再次降为低电平时，C_P 又迅速放电，电流控制回路的电流便又恢复到正常的工作电流值。

L497 芯片还有过电压保护功能，使点火器的工作更加稳定、性能更强。

3. 与光电信号发生器相配的点火器

光电式点火系统的组成如图 5-29 所示。

光电式电子点火系统的工作原理如图 5-30 所示。VL 为发光二极管，VT 为光电晶体管。

发动机工作时，遮光盘随分电器轴转动，当遮光盘上的缺口通过光源时，红外线通过缺口照到光电晶体管 VT 上，使其导通，VT_1 随之导通。VT_1 导通后，给 VT_2 提供基极电流，使 VT_2 导通，VT_3 截止。VT_3 截止时，VT_4 由于 R_6、R_8 的分压获得基极电流而导通，于是接通了点火线圈的初级电路。当遮光盘遮住光时，VT_1、VT_2 截止，VT_3 导通，VT_4 截止，使初级电流中断，在点火线圈的次级绕组中产生高压电动势。

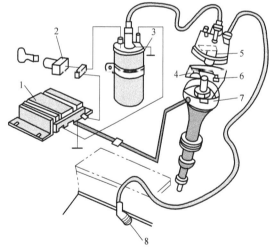

图 5-29 光电式点火系统的组成
1—点火器 2—点火开关 3—点火线圈 4—光电信号发生器
5—分火头 6—遮光盘 7—分电器 8—火花塞

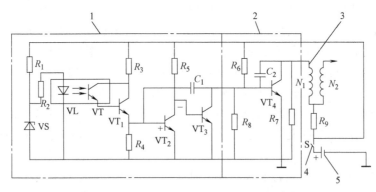

图 5-30 光电式电子点火系统的工作原理
1—光电信号发生器 2—点火控制器 3—点火线圈 4—点火开关 5—蓄电池

稳压管 VS 使发光二极管的工作电压维持在 3V 左右。R_7 的作用是当 VT_4 截止时,给初级绕组中的自感电动势提供回路,起保护 VT_4 的作用。C_1 对 VT_2 构成正反馈,使 VT_2、VT_3 加速翻转。

该点火系统的次级电压可达 28~30kV,次级电压上升时间只有 25μs,每个火花输入能量为 50mJ。

上述光电式点火系统的优点是触发器的触发信号完全由遮光盘的位置(也即曲轴的位置)所决定而与转速无关,故在分电器转速很低时仍能正常发出触发信号,保证正常工作。此外,其结构简单,对制造精度要求不高且成本低,缺点是脏污后灵敏度将会降低。

5.4 微机控制点火系统

微机控制点火系统采用微机控制点火提前角和闭合角。其按照系统的组成可分为有分电器和无分电器两类。本节先介绍有分电器的微机控制点火系统。在发动机电控系统中,微机控制点火系统是其中的一个子系统。

5.4.1 微机控制点火系统的组成

微机控制点火系统主要由各种传感器、电控单元、点火线圈等组成,如图 5-31 所示。

1. 传感器

传感器的作用是检测发动机的运行工况。主要的传感器有发动机转速传感器、曲轴位置传感器、凸轮轴位置传感器、空气流量计(或进气压力传感器)、冷却液温度传感器、进气温度传感器、爆燃传感器、节气门位置传感器等。

2. 电控单元

电控单元(ECU)的作用是根据发动机各传感器输入的信息,按照控制程序控制点火线圈的闭合时间和断开时刻,实现对闭合角和点火提前角的控制。

电控单元由输入回路、输出回路、模数(A/D)转换器、微机及电源电路、备用电路等组成。

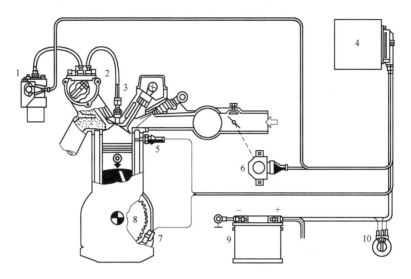

视频：点火系统的控制

图 5-31 微机控制点火系统的组成

1—点火线圈 2—分电器 3—火花塞 4—电控单元 5—冷却液温度传感器 6—节气门位置传感器
7—发动机转速传感器和上止点位置传感器 8—齿圈 9—蓄电池 10—点火开关

3. 点火器

点火器的作用是根据电控单元的输出信号，通过内部大功率晶体管的导通和截止，控制初级电流的通断，完成点火工作。有些点火器只有大功率晶体管，单纯起开关作用；有些除开关作用外，还有恒流控制、闭合角控制、气缸判别、点火监视等功能。大功率晶体管设置在电控单元内部时，点火系统中无点火器。

5.4.2 微机控制点火系统的基本控制功能

1. 闭合角控制

在传统点火系统中，闭合角是指断电器闭合期间分电器凸轮轴转过的角度。在电子点火系统中，闭合角是指火器功率输出级晶体管饱和导通期间分电器凸轮轴转过的角度，又称为导通角。在微机控制点火系统中，电控单元根据闭合角三维脉谱图控制闭合角。制造厂通过大量试验，确定发动机在不同转速和蓄电池电压下的最佳闭合角，取得闭合角三维脉谱图，并存储在电控单元的存储器内，如图 5-32 所示。发动机工作时，电控单元根据发动机转速传感器输入的转速信号和蓄电池电压即可查得所对应的闭合角，控制点火线圈初级绕组的接通时间。

2. 点火提前角控制

在微机控制点火系统中，电控

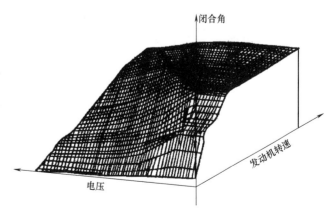

图 5-32 闭合角三维脉谱图

单元根据基本点火提前角三维脉谱图控制基本点火提前角。通过大量试验,确定发动机在不同转速和负荷下的最佳点火提前角,取得基本点火提前角三维脉谱图,如图5-33所示,并存储在电控单元的存储器内。发动机工作时,电控单元根据发动机转速传感器输入的转速信号和发动机负荷信号(空气流量计或进气压力传感器检测信号),即可查得所对应的基本点火提前角,再根据冷却液温度传感器、进气温度传感器、节气门位置传感器等的输入信号对基本点火提前角进行修正,再加上固定的初始点火提前角(由曲轴位置传感器的安装位置决定)得到实际的点火提前角,即

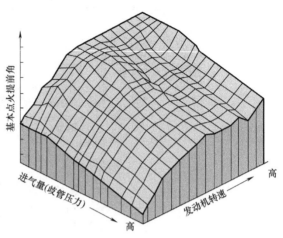

图5-33 基本点火提前角三维脉谱图

$$点火提前角 = 初始点火提前角 + 基本点火提前角 + 修正点火提前角$$

根据曲轴位置传感器或凸轮轴位置传感器提供的基准信号,控制点火线圈初级绕组的关断,实现对点火提前角的控制。

3. 爆燃控制

试验表明,当点火提前角接近发动机爆燃极限时,发动机的动力性和经济性最佳。为尽可能增大点火提前角,同时又避免由于点火提前角的增大使发动机产生爆燃,可采用爆燃传感器信号作为点火提前角控制的反馈信号,进行点火提前角的闭环控制。

爆燃传感器通常用螺栓安装在气缸体上,内部结构如图5-34所示,主要由压电陶瓷晶体、振子等部件组成。发动机爆燃时,产生频率为1~10kHz的压力波,经气缸体传给螺栓和压电陶瓷晶体。碟形弹簧对振子和压电陶瓷晶体施加一定的预加载荷,载荷的大小影响传感器的频率响应和线性度。压电陶瓷晶体随爆燃强度的变化,产生20mV/g的电动势,输入电控单元,经输入电路放大、滤波和模/数转换,转换为指示爆燃的数字信号。一旦产生爆燃,电控单元输出控制信号推迟点火提前角;当爆燃停止时,电控单元以一定的角度逐渐增

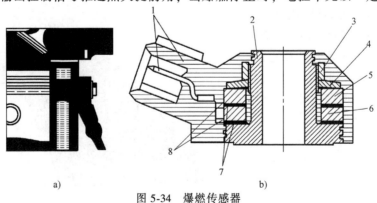

图5-34 爆燃传感器
a) 安装位置 b) 结构
1—电插头 2—套筒 3—螺母 4—碟形弹簧 5—振子 6—压电陶瓷晶体 7—绝缘片 8—接触片

加点火提前角。如此循环往复，使点火时刻接近发动机爆燃极限。当爆燃传感器出现故障时，电控单元推迟点火提前角并终止爆燃控制。爆燃控制的原理框图如图 5-35 所示。

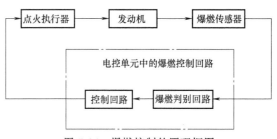

图 5-35 爆燃控制的原理框图

5.4.3 微机控制点火系统的应用实例

丰田计算机控制系统（TCCS）的组成如图 5-36 所示，该点火系统是发动机电控系统的一个子系统。电控单元除控制点火外，还对燃油喷射、怠速、自动变速器等进行控制，此外还具有故障保险、设备功能及自诊断功能。

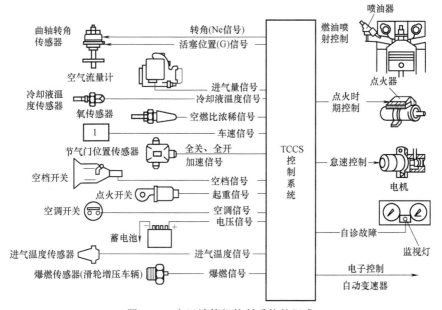

图 5-36 丰田计算机控制系统的组成

1. 发动机转速传感器和曲轴位置传感器

发动机转速传感器和曲轴位置传感器是计算机控制系统中重要的传感器，其作用是向电控单元输入发动机转速信号和曲轴位置信号。

安装在分电器内的曲轴位置传感器为磁电式，其基本结构如图 5-37a 所示，上部分为 G 信号发生器，检测发动机曲轴位置；下部分为 Ne 信号发生器，检测发动机转速。

Ne 信号装置主要由信号转子与感应线圈组成，如图 5-37a 所示，信号转子上有 24 个轮齿，固定在分电器轴上，传感线圈固定在外壳内。当信号转子旋转时，轮齿与传感线圈凸缘部的空气隙发生变化，导致传感线圈内磁通变化而产生交变电动势信号 Ne，分电器轴每转一圈，传感线圈中将产生 24 个交变信号，每产生一个交变信号相当于曲轴转角 30°。电控单元通过内部特设的转角脉冲发生器，将 30° 曲轴转角计算成转角的步长为 1°，以满足控制精度的需要。同理，电控单元依据 Ne 信号中两个脉冲波所经过的时间，准确地计算出发动

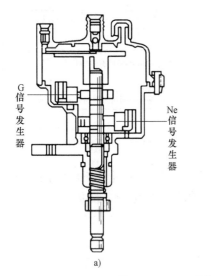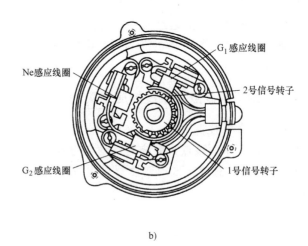

图 5-37 TCCS 系统发动机转速传感器和曲轴位置传感器
a) 传感器剖视图 b) Ne 传感器与 G 传感器

机转速。

曲轴位置传感器的上部产生 G 信号，G 信号是测试曲轴位置的基准信号，用来判断各缸压缩上止点的位置。G 信号发生器由带有凸缘的信号转子及相对的 G_1、G_2 两个感应线圈组成，其基本结构如图 5-37b 所示。当 G 信号转子上的凸缘通过 G_1 感应线圈的凸缘时，产生 G_1 信号；当 G 信号转子上的凸缘通过 G_2 感应线圈的凸缘时，产生 G_2 信号。G_1 信号与 G_2 信号在分电器内相差 180°，相当于曲轴转角 360°。分电器轴转一圈，G_1 信号与 G_2 信号分别出现一次。G_1 信号用来检测第六缸压缩上止点的位置，G_2 信号用来检测第一缸压缩上止点的位置。当 G_2 感应线圈产生的电压波形为 0V 时，检测出的位置是上止点前（BTDC）10°。G 信号与 Ne 信号的关系如图 5-38 所示。

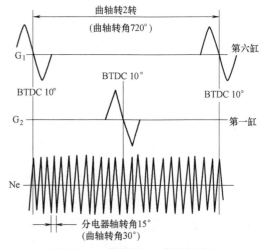

图 5-38 G 信号与 Ne 信号的关系

2. 电控单元

在发动机工作时，电控单元根据各传感器的输入信号，确定发动机最佳点火提前角，然后根据曲轴位置传感器输入的 G_1、G_2 信号与 Ne 信号，判断出发动机曲轴到达规定位置的时间，并适时地输出控制信号 IGT 至点火器，当 IGT 信号变成低电位时，点火器中大功率晶体管截止，将点火线圈的初级绕组电路切断，次级绕组产生点火高压（约 20~35kV），经分电器至各缸火花塞。

发动机起动时，将发动机控制在固定的初始点火提前角（BTDC10°），在发动机转速超过一定值时，点火提前角由计算机输出的点火时刻信号 IGT 进行控制。

3. 点火器

点火器的控制电路如图 5-39 所示。该点火器除了根据电控单元输出的 IGT 信号，通过大功率晶体管（VT）控制点火线圈初级绕组外，还具有以下功能：

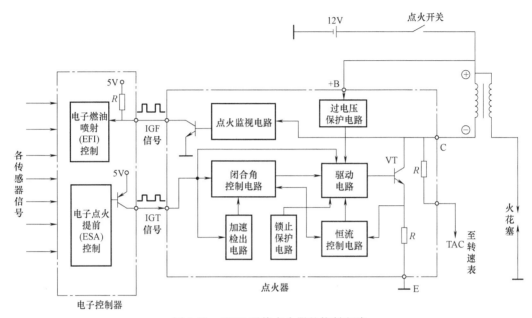

图 5-39　TCCS 系统点火器的控制电路

1）闭合角控制及恒流控制功能。

2）点火监视功能。该点火器中设有点火监视电路，用于监视点火系统的工作情况。当点火器发生故障，点火系统不能正常工作时，或当点火监视信号 IGT 连续 3~5 次未反馈到电控单元时，立即向电子燃油喷射（EFI）控制电路发出停止喷油的信号，喷油器停止喷油。

3）加速检出功能。该电路在发动机转速急剧上升时，可向闭合角控制电路发出信号，通过闭合角控制电路使大功率晶体管提前导通，保证点火线圈有足够的初级电流，产生足够的次级电压，而不会发生断火现象。

4）锁止保护功能。当停车而未关断点火开关时，点火器会自动切断初级电路。

5）过电压保护功能。该电路在电源供电电压过高时，会使大功率晶体管截止，进行过电压保护。

5.5　无分电器点火系统

5.5.1　无分电器点火系统的组成

无分电器点火系统又称直接点火系统，这种类型的微机控制点火系统除采用电控单元控制闭合角、点火时刻和爆燃外，还取消了分电器，由电控单元控制点火线圈模块实现点火高压的分配。博世公司无分电器点火系统的组成如图 5-40 所示。

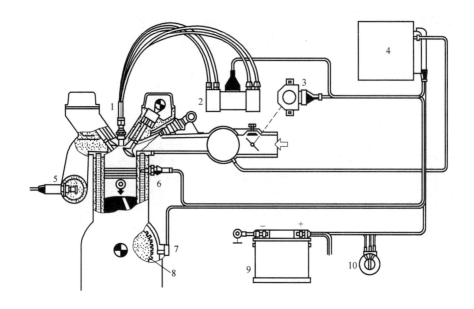

图 5-40 博世公司无分电器点火系统的组成

1—火花塞 2—带输出级的点火线圈模块 3—节气门位置传感器 4—电控单元
5—氧传感器 6—冷却液温度传感器 7—发动机转速传感器和曲轴位置
传感器 8—带大齿缺的齿圈 9—蓄电池 10—点火开关

5.5.2 无分电器点火系统的工作原理

无分电器点火系统的闭合角控制、点火时刻控制和爆燃控制的工作原理与有分电器的微机控制点火系统相同，而点火高压的分配通过多个点火线圈实现。

1. 采用双火花点火线圈分配各缸点火高压

对于气缸数为 2、4、6、8 等偶数的发动机，通常采用双火花点火线圈，使同时处于上止点的两个气缸共用一个双火花点火线圈而同时点火，其中一缸处于压缩上止点前正常点火；另一缸处于排气上止点前，点火火花"浪费"在排气行程，如图 5-41 所示。双火花点火线圈的数量为气缸数的一半。

4 缸发动机采用两个双火花点火线圈的电路如图 5-42 所示。每个点火线圈次级绕组的两端通过各缸高压线连接一个火花塞。电控单元根据发动机转速传感器、曲轴位置传感器或凸轮轴位置传感器信号判断出各缸上止点位置，控制功率晶体管，使初级绕组适时接通和关断，实现点火高压的分配。

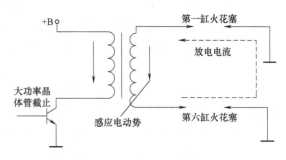

图 5-41 双火花输出的点火线圈放电电路

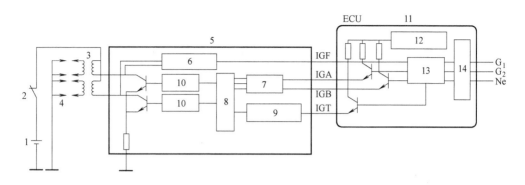

图 5-42 4 缸发动机双火花点火线圈电路

1—蓄电池 2—点火开关 3—点火线圈 4—火花塞 5—点火器 6—IGF 信号 7—输入电路 8—气缸识别电路
9—闭合角控制电路 10—驱动电路 11—ECU 12—稳压电路 13—微处理器 14—输入电路

2. 采用单火花点火线圈分配各缸点火高压

对于气缸数为 3、5 等奇数的多缸发动机，由于各缸处于上止点的时刻不同，每缸分别采用一个单火花点火线圈，实现点火高压的分配。对于气缸数为偶数的发动机，每缸也可采用一个单火花点火线圈，实现点火高压的分配。采用单火花点火线圈的上海帕萨特 B5 轿车 4 缸发动机点火高压分配电路如图 5-43 所示。

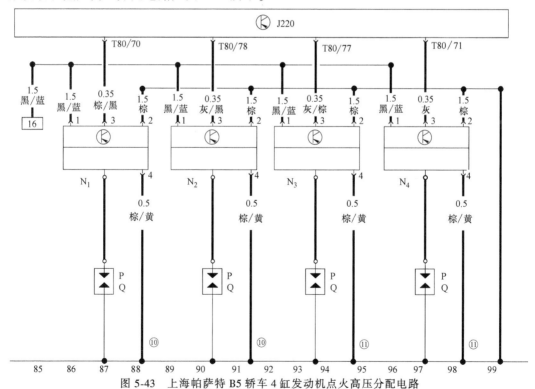

图 5-43 上海帕萨特 B5 轿车 4 缸发动机点火高压分配电路

J220—发动机控制单元（在发动机舱防护罩内） N_1—第一缸点火线圈 N_2—第二缸点火线圈
N_3—第三缸点火线圈 N_4—第四缸点火线圈 P—火花塞插接器 Q—火花塞
T80—80 针插头（在发动机控制单元上） ⑩、⑪—接地点（在发动机气缸盖上）

5.6 无触点电子点火系统的故障检查

5.6.1 电子点火系统使用与维修中的注意事项

为确保安全，在电子点火系统使用与维修中，应注意以下事项：

1）拆卸或安装电路部件之前，应先关闭点火开关或拆下蓄电池的负极搭铁线。

2）在利用起动机带动发动机旋转，而又不需发动机发动的情况下，若进行气缸压力检查等，应拔下分电器盖上的中央高压线，并将其搭铁。

3）检修电路时应使用数字式万用表，严禁采用试灯或划火的方法检修电路，否则会导致电子部件损坏。

4）检修微机控制点火系统时，在拆下蓄电池的负极搭铁线之前应先读取故障码。

5）使用起动辅助装置起动时，电压不得超过16.5V。使用快速充电设备对蓄电池充电时，必须从汽车上拆下蓄电池上的正、负接线柱电缆。

6）在车上进行电焊作业时，应先拆去蓄电池的搭铁线和电控单元的插接器。

7）清洗发动机时，必须关断点火开关。

5.6.2 磁感应式电子点火系统的故障检查

1. 点火系统的检查

磁感应式电子点火系统有故障时，可拔出分电器中央高压线，使其端部离气缸体5~7mm，接通点火开关，起动发动机，观察高压线端部是否跳火，若无强烈火花，说明点火系统有故障。

2. 点火线圈的检查

点火线圈可能出现的故障有初级绕组或次级绕组短路、断路或绕组绝缘性能不良。点火线圈的检查方法如下。

（1）**用电压表检测** 如图5-44所示，接通点火开关，用电压表测量点火线圈"1"或"2"接脚与接地电压，如果电压为蓄电池电压，说明点火线圈初级绕组无断路现象。拔出点火线圈高压线，测量点火线圈高压插孔对地电压，如果电压为12V，说明点火线圈次级绕组无断路现象。也可用12V试灯来检查"1"或"2"接脚的对地电压，试灯亮为正常。

（2）**用欧姆表测电阻** 用欧姆表可检测点火线圈绕组的匝间短路、内部接触不良等故障。测量前先断开点火开关，拆除点火线圈上的导线。用万用表的欧姆档检测点火线圈各接脚的电阻，如图5-45所示。初级绕组的电阻为0.8Ω，次级绕组的电阻为5.2kΩ，任一接脚与搭铁间的电阻应为无穷大。

3. 火花塞的检查

火花塞的常见故障有火花塞烧损、火花塞绝缘体破裂、电极烧蚀及熔化、火花塞积炭等，它们会导致点火系统的工作不可靠、火花弱、发动机缺火等。

拆下火花塞后查看火花塞的电极和绝缘体有无烧损和沉积物。正常工作的火花塞绝缘体

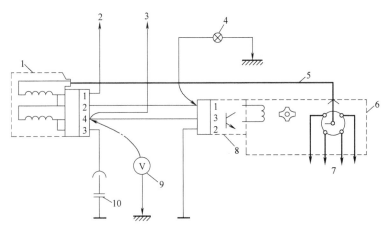

图 5-44　用电压表检查点火线圈有无断路

1—点火线圈　2—接转速表　3—接点火开关　4—试灯　5—中央高压线　6—分电器
7—接火花塞　8—点火器　9—电压表　10—防干扰电容器

的裙部呈浅棕色或灰白色，有轻微的积炭和电极烧蚀也属正常现象。

用圆形塞尺检查火花塞电极间隙，正常的电极间隙应为 0.8~0.9mm。测量时，将规定厚度的塞尺插入火花塞电极间隙，稍有阻力为宜。若火花塞电极间隙不当，则需用专用工具通过弯曲火花塞的旁电极来调整间隙。

4. 分电器的检查

分电器的常见故障有分电器盖脏污或破损而漏电、分电器盖中央插孔内接触电刷弹簧失效或电刷卡住而使电刷与分火头导电片接触不良、分火头漏电等。

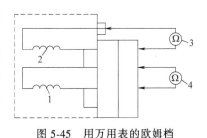

图 5-45　用万用表的欧姆档
检测点火线圈电阻

1—点火线圈初级绕组　2—点火线圈次级绕组　3—检查次级绕组电阻　4—检查初级绕组电阻

（1）分电器盖的检查　检查分电器盖内外表面是否脏污、有无裂纹，检查分电器中央插孔内的接触电刷有无弹性、电刷是否卡住或太短。用万用表测量分电器盖各插孔之间的电阻，其值应在 50MΩ 以上。必要时应更换分电器盖。

（2）分火头的检查　检查分火头有无漏电、裂纹，导电片头有无烧损，分火头套在凸轮上端是否松旷等。

5. 点火信号发生器的检查

点火信号发生器的常见故障是感应线圈工作不良，造成信号过弱或无信号产生，使发动机怠速不稳或不能起动。其检查方法如图 5-46 所示。先从分电器上拆去电子点火器，用欧姆表检测感应线圈的电阻，正常的感应线圈电阻值为 385Ω，任一插脚与外壳之间的电阻应为无穷大。

6. 点火器的检查

点火器的常见故障是内部电子元件工作不良、开

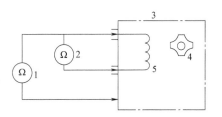

图 5-46　点火信号发生器的检查

1—检查感应线圈是否搭铁电阻　2—检查感应线圈电阻　3—点火信号发生器
4—点火信号触发转子（导磁转子）
5—点火信号感应线圈

关晶体管不能导通或截止等,它们会使点火线圈初级绕组不能通电或不能断电,造成无点火高压产生。

可用高压试火法检查点火器故障,检查方法如图 5-47 所示。先从分电器端拔出中央高压线并插入火花塞,将火花塞搭铁,从分电器上拆下点火器,接通点火开关后,将一条导线的一端连接蓄电池正极,另一端触碰点火器的一个插脚。如果火花塞跳火,说明点火器正常。否则,说明点火器故障。

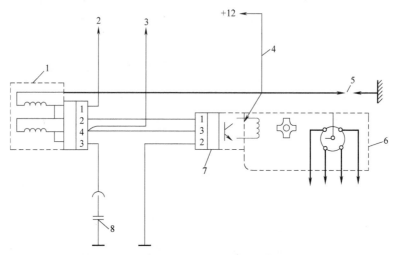

图 5-47 用高压试火法检查点火器故障
1—点火线圈 2—接转速表 3—接点火开关 4—连接导线 5—火花塞
6—分电器 7—点火器 8—电容器

7. 点火正时的检查

（1）**怠速点火提前角的检查** 脱开分电器真空点火提前调节器的真空管,起动发动机,使发动机温度达到 80℃,将发动机转速保持在 750r/min,用点火正时灯检测点火提前角,其正常值应为 8°左右。若不正常,应松开分电器固定螺栓,通过转动分电器进行调整。

（2）**不同转速和负荷点火提前角的检查** 接好点火提前调节器的真空管,起动发动机运转,改变节气门的开度,用点火正时灯检测不同转速下发动机点火提前角的变化是否符合规定。也可在专用汽车电器试验台上检测真空点火提前调节器和离心点火提前调节器的性能。必要时,拆检或更换分电器。

5.6.3 霍尔效应式电子点火系统的故障检查

1. 点火系统的检查

初步判定点火系统有故障时,可拔出分电器中央高压线,使其端部离气缸体 5~7mm,起动发动机运转,观察高压线端部是否跳火,若无强烈火花,说明点火系统有故障。

2. 点火线圈、高压导线和分火头的检查

测量点火线圈初级绕组和次级绕组的电阻值,测量前,先断开点火开关,拆除点火线圈上的导线。初级绕组的电阻值，即点火线圈"+"（或"15"）与"-"（或"16"）接线柱之间的电阻值，应为0.52~0.76Ω；次级绕组的电阻值，即点火线圈"+"与高压插孔之间的电阻值，应为2.4~3.5kΩ，若电阻值符合规定，说明点火线圈正常，应及时装上点火线圈上的所有导线。

3. 点火器的检查

（1）**检查点火器电源电路是否正常** 关断点火开关，拔下点火器的插接器，将万用表拨至直流电压档，将两表针接在线束插头的"4"和"2"接线柱上，接通点火开关，电压表测得的电压值应约为蓄电池电压。否则，应找出电源断路故障并予以排除。

（2）**检查点火器工作性能是否正常** 关断点火开关，连接好点火器插接器，拔下分电器霍尔信号发生器插接器，将电压表两表针接在点火线圈的"+"（或"15"）与"-"（或"16"）接线柱上。当接通点火开关时，电压表的电压值应为2~6V，并在1~2s后降为0V，否则应更换点火器。

（3）**检查点火器向霍尔信号发生器输出的电压值是否正常** 关断点火开关，将电压表的两表针接在霍尔信号发生器线束插头的"+"和"-"接线柱上，接通点火开关时，电压表测得的电压值应为5~11V，若低于5V或为0V，再用同样的方法对点火器插接器中的接线柱"5"和接线柱"3"进行测试，若电压值为5V以上，则说明点火器与信号发生器之间的线束断路，应予以拆除；若电压值仍为5V以下，则应更换点火器。

（4）**检查霍尔信号发生器有无故障** 在点火线圈、点火器及连接导线正常的前提下，关断点火开关，打开分电器盖，拔出分电器盖上的中央高压线并搭铁，将电压表的两表针接在插接器信号输出线（绿白线）和接地线（"-"）接线柱上，如图5-48所示，然后按发动

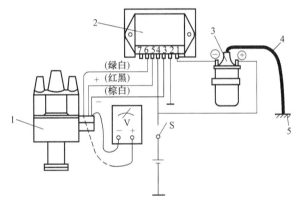

图5-48 检查霍尔信号发生器输出电压
1—分电器 2—点火器 3—点火线圈
4—中央高压线 5—发动机机体

机转动方向转动发动机，同时观察电压表上的读数，电压表上的读数应在0~9V之间变化。当分电器触发叶轮的叶片位于空气隙时，其电压值为2~9V；当触发叶轮的叶片不在空气隙时，其电压值为0.3~0.4V。若电压不在0~9V之间变化，则应更换霍尔信号发生器。

5.6.4 微机控制点火系统的故障诊断

1. 进行自诊断测试

首先应进行自诊断测试，如果系统中有关传感器及有关电路发生故障，组合仪表上的发动机检查灯就会点亮，告诉驾驶人发动机控制系统出现故障，同时故障内容以故障码的形式存储在计算机的存储器中。维修时，先读取故障码，然后再查阅该故障码表示的故

视频：微机控制点火系统的故障检测

障,检查和排除故障。

2. 点火系统车上检查

在车上检查点火系统时,首先应检查跳火情况。从分电器上取下中央高压线,距气缸体12.5mm,转动发动机观察跳火情况。注意,为避免试验时喷油器里喷油,污染三元催化转化器,每次转动发动机的时间不应超过2s。根据跳火情况,对点火系统有关部件进行检测。

思 考 题

1. 点火系统的类型和特点有哪些?
2. 简述传统点火系统的基本工作原理。
3. 简要说明点火线圈、分电器和火花塞的结构和工作原理。
4. 简要分析磁感应式电子点火系统的组成及工作原理。
5. 简要分析霍尔效应式电子点火系统的组成及工作原理。
6. 试述微机控制点火系统的一般组成及工作原理。
7. 试述无分电器点火系统的组成及工作原理。
8. 电子点火系统检修的一般要求有哪些?
9. 简述磁感应式电子点火系统故障检查的方法及步骤。
10. 简述霍尔效应式电子点火系统故障检查的方法及步骤。

第6章　照明与信号系统

6.1　照明系统的组成及其要求

1. 前照灯

前照灯的主要用途是照亮车辆前方的道路和物体，确保行车安全。同时还可将远光、近光交替变换作为夜间超车、会车信号。要求前照灯应能保证提供车前100m以上路面明亮、均匀的照明，并且不应对迎面来车的驾驶人造成眩目。

前照灯安装在汽车前端两侧，每辆车安装两个或四个，灯光光色为白色。

2. 雾灯

雾灯的主要用途是在雾天、雨天、雪天或尘土弥漫等能见度较低的情况下，提供道路照明和为迎面来车及后面来车提供信号。前雾灯安装在前照灯附近或比前照灯稍低的位置，前雾灯的灯光光色为黄色。后雾灯采用单个时，应安装在车辆纵向平面的左侧，与制动灯间的距离应大于100mm，后雾灯灯光的光色为红色。

3. 倒车灯

倒车灯用于倒车时为汽车后方道路提供照明和警告其他车辆和行人，兼有灯光信号装置的功能。倒车灯安装在汽车尾部，灯光光色为白色。

4. 牌照灯

牌照灯用于照亮车辆牌照，要求夜间在车后20m处能看清牌照号码。牌照灯安装在汽车尾部牌照上方，灯光光色为白色。

5. 内部照明系统

内部照明系统由顶灯、仪表灯、踏步灯、工作灯、行李舱灯组成，主要用途是为驾驶人、乘员提供方便。其灯光光色为白色。

6.2　前照灯

6.2.1　前照灯的组成

前照灯由灯泡、反射镜和配光镜三个光学组件组成。前照灯按结构形式可分为半封闭式和全封闭式两种类型。

半封闭式前照灯的结构如图6-1所示。反射镜由薄钢板冲压而成。配光镜靠卷曲反射镜边缘上的齿而紧固在反射镜上，两者之间垫有橡胶密封圈并用螺钉固定。灯泡从反射镜后端装入，更换灯泡时无须拆开配光镜，但密封性差。

全封闭式前照灯又称真空灯，其结构如图6-2所示。反射镜和配光镜制成一体，形成一个整体，内部充以惰性气体，灯丝焊接在反射镜底座上。其优点是密封性能好，可避免反射镜被污染，反射效率高，但灯丝烧坏后，需要更换前照灯总成。

1. 灯泡

灯泡是前照灯的光源，前照灯的灯泡分为充气灯泡和卤钨灯泡两类。

充气灯泡的结构如图6-3a所示。灯丝用钨丝制成，灯泡内充满氩气、氖气和氮气的混合气体。充入惰性气体可以在灯丝发热膨胀后增加玻璃壳内的压强，减少钨的蒸发，从而可提高灯丝的设计温度和发光效率，延长灯泡使用寿命。

卤钨灯泡的结构如图6-3b所示。灯丝用钨丝制成，充入的气体中加入卤族元素，如碘、溴、氯、氟元素等。灯泡工作时，在其内部形成卤钨再生循环反应，即从灯丝炽热蒸发的气态钨与卤素反应，生成一种挥发性的卤化钨，它扩散到灯丝附近的高温区又受热分解，使钨重新回到灯丝上，被释放的卤素又继续扩散参与下一轮循环反应，从而防止钨的蒸发，避免灯泡发黑。由于充入的惰性气体压力较高，卤钨灯泡的玻璃采用耐高温、机械强度较高的石英玻璃或硬玻璃制成。卤钨灯泡的发光效率高，比一般灯泡高50%~60%，耐久性好。

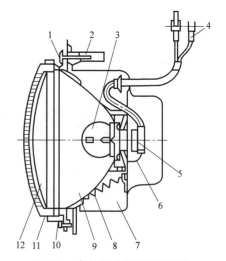

图6-1 半封闭式前照灯的结构
1—调整螺栓 2—调整圈螺母 3—灯泡
4—接线片 5—插座 6—防尘罩 7—灯壳
8—拉紧弹簧 9—反射镜 10—调整圈
11—固定圈 12—配光镜

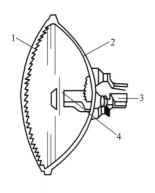

图6-2 全封闭式前照灯的结构
1—近光灯丝 2—远光灯丝
3—配光屏 4—配光镜

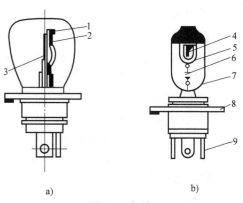

图6-3 灯泡
a）普通充气灯泡 b）卤钨灯泡
1、5—配光屏 2、4—近光灯丝 3、6—远光灯丝 7—泡壳 8—定焦盘 9—插片

2. 反射镜

反射镜用薄钢板冲压而成,其形状为旋转抛物面,内表面镀银、镀铝或镀铬,经抛光加工而成。反射镜的作用是将灯泡的光线聚合、反射后导向前方,如图6-4所示。经反射镜反射后,尚有少量的散射光线,照向侧方和下方的散射光线有助于照亮两侧5~10m范围内的路面。

3. 配光镜

配光镜由透明玻璃制成。配光镜的外表面平滑,内侧精心设计成由许多特殊的

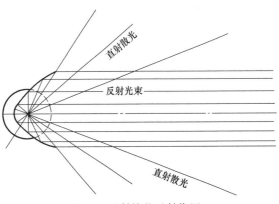

图6-4 反射镜的反射作用

透镜和棱镜组成的组合体。配光镜的作用是将反射镜反射出来的光线进行折射,使100m以内的路面和路缘有良好而均匀的照明,如图6-5所示。

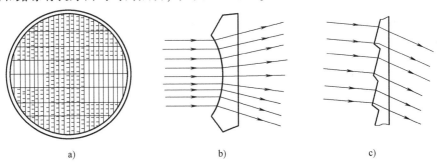

图6-5 配光镜的散射和折射作用
a) 配光镜外观 b) 散射作用 c) 折射作用

6.2.2 前照灯的防眩目

夜间会车时,如果前照灯的强光造成迎面汽车驾驶人眩目,则容易发生交通事故,因此前照灯应满足防眩目要求。前照灯采用远光和近光的双丝灯泡,在会车时通过切换远光、近光实现防眩目。

1. 普通双丝灯泡

普通双丝灯泡中的远光灯丝位于反光镜旋转抛物面的焦点,而近光灯丝位于焦点的上方,如图6-6所示。当远光灯丝通电时,灯泡的光线经反射镜反射后,沿光轴线平行射向远方,可获得较长的照射距离和较小的散射光束。而当近光灯丝通电时,经反射镜反射后的光线多倾向路面,从而避免迎面汽车驾驶人眩目,但仍有少部分光线射向上方。

2. 具有配光屏的双丝灯泡

这种灯泡的远光灯丝仍位于反射镜旋转抛

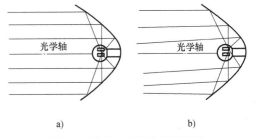

图6-6 普通双丝灯泡照射情况
a) 远光 b) 近光

物面焦点,而近光灯丝则位于焦点的上方,并在其下方装有金属配光屏,如图6-7所示。近光灯点亮时,金属配光屏先将光线反射到反射镜上部,经反射镜反射后使光线照向路面,提高了防眩目性能。

3. 非对称式配光的双丝灯泡

这种灯泡安装时,将遮光罩偏转一定的角度,使其近光的光形分布不对称,将近光灯右侧光线倾斜升高15°,近光灯丝发出的光线经反射镜和配光镜后即为非对称式配光,称为L形非对称配光,如图6-8b所示。这种配光特性符合联合国欧洲经济委员会制定的ECE标准,是比较理想的配光,已被世界所公认,我国现已采用。另外还有被称为Z形配光的非对称配光,如图6-8c所示,该光型能使本车行进方向亮区平行升高。它不仅避免了迎面汽车驾驶人眩目,还可以防止车辆右边的行人和非机动车辆驾驶人产生眩目。

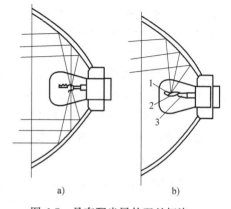

图6-7 具有配光屏的双丝灯泡
a) 远光 b) 近光
1—近光灯丝 2—配光屏 3—远光灯丝

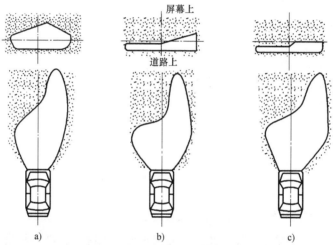

图6-8 非对称配光屏双丝灯光形
a) 对称配光 b) L形非对称配光 c) Z形非对称配光

6.2.3 前照灯的控制电路

1. 典型控制电路

前照灯控制电路的基本组成如图6-9所示,灯光开关控制灯光继电器接通或关断前照灯电源,夜间会车时通过变光器交替接通前照灯远光和近光。当前照灯、示廓灯、后位灯或其线路中发生搭铁故障时,熔断器立即熔断。为避免全车灯光熄灭,左、右前照灯的远、近光分别采用四个熔丝,以确保行车安全。

2. 前照灯延时关闭控制电路

前照灯延时关闭控制电路可使前照灯在电路被切断后,仍继续点亮一段时间后自动熄灭,为驾驶人离开黑暗的停车场所提供照明。图6-10所示为由晶体管控制的前照灯延时关

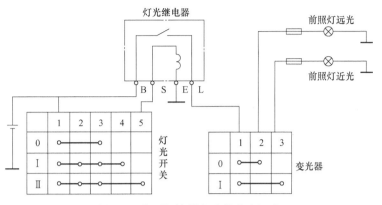

视频：宝马 GT 前照灯操作

图 6-9 前照灯控制电路的基本组成

闭控制电路，其工作原理如下：

当发动机熄火后，机油压力开关的触点闭合，驾驶人在离开汽车驾驶室以前，按下仪表板上的前照灯延时按钮，电源就对电容 C 充电。在 C 充电时，复合晶体管 VT 的基极电位逐渐升高，使 VT 导通，继电器线圈通电触点闭合，接通前照灯电路。松开前照灯延时按钮 1，电容 C 又通过电阻 R 和晶体管 VT 放电，前照灯仍能保持通电照明，一直到电容 C 的电压下降至 VT 无法导通为止。延时时间取决于 C 及 R 的参数，一般可延时 1min 左右。

3. 提醒关灯电路

汽车在白天行驶时，如果遇到阴沉的雨雪天气，或通过黑暗的隧道，驾驶人为了行车安全打开前照灯后容易忘记关灯。提醒关灯电路用于提醒驾驶人及时关闭车灯开关。

图 6-11 所示为一种提醒关灯电路。当驾驶人关闭点火开关时，若灯开关仍接通，电流经二极管 VD_2（或 VD_1），使晶体管 VT 的基极因正向偏置而导通，接通蜂鸣器电路，蜂鸣器发声，提醒驾驶人关闭车灯开关。在汽车正常行驶时，由于点火开关在接通状态，VT 的基极电位较高而保持截止，因此蜂鸣器不会通电发声。

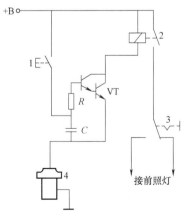

图 6-10 前照灯延时关闭控制电路
1—前照灯延时按钮 2—延时控制继电器
3—变光开关 4—机油压力开关

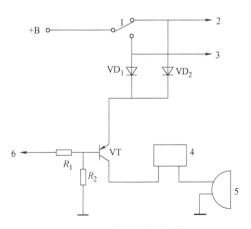

图 6-11 提醒关灯电路
1—灯开关 2—接前照灯 3—接其他照明灯
4—蜂鸣器控制器 5—蜂鸣器 6—接点火开关

4. 前照灯自动变光器电路

前照灯自动变光器的作用是使汽车在夜间行车时能自动进行远、近光切换,以保证会车时的行车安全。前照灯自动变光器的电路结构有多种形式,但基本原理均相似。图 6-12 所示为一种国产的前照灯自动变光器电路。

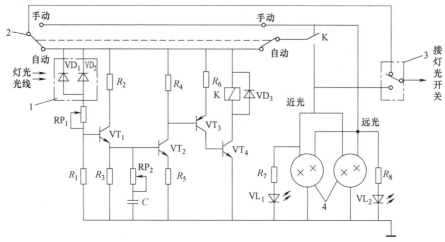

图 6-12 前照灯自动变光器电路

1—灯光传感器　2—自动/手动变光转换开关　3—变光开关　4—前照灯

该自动变光器主要由感光器（VD_1、VD_2）、放大电路（VT_1、VT_2、VT_3、VT_4 等）和变光继电器组成。在夜间行车无迎面来车灯光照射时,感光器内阻较大,使得 VT_1 因基极没有导通所需的正向电压而截止,于是 VT_2、VT_3、VT_4 也因基极无正向导通电压而截止,继电器 K 的线圈不通电,其常闭触点接通远光灯。

当有迎面来车或道路有较好的照明度时,VD_1、VD_2 因受迎面灯光照射而电阻下降,使 VT_1 基极电压升高而导通,VT_2、VT_3、VT_4 也因基极随之有正向偏置而导通,于是继电器 K 的线圈便通电,使其常闭触点打开,常开触点闭合,前照灯由远光自动切换为近光。

会车结束后,VD_1、VD_2 因无强光照射而电阻增大,使 VT_1 又截止。此时,由于电容 C 放电,VT_2、VT_3、VT_4 仍保持导通,1~5s 后,待 C 放电至 VT_2 不能维持导通状态时,继电器才断电,前照灯恢复远光照明。延时恢复远光可避免会车过程中由于光照突变而引起的频繁变光,以提高近光会车的可靠性。延时的时间可通过电位器 RP_2 进行调整。

使用该变光器电路,在夜间两车相对行驶相距 150~200m 时,对方的灯光照射到自动变光器上,就立即自动变远光为近光,从而有效地避免了远光给对方驾驶人带来的眩目,待两车相会后,变光器又自动变近光为远光。自动/手动变光转换开关可以让驾驶人选择自动或手动变光,在自动变光器失效的情况下,通过此开关仍可以实现人工操纵变光。

6.2.4　照明系统新技术

1. 氙气灯

氙气灯又称弧光灯,其原理是在抗紫外线石英玻璃管内填充多种化学气体,如氙气等惰性气体,然后再透过增压器将车载 12V 电源瞬间增至 23000V,在高电压下,氙气会被电离并在电源两极之间产生光源。氙气灯的结构如图6-13所示。

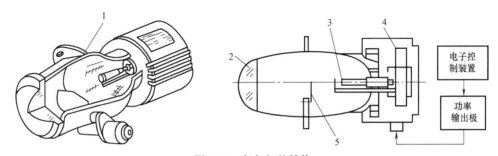

图6-13 氙气灯的结构

1—总成 2—透镜 3—弧光灯 4—引燃及稳弧部件 5—遮光板

氙气灯的性能优点：

1）亮度高。一般的功率为55W的卤素灯只能产生1000lm（流明）的光，但35W氙气灯能产生3200lm的强光，亮度提升300%，拥有超长及超广角的宽广视野，可带来极好的驾车舒适感，使驾驶人的视野更清晰，大大减少行车事故的发生。

2）寿命长。氙气灯利用电子激发气体发光，并无钨丝存在，因此寿命较长，约为3000h，大幅度超越汽车夜间行驶的总时数，而卤素灯的寿命只有500h。

3）节电性强。氙气灯的功率只有35W，而发出的是功率为55W的卤素灯3.5倍以上的光，大大减轻汽车电力系统的负荷，电力损耗节省40%，相应提高了车辆性能，节约能源。

4）色温性好。色温为4300～12000K，6000K接近日光，深受广大用户的好评。而卤素灯的色温只有3000K，光色暗淡发红。

5）恒定输出，安全可靠。当汽车的供电系统和电池出现故障时，镇流器会自动关闭停止工作。

6）氙气灯出现故障时往往是逐渐变暗，而不是突然熄灭，可以给驾驶人反应时间。

2. 发光二极管车灯

发光二极管（LED）是能发光的半导体器件。20世纪90年代，一些新型的汽车仪表上开始采用发光二极管，主要用于充电指示灯、发动机转速显示等。20世纪90年代中期开始利用LED做高位制动灯，并在汽车上得到广泛应用。

发光二极管的核心部分是由P型半导体和N型半导体组成的晶片，在P型半导体和N型半导体之间有一个过渡层，称为PN结。在某些半导体材料的PN结中，注入的少数载流子与多数载流子复合时会把多余的能量以光的形式释放出来，从而把电能直接转换为光能。PN结加反向电压，少数载流子难以注入，故不发光。这种利用注入式电致发光原理制作的二极管称为发光二极管。当它处于正向工作状态时（即两端加上正向电压），电流从LED阳极流向阴极，半导体晶片发出从紫外到红外不同颜色的光线，光的强弱与电流有关。

LED车灯的优点如下。

1）寿命长。一般可达几万乃至10万h。有人认为，如果未来的汽车照明灯使用LED，则整个汽车使用期限内将不用更换灯具。

2）高效率、低能耗。LED光源不需要滤色就能直接产生汽车灯具需要的红色、琥珀色等颜色，无损耗，电能利用率高达80%以上。

3）光线质量高，属于环保产品，基本上无辐射，是"绿色"光源。
4）结构简单，内部为支架结构，四周用透明的环氧树脂密封，抗振性能好。
5）点亮无延迟，亮灯响应速度快（纳秒级），适用于移动速度快的物体。
6）适用低电压工作，完全可以应用在汽车上。
7）体积小，方便设计者变换灯具模式，令汽车造型多样化。

汽车厂商青睐 LED，完全是由 LED 本身的优点所决定的。

3. 随动转向前照灯

视频：随动转向前照灯

随动转向前照灯又称自适应转向前照灯系统（Adaptive Front-lighting System，AFS）。它能够根据汽车转向盘角度、车辆偏转率和行驶速度，不断对前照灯进行动态调节，适应当前的转向角，保持灯光方向与汽车的当前行驶方向一致，以确保对前方道路提供最佳照明并使驾驶人有最佳可见度。它能够根据行车速度、转向角度等自动调节前照灯的偏转，以便能够提前照亮"未到达"的区域，提供全方位的安全照明，从而显著增强黑暗中驾驶的安全性。在路面无（弱）灯或多弯道的路况中，它可以扩大驾驶人的视野，提前提醒对面来车。随动转向前照灯原理如图 6-14 所示。

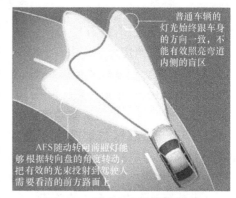

图 6-14　随动转向前照灯原理

6.3　灯光信号系统

灯光信号系统主要由转向信号装置、危险报警信号装置、制动信号装置等组成，解放 CA1091 灯光信号系统电路如图 6-15 所示。

6.3.1　灯光信号系统的组成及要求

1. 转向信号灯

转向信号灯装在汽车的前、后、左、右四角，其用途是在车辆转向、路边停车、变更车道、超车时，发出明暗交替的闪光信号，给前后车辆、行人提供行车信号。

前、后转向信号灯的灯光光色为琥珀色。转向信号灯的指示距离，要求前、后转向信号灯白天在 100m 以外可见，侧转向信号灯白天在 30m 以外可见。转向信号灯的闪光频率应控制在 1~2Hz 之间，起动时间应不超过 1.5s。

2. 危险报警闪光灯

危险报警闪光灯用于车辆遇到紧急危险情况时同时点亮前后左右转向灯以发出警告信号。与转向信号灯有相同的要求。

3. 倒车灯

倒车灯用于倒车时提高汽车后方道路照明度和警告其他车辆及行人，兼有灯光信号装置

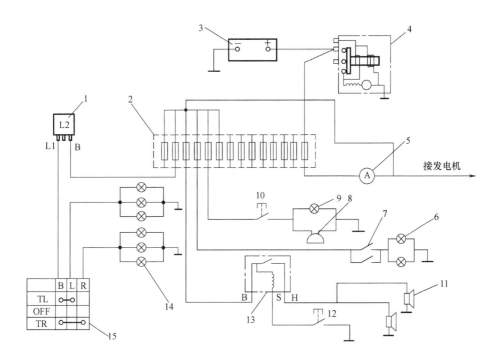

图 6-15 解放 CA1091 灯光信号系统电路
1—闪光器 2—熔断器盒 3—蓄电池 4—起动机 5—电流表 6—制动灯 7—制动灯开关
8—倒车蜂鸣器 9—倒车灯 10—倒车信号开关 11—电喇叭 12—电喇叭按钮
13—电喇叭继电器 14—转向信号灯和转向指示灯 15—转向灯开关

的功能。倒车灯装在汽车尾部,灯光光色为白色。

4. 制动灯

制动灯用于指示车辆的制动或减速。制动灯安装在车尾两侧,两制动灯应与汽车的纵轴线对称并在同一高度上。制动灯的灯光光色为红色,应保证白天在 100m 以外可见。

5. 示廓灯

示廓灯安装在汽车前、后、左、右侧的边缘。大型车辆的中部、驾驶室外侧还增设了一对示宽灯,用于夜间行驶时指示汽车宽度。示廓灯灯光标志在夜间 300m 以外应可见。前示廓灯的灯光光色为白色,后示廓灯的灯光光色多为红色。

6. 后位灯

后位灯装于汽车后部,其作用是在夜间行车时指示车辆的位置。后位灯的灯光光色为红色。

微课:闪光器的工作原理

6.3.2 转向信号装置

转向信号装置主要由转向信号灯、闪光器、转向灯开关等组成。转向信号灯的闪烁是由闪光器控制的,闪光频率为 1~2Hz。闪光器工作时会发出"啪嗒啪嗒"的响声,以提醒驾驶人及时关闭闪光灯。闪光器主要有翼片式、电容式和电子式等形式。

1. 翼片式闪光器

翼片式闪光器主要由通断电时会热胀冷缩的热膨胀条和带触点的翼片等组成,翼片式闪光器分为直热式和旁热式两种。

(1) 直热翼片式闪光器 直热翼片式闪光器主要由翼片、热膨胀条和触点等组成,其结构原理如图6-16所示。热膨胀条在冷却状态下将翼片绷紧成弓形,使触点处于闭合状态。直接通过热膨胀条的工作电流在触点闭合时通路,热膨胀条通电受热伸长时,翼片会绷直而使触点断开。

接通转向灯开关7,电流通路为蓄电池正极→接线柱B→翼片2→热膨胀条3→触点→接线柱L→转向灯开关7→转向信号灯和转向指示灯→搭铁→蓄电池负极。此时转向灯亮。热膨胀条3受热膨胀而伸长,当伸长至一定长度时,翼片2在自身弹力的作用下突然绷直,而使触点4、5断开,转向灯电流被切断,于是转向灯熄灭。触点断开后,热膨胀条因断电而冷却收缩,又使翼片弯曲成弓形,触点又闭合,而使转向灯电路接通,转向灯又亮起。如此交替变化,使转向灯闪烁。

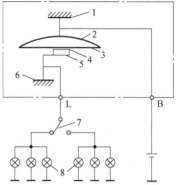

图6-16 直热翼片式闪光器的结构原理

1、6—支架 2—翼片 3—热膨胀条
4—动触点 5—静触点 7—转向灯
开关 8—转向信号灯和转向指示灯

(2) 旁热翼片式闪光器 旁热翼片式闪光器的结构原理如图6-17所示,热膨胀条1由绕在其上的电热丝2通电后产生的热量加热,故称旁热翼片式。电热丝2的一端焊在热膨胀条1上,另外一端则与静触点5相连。

转向灯开关8未接通时,闪光器不工作,动触点4与静触点5处于分开状态。接通转向灯开关8,电流通路为蓄电池正极→接线柱B→支架7→热膨胀条1→电热丝2→接线柱L→转向灯开关8→转向信号灯和转向指示灯9→搭铁→蓄电池负极。这时,由于电阻较大的电热丝2串入电路中,电流较小,转向信号灯和转向指示灯亮度较低。电热丝通电产生的热量使热膨胀条受热膨胀而伸长,使触点4、5闭合。此时电流通路为蓄电池正极→接线柱B→支架7→翼片6→触点4、5→接线柱L→转向灯开关8→转向信号灯和转向指示灯9→搭铁→蓄电池负极。由于电热丝2被触点短路,转向灯电流增大,转向灯变亮。被短路后的电热丝2电流为零,逐渐冷却而收缩,触点4、5又重新断开,转向灯又变暗。如此反复,从而使转向信号灯一明一暗地闪烁,指示车辆的转向,直至切断转向灯开关。

2. 电容式闪光器

电容式闪光器的结构原理如图6-18所示。它主要由一个继电器和一个电容组成。在继电器的铁心上绕有串联线圈3和并联线圈4,这两个线圈绕向相同。利用电容式闪光器中的电容充放电的延时特性,

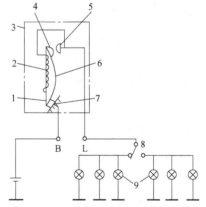

图6-17 旁热翼片式闪光器的结构原理
1—热膨胀条 2—电热丝 3—闪光器
4—动触点 5—静触点 6—翼片
7—支架 8—转向灯开关 9—转
向信号灯和转向指示灯

使继电器的两个线圈产生的电磁吸力时而相加,时而相减,继电器便产生周期性的开关动作,从而使转向信号灯闪烁。电容充放电回路的 R、C 参数决定了转向信号灯的闪光频率,工作中,由于 R、C 参数变化不大,转向信号灯的闪光频率比较稳定。闪光器中的灭弧电阻 6 与触点并联,用来减小触点火花,延长其使用寿命。

当汽车向左转弯接通转向灯开关 7 时,电流通路为蓄电池正极→接线柱 B→串联线圈 3→弹簧片 1→触点 2→接线柱 L→转向灯开关 7→左转向信号灯和指示灯→搭铁→蓄电池负极。此时并联线圈 4、电容器 5 及灭弧电阻 6 被触点 2 短路,而电流通过串联线圈 3 产生的电磁吸力大于弹簧片 1 的作用力,触点 2 迅速被打开,转向灯处于暗的状态(转向灯尚未来得及亮)。

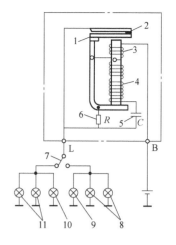

图 6-18 电容式闪光器的结构原理
1—弹簧片 2—触点 3—串联线圈 4—并联线圈 5—电容器 6—灭弧电阻 7—转向灯开关 8—右转向信号灯 9—右转向指示灯 10—左转向指示灯 11—左转向信号灯

触点 2 打开后,蓄电池向电容器 5 充电,其充电电流通路为蓄电池正极→接线柱 B→串联线圈 3→并联线圈 4→电容器 5→接线柱 L→转向灯开关 7→左转向信号灯和指示灯→搭铁→蓄电池负极。由于并联线圈 4 的电阻较大,充电电流很小,不足以使转向信号灯亮,故转向灯仍处于暗的状态。同时充电电流通过线圈 3、4 产生的电磁吸力方向相同,使触点继续打开,随着电容器两端电压的逐渐升高,其充电电流逐渐减小,线圈 3、4 的电磁吸力减小,使触点 2 重新闭合。

触点 2 闭合后,转向灯处于亮的状态,由于此时电容器 5 通过线圈 4 和触点 2 放电,其放电电流通过线圈 4 产生的磁场方向与线圈 3 的相反,电磁吸力减小,故触点仍保持闭合,转向灯继续发亮。随着电容器的放电,电容器两端的电压逐渐下降,其放电电流减小,则线圈 3 的电磁吸力增强,触点 2 重新打开,灯变暗。如此反复,触点不断开闭,使转向灯发出闪光。

3. 电子式闪光器

电子式闪光器分晶体管式和集成电路式两类。

(1) 晶体管式电子式闪光器 晶体管式电子式闪光器的电路原理如图 6-19 所示,它是利用电容器充放电延时的特性,控制晶体管 VT_1 的导通和截止,以达到闪光的目的。

接通转向灯开关 3 后,晶体管 VT_1 的基极电流由两路提供,一路经电阻 R_2,另一路经电阻 R_1 和电容器 C,使 VT_1 导通,VT_1 导通时,VT_2、VT_3 组成的复合管处于截止状态。由于 VT_1 的导通电流很小,仅 60mA 左右,故转向信号灯暗。与此同时,电源对电容器 C 充电,随着 C 的两端

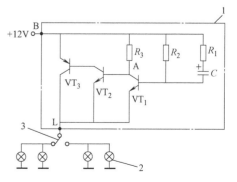

图 6-19 晶体管式电子式闪光器电路原理
1—闪光器 2—转向信号灯 3—转向灯开关

电压升高,充电电流减小,VT_1 的基极电流减小,使 VT_1 由导通变为截止。这时 A 点电位升高,当其电位达到 1.4V 时,VT_2、VT_3 导通,于是转向信号灯亮。此时电容器 C 经过 R_1、R_2 放电,放电时间为灯亮时间。C 放完电后接着又充电,VT_1 再次导通使 VT_2、VT_3 截止,转向信号灯又熄灭,C 的充电时间为灯灭的时间。如此反复,使转向信号灯发出闪光。改变 R_1、R_2 的电阻值和 C 的电容值及 VT_1 的 β 值,即可改变闪光频率。

(2) **集成电路式电子式闪光器** 因集成电路成本的降低,汽车上广泛使用集成电路式电子式闪光器。上汽大众桑塔纳轿车装用的电子式闪光器即为集成电路式电子式闪光器,其电路原理如图 6-20 所示。它的核心器件 IC U243B 是一块低功耗、高精度的汽车电子式闪光器专用集成电路。U243B 的标称电压为 12V,实际工作电压范围为 9~18V,采用双列八脚直插塑料封装。内部电路主要由输入检测器 SR、电压检测器 D、振荡器 Z 及功率输出级 SC 四部分组成。

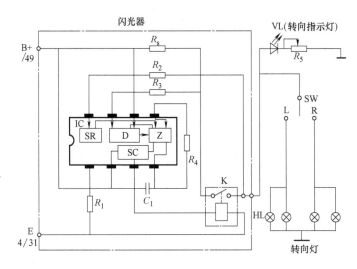

图 6-20 上汽大众桑塔纳轿车电子式闪光器电路原理
SR—输入检测器　D—电压检测器　Z—振荡器
SC—功率输出级　R_s—取样电阻　K—继电器

输入检测器用来检测转向信号灯开关是否接通。振荡器由一个电压比较器和外接 R_4 及 C_1 提供变化的电压,从而形成电路的振荡。

振荡器工作时,输出级便控制继电器线圈的电路,使继电器触点反复开闭,于是转向灯和转向指示灯便以一定的频率闪烁。

如果一只转向灯烧坏,则流过取样电阻 R_s 的电流减小,其电压降减小,经电压检测器识别后,便控制振荡器电压比较器的参考电压,从而改变振荡(即闪光)频率,则转向指示灯的频率加快一倍。

6.3.3 危险报警闪光灯

汽车在行驶过程中出现紧急情况或意外事故时,应使用危险报警闪光灯。危险报警闪光灯在转向信号灯电路中通过危险报警开关控制。当接通危险报警开关后,全部转向信号灯同时闪烁,发出危险报警信号。

危险报警信号在汽车出现紧急情况时使用，如制动失灵等意料之外的情况。通常左、右转向信号灯同时闪烁发出危险报警信号。左、右转向信号灯同时闪烁由闪光器产生，但由危险报警开关控制。

危险报警闪光灯的电路原理如图6-21所示，它通过控制危险报警开关7，直接控制闪烁器产生的断续电流流过左、右转向灯系，这样就可以产生危险报警信号。

6.3.4 制动信号装置

制动信号装置由制动信号灯和制动信号灯开关组成。车辆制动时，制动信号灯开关接通制动信号灯电源，制动信号灯点亮，警示车后行人和车辆。制动信号灯开关有液压式、气压式和机械式三种。

1. 液压式制动信号灯开关

液压式制动信号灯开关用于采用液压制动系统的汽车，通常安装在液压制动主缸的前端，其结构如图6-22所示。当踩下制动踏板时，由于制动系统的液压增大，膜片2向上拱曲，接触片3同时接通接线柱6和接线柱7，接通制动信号灯电源，制动信号灯点亮。松开制动踏板时，制动系统液压降低，接触片在回位弹簧4的作用下复位，切断制动灯电源。

2. 气压式制动信号灯开关

气压式制动信号灯开关用于采用气压制动系统的汽车，通常安装在制动阀上，其结构如图6-23所示。制动时，制动压缩空气推动橡胶膜片上拱，使触点闭合，接通制动信号灯电路。

防抱制动系统采用的制动信号灯开关安装在制动踏板上方，踩下制动踏板时，制动信号灯开关触点闭合，接通制动信号灯电路，使制动信号灯和防抱制动系统工作。

3. 机械式制动信号灯开关

机械式制动信号灯开关如图6-24所示，这是一种较为常用的制动信号灯开关，装在制动踏板的后面。

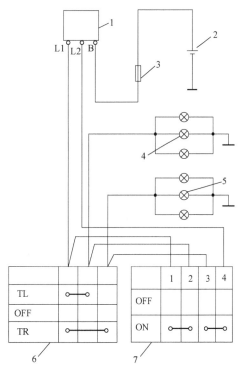

图6-21 危险报警闪光灯电路原理

1—闪光器 2—蓄电池 3—熔断器 4—左转向信号灯
5—右转向信号灯 6—转向灯开关 7—危险报警开关

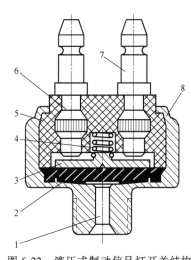

图6-22 液压式制动信号灯开关结构

1—通制动液管路 2—膜片 3—接触片 4—回位弹簧 5—胶木底座 6、7—接线柱 8—壳体

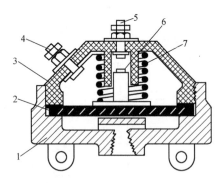

图 6-23 气压式制动信号灯开关
1—外壳 2—膜片 3—胶木壳
4、5—接线柱 6—触点 7—弹簧

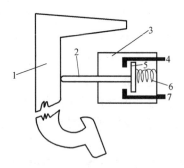

图 6-24 机械式制动信号灯开关
1—制动踏板 2—推杆 3—制动信号灯开关
4、7—接线柱 5—接触桥 6—回位弹簧

6.4 声响信号系统

6.4.1 声响信号系统的组成及作用

1. 电喇叭

电喇叭的作用是警告行人和其他车辆,电喇叭声级为 90~105dB(A)。

2. 倒车警告装置

倒车警告装置由倒车蜂鸣器和倒车灯组成,其作用是当汽车倒车时,发出灯光和音响信号,警告车后行人和车辆。

6.4.2 电喇叭及其控制电路

1. 电喇叭结构

汽车电喇叭有筒形、螺旋形和盆形等不同的结构形式。由于盆形电喇叭具有结构简单、尺寸小、质量小、声音的指向性好等特点,在汽车上得到普遍采用。盆形电喇叭的结构如图 6-25 所示。按下电喇叭按钮时,电喇叭电路通电,电流通路为蓄电池正极→线圈 2→触点 7→按钮 10→搭铁→蓄电池负极,形成回路。当电流通过线圈 2 时,产生磁场,铁心被磁化,吸动上铁心 3,带动膜片 4 中心下移,同时带动衔铁 6 运动,压迫触点臂将触点 7 打开。触点 7 打开后,线圈 2 电路被切断,其磁力消失,

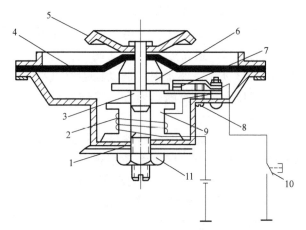

图 6-25 盆形电喇叭的结构
1—下铁心 2—线圈 3—上铁心 4—膜片
5—共鸣板 6—衔铁 7—触点 8—调整螺
钉 9—电磁铁心 10—按钮 11—锁紧螺母

下铁心 1、上铁心 3 及膜片 4 又在触点臂和膜片 4 自身弹力的作用下复位，触点 7 又闭合。触点 7 闭合后，线圈 2 又通电，产生磁力吸动下铁心 1 和上铁心 3，触点 7 又被顶开。如此循环，触点以一定的频率打开、闭合，膜片不断振动发出声响，通过共鸣板 5 产生共鸣，从而产生音量适中、和谐悦耳的声音。为了获得更加悦耳且容易辨别的声音，有些汽车上装有两个音调不同（高音、低音）的电喇叭。

为了保护喇叭触点，通常在触点 7 之间并联一只电容或消弧电阻。

2. 电喇叭控制电路

电喇叭的工作电流比较大（15~20A），容易烧坏喇叭按钮，因此在电路中装有喇叭继电器。带喇叭继电器的电喇叭控制电路如图 6-26 所示。

当按下喇叭按钮时，电流通路为蓄电池正极→铁心→线圈 2→喇叭按钮 3→搭铁→蓄电池负极，构成回路。此时，电流通过继电器线圈 2 使铁心产生磁力，吸下触点臂 1 使触点 5 闭合，电喇叭电路接通。当松开喇

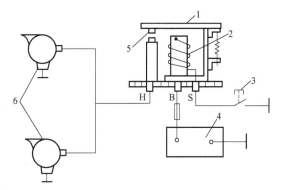

图 6-26 带喇叭继电器的电喇叭控制电路
1—触点臂　2—线圈　3—喇叭按钮
4—蓄电池　5—触点　6—电喇叭

叭按钮 3 时，继电器线圈 2 断电，磁力消失，释放触点臂 1，触点 5 在弹簧力的作用下打开，喇叭断电停止发声。

6.4.3 倒车信号装置

倒车信号装置包括倒车灯和倒车报警器等。

1. 倒车灯及倒车报警电路

倒车灯及倒车报警器主要用于在汽车倒车时提醒行人及其他车辆驾驶人，由装在变速器盖上的倒车开关控制，倒车信号装置电路如图 6-27 所示。

倒车灯开关结构如图 6-28 所示，当变速杆将倒档轴叉拨到倒档位置时，倒档轴叉上的凹槽恰好对准钢球，钢球在弹簧力的作用下带动膜片和接触盘下移，使静触点与接触盘接触，倒车灯点亮，与此同时也接通了倒车报警器电路，使报警器发出声响。同时，蓄电池电流还通过线圈 L_2 对电容器进行充电（图 6-27）。由于流入线圈 L_1 和 L_2 的电流大小相等，方向相反，产生的电磁吸力互相抵消，使线圈不

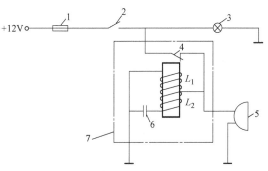

图 6-27 倒车信号装置电路
1—熔断器　2—倒车灯开关　3—倒车灯　4—触点　5—蜂鸣器　6—电容器　7—继电器

显磁性，因此继电器触点继续闭合。随着电容器两端的电压逐渐上升，流入线圈 L_2 中的电流变小，即电磁吸力减小，但线圈 L_1 产生的电磁吸力不变，当 L_1 与 L_2 产生的吸力差大于

触点的弹簧拉力时，触点被断开，报警器电路被切断而停止发出声响。在继电器触点打开时，电容器又通过线圈 L_1 和 L_2 放电，使线圈产生磁力，触点仍继续打开。当电容器两端电压下降到一定值时，线圈电磁吸力减小，继电器触点再次闭合，报警器通电发出声响，电容器再次开始充电。如此反复，继电器触点不断开闭，倒车警报器发出断续的声响，以示倒车。

2. 倒车报警器

常见的倒车报警器有倒车蜂鸣器和倒车语音报警器两种。

（1）倒车蜂鸣器 倒车蜂鸣器是一种间歇发声的音响装置，图6-29所示为CA1092型汽车倒车蜂鸣器电路。其发音部分是一只功率较小的电喇叭，控制电路是一个由无稳态电路（即多谐振荡器）和反相器组成的开关电路。

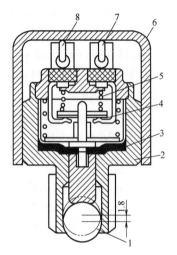

图6-28 倒车灯开关结构
1—钢球 2—壳体 3—膜片 4—触点
5—弹簧 6—保护罩 7、8—接线柱

晶体管 VT_1、VT_2 组成一个无稳态电路，由于 VT_1 和 VT_2 之间采用电容器耦合，VT_1 与 VT_2 只有两个暂时的稳定状态：或 VT_1 导通，VT_2 截止；或 VT_1 截止，VT_2 导通。这两个状态周期性地自动翻转。

VT_3 在电路中起开关作用，它与 VT_2 直接耦合，VT_2 的发射极电流就是 VT_3 的基极电流。当 VT_2 导通时，VT_3 因有足够大的基极电流而导通向VD供电。VD通电使膜片振动，产生声音。当 VT_2 截止时，VT_3 无基极电流也截止，VD断电，响声停止。如此周而复始，VT_3 按照无稳态电路的翻转频率不断地导通、截止，从而使得倒车蜂鸣器发出"嘀—嘀—嘀"的间歇鸣叫声。

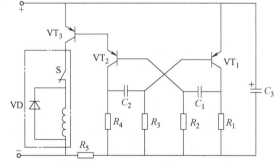

图6-29 CA1092型汽车倒车蜂鸣器电路

（2）倒车语音报警器 随着集成电路技术的发展，现在已经能将语音信号压缩存储于集成电路中，制成倒车语音报警器。在汽车倒车时，能重复发出"请注意，倒车！"等声音，以此提醒车后行人避开车辆而确保安全倒车。

倒车语音报警器的典型电路如图6-30所示。集成块 IC_1 是存储语音信号的集成电路，集成块 IC_2 是功率放大集成电路，稳压管VZ用于稳定集成块 IC_1 的工作电压。为防止电源电压接反，在电源的输入端使用了由四个二极管组成的桥式整流电路，这样无论如何接入12V电源，均可保证电子电路正常工作。

当汽车挂入倒档时，倒车开关接通了倒车语音报警器电路，电源便由桥式整流电路接通倒车语音报警器，语音集成块 IC_1 的输出端便输出一定幅度的语音电压信号。此语音电压信号经 C_2、C_3、R_3、R_4、R_5 组成的阻容电路消除杂音，改善音质，并耦合到集成块

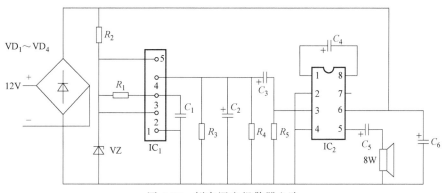

图 6-30 倒车语音报警器电路

IC_2 的输入端，经 IC_2 功率放大后，通过喇叭输出，即可发出清晰的"请注意，倒车！"等声音。

3. 倒车雷达装置

倒车雷达装置在倒车时起到辅助报警功能，能使倒车更加安全。倒车雷达装置由倒车雷达侦测器（也称超声波转换器、声呐传感器，俗称电眼）、控制器、蜂鸣器等组成，如图 6-31 所示。

倒车雷达侦测器安装在车辆后部保险杠上，它向汽车后部发射超声波，并接收反射回来的超声波。雷达侦测器由一个无线电收发单元和一个处理器组成，如图 6-32 所示，处理器将回波信号转换成数字信号后传递给控制单元。

视频：倒车雷达与倒车影像

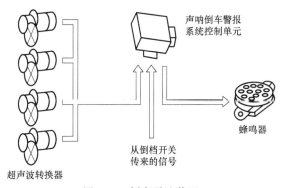

图 6-31 倒车雷达装置

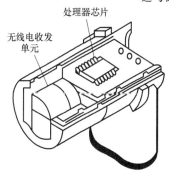

图 6-32 雷达侦测器的结构

当驾驶人将变速器挂入倒档后，倒车雷达侦测器进入自我检测状态。当自我检测通过后，就开始检测汽车后部障碍物。如图 6-33 所示，控制器接收从侦测器传来的信号，经计算判断障碍物离车尾的距离。若达到报警位置，就传送信号给控制器，控制器控制蜂鸣器。

倒车雷达装置的有效侦测范围如图 6-34 所示。

例如，风神Ⅱ号乘用车的倒车雷达装置，当在汽车后部 50cm 处检测到物体表面积在 $25cm^2$ 以上的障碍物时，就会发出报警声，以提醒驾驶人注意。

汽车倒车将要遇到障碍物时，带有超声波的倒车雷达系统开始发出报警声响，距离障碍物越近，则声响频率越高。从而提醒驾驶人汽车将要碰到障碍物，注意安全。

雷达系统的工作过程如下：

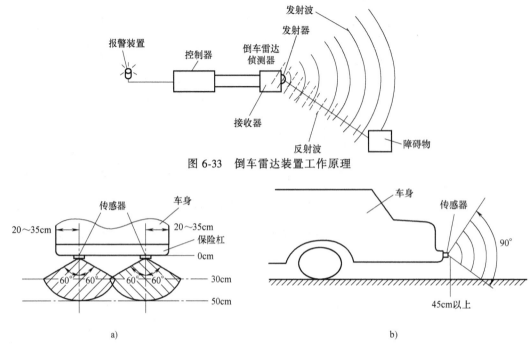

图 6-33 倒车雷达装置工作原理

图 6-34 倒车雷达装置的有效侦测范围
a) 左右有效侦测范围　b) 上下有效侦测范围

1) 当挂倒档时,倒车雷达系统即开始工作,发出"嘟嘟"的声音(图6-35绿区),表明该系统状态良好。

2) 当汽车与障碍物相距1.6m(图6-35黄区)时,可听到间歇报警声。距离障碍物越近,声响越急促。若距离小于0.2m(图6-35红区),则发出连续的报警声。

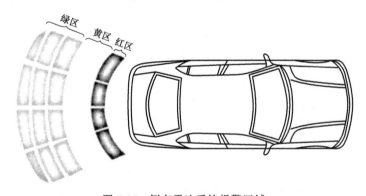

图 6-35 倒车雷达系统报警区域

在倒车雷达系统的基础上,一些乘用车已经装备了具有汽车前后障碍物距离测试功能的驻车距离控制(Parking Distance Control,PDC)系统。PDC系统在汽车的前后保险杠上均装有雷达侦测器,车辆距障碍物的距离可以在车内的大屏幕显示器(一般与汽车导航系统的显示器共用)上直接显示出来,并伴有蜂鸣器的报警声响。

也有些汽车采用可视倒车系统(图6-36),在汽车后保险杠或顶部(大型车辆)安装摄像头,直接显示汽车后部的实际情况,使得倒车、移库等操作更加安全便捷。

图 6-36 可视倒车系统

思 考 题

1. 照明系统由哪些部分组成？各起什么作用？
2. 在汽车上采取何种措施可防止眩目？
3. 试分析前照灯的延时关闭控制电路。
4. 试分析前照灯的提醒关灯电路。
5. 试分析前照灯的自动变光器电路。
6. 汽车灯光信号系统和声响信号系统由哪些部分组成？各起什么作用？
7. 简述翼片式、电容式、电子式闪光器的工作原理。
8. 简述盆形电喇叭的工作原理。

第7章 仪表与指示灯系统

7.1 仪表系统

汽车仪表系统的作用是使驾驶人能随时了解汽车的行驶情况和发动机的工作状况,以便正确使用汽车,提高行车安全性,及时发现和排除可能出现的故障。汽车仪表按其结构形式的不同,可分为独立式和组合式两种。独立式仪表是指各种仪表都有各自的壳体,单独安装在仪表板上;组合式仪表则是将各种仪表封装在一个壳体内,由于组合式仪表具有结构紧凑、美观、便于观察等特点,因而已被现代汽车广泛采用。

现代汽车大多采用组合仪表,组合仪表一般由面罩、边框、表芯、印制电路板、插接器、警告灯、指示灯及仪表灯等部件组成,有些仪表还带有电源稳压器和报警蜂鸣器。不同汽车组合仪表中的仪表个数不同。图7-1所示为桑塔纳2000轿车组合仪表。

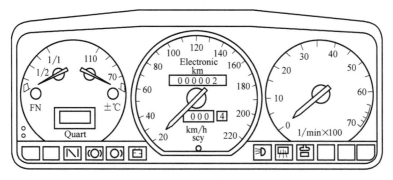

图 7-1 桑塔纳 2000 轿车组合仪表

仪表系统主要由机油压力表、冷却液温度表、燃油表、车速里程表和发动机转速表等组成。

7.1.1 机油压力表

机油压力表用来显示发动机主油道的机油压力的大小,由装在仪表板上的指示表和装在主油道的传感器(或称机油压力感应塞)组成。常见的机油压力表有电热式、电磁式和动磁式三种。这里以电热式为例加以说明。

电热式机油压力表也称双金属片式机油压力表，其与传感器的基本结构如图 7-2 所示。传感器一般做成盒子形，中间有膜片 2，膜片的下方油腔经管接头与润滑系统主油道相通，膜片上部顶住弯曲的弹簧片 3，弹簧片的一端设有触点，另一端固定搭铁。双金属片 4 上绕有加热线圈，它的一端焊在双金属片端的触点上，另一端接在接触片 6 上。

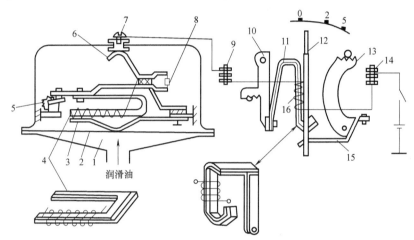

图 7-2 机油压力表及机油压力传感器的基本结构
1—油腔 2—膜片 3—弹簧片 4、11—双金属片 5—调节齿轮 6—接触片
7—机油压力传感器接线柱 8—校正电阻 9、14—机油压力表接线柱
10、13—调节齿扇 12—指针 15—弹簧片 16—加热线圈

机油压力表内装有双金属片 11，双金属片上绕有加热线圈，其一端经接触片和传感器的触点相连，另一端接电源正极。双金属片一端弯成钩形扣在指针上，当接通点火开关（或电源开关）时，机油压力表电路接通，其电流通路为蓄电池正极→点火开关→接线柱 14→加热线圈 16→接线柱 9→接线柱 7→接触片 6→双金属片 4→触点→弹簧片 3→搭铁→蓄电池负极。电流通过双金属片 4 和 11 上的加热线圈，使双金属片受热变形。

当油压很低时，传感器膜片 2 几乎没有变形，这时作用在触点上的压力很小。当电流通过不久，温度略有升高时，双金属片 4 就弯曲，使触点分开，电路即被切断。经过一段时间后，双金属片冷却伸直，触点又闭合，电路又被接通。但不久触点又分开，如此循环。由于触点打开时间长，闭合时间短，变化频率低，通过双金属片 11 加热线圈的电流平均值较小，双金属片 11 温度较低，弯曲变形不明显，指针只略微向右移指向低油压。

当油压高时，膜片向上拱曲，加于触点上的压力增大，使双金属片 4 向上弯曲。这样需要在双金属片 4 温度较高，即加热线圈通过较大、较长时间的电流后，触点才能分开，而且分开后又很快闭合。因此在油压高时，触点打开状态的时间缩短，频率增高（如油压为 0.49MPa 时，频率为 110~125 次/min；油压为 0.19MPa 时，频率为 60~70 次/min），平均电流值增大，指针偏移量大，指向高压。

为使机油压力表的示值不受外界温度变化的影响，双金属片 4 做成"n"形，其中绕有加热线圈的臂为工作臂，另一个臂为补偿臂。当外界温度变化时，工作臂的附加变形被补偿臂的相应变形所补偿，使指示表的指示值保持不变。在安装传感器时，必须使传感器壳上的箭头向上,其偏斜不应超过垂直位置30°,以确保工作臂在补偿臂的上方,否则会造成指示误差。

7.1.2 冷却液温度表

冷却液温度表用于显示发动机冷却液的温度,绝大部分现代汽车都装有冷却液温度表,但也有少数车型为了降低成本用冷却液温度报警器代替冷却液温度表。

冷却液温度表由温度指示表和冷却液温度传感器组成。温度指示表分为双金属片式和电磁式。冷却液温度传感器分为双金属片式和热敏电阻式。双金属片式温度指示表和冷却液温度传感器的工作原理与机油压力表相同,此处不再叙述。下面讲述电磁式冷却液温度指示表与热敏电阻式传感器的工作原理。

图 7-3a 所示为电磁式冷却液温度指示表与热敏电阻式传感器组合使用的工作原理图,图 7-3b 所示为其等效电路。热敏电阻式传感器的阻值随温度的升高而减小,在电磁式冷却液温度指示表中有两个线圈 L_1 和 L_2。其中 L_1 的匝数较多,与热敏电阻并联;L_2 的匝数较少,与热敏电阻串联。两个线圈之间是带有指针的衔铁。当冷却液温度较低时,热敏电阻的阻值大,流经 L_1 和 L_2 的电流相差不多,但因 L_1 的匝数多,产生的磁场较强而吸引衔铁使指针向0℃方向偏转。当冷却液温度较高时,与 L_1 并联的热敏电阻阻值减小,其分流作用增强,流经 L_1 的电流因此减小,磁力减小,衔铁被磁场较强的 L_2 吸引,指针向高温度方向偏转。

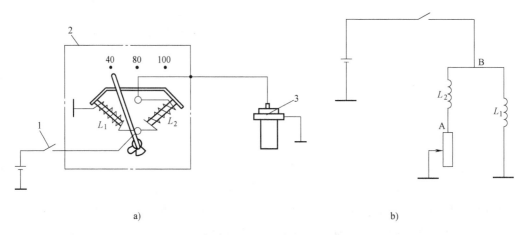

图 7-3 电磁式冷却液温度指示表与热敏电阻式传感器组合使用的工作原理
a) 工作原理图 b) 等效电路
1—点火开关 2—电磁式冷却液温度指示表 3—热敏电阻式传感器

7.1.3 燃油表

燃油表用来指示汽车燃油箱内存储的燃油量。它由装在仪表板上的燃油指示表和装在燃油箱内的传感器两部分组成,燃油表有电磁式、动磁式和双金属电热式三种类型(这里主要介绍前两种),传感器均为可变电阻式。

1. 电磁式燃油表

电磁式燃油表的工作原理如图 7-4a 所示,图 7-4b 所示为其等效电路。指示表中有左、右两个铁心,铁心上分别绕有线圈,中间置有转子,转子上连有指针。传感器由可变电阻、滑片和浮子组成，浮子浮在油面上，随油面的高低而改变位置。

发动机起动后，电流由蓄电池正极经左线圈后分流，一路经右线圈搭铁构成回路，另一路经可变电阻、滑片搭铁构成回路。电流通过左线圈和右线圈时，产生电磁吸力并形成合成磁场，转子在合成磁场的作用下转动，使指针指在某一刻度上。

油箱无油时，浮子下沉，可变电阻被短路，此时右线圈搭铁也被短路，故无电流通过，而左线圈在全部电源电压的作用下，通过的电流达到最大值，产生的电磁吸力最强，吸住转子，使指针停在最左面的"0"位上。

随着油箱中油量的增加，浮子上浮，带动滑片移动。可变电阻部分接入，左线圈因串联电阻，线圈内电流相应减小，左线圈电磁吸力减小，而右线圈中有电流流过，产生磁场。转子在合成磁场的作用下向右偏转，带动指针指示油箱中的燃油量。油箱半满时，在合成磁场的作用下，指针便指在"1/2"的位置上；油箱全满时，在合成磁场的作用下，指针便指在"1"的位置上。

有些燃油表在左线圈两侧并联一个分流电阻，使通过左线圈的电流减小，而右线圈的电流增大，使转子偏转角增大，从而提高了燃油表的灵敏度。而传感器可变电阻末端搭铁，可避免滑片与可变电阻接触不良时产生火花而引起火灾。

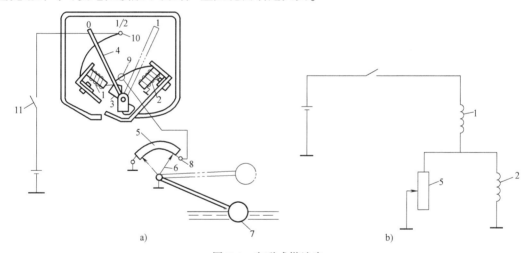

图 7-4 电磁式燃油表
a) 工作原理图 b) 等效电路
1—左线圈 2—右线圈 3—转子 4—指针 5—可变电阻 6—滑片 7—浮子
8—传感器接线柱 9、10—燃油表接线柱 11—点火开关

2. 动磁式燃油表

部分汽车采用动磁式燃油表，这种燃油表没有铁心，磁滞性小，指示精度高。其工作原理如图 7-5 所示。指示表中左线圈 1 和右线圈 2 互相垂直地绕在同一矩形塑料架上，塑料套筒轴承和金属轴穿过交叉线圈，金属轴上装有永久磁铁转子 3，转子上有指针 4。

当油箱油量较少时，浮子下沉，滑片 6 移至可变电阻的右端，并入右线圈 2 的电阻较小，右线圈 2 磁场弱，串入左线圈 1 的电阻也小，左线圈 1 的磁场强，两线圈合成磁场使指针左摆，指示低油位；当油箱油量增加时，滑片 6 移至可变电阻的左端，右线圈 2 磁场增强，左线圈 1 的磁场变弱，两线圈合成磁场使指针右摆，指针读数变大，指示高油位。

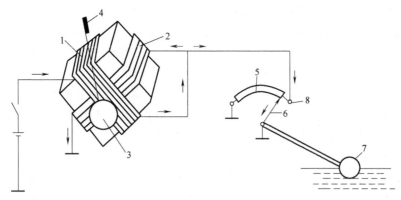

图 7-5 动磁式燃油表

1—左线圈 2—右线圈 3—永久磁铁转子 4—指针 5—可变电阻 6—滑片 7—浮子 8—传感器接线柱

7.1.4 车速里程表

车速里程表用来指示汽车行驶速度和累计行驶总里程数。车速里程表由车速表和里程表两部分组成。车速里程表按获取车速信号的方式分为机械式和电子式两种,电子式车速里程表无须软轴传动,仪表示值较为稳定,在现代汽车上使用较多。

1. 机械式车速里程表

机械式车速里程表通过软轴将变速器的输出轴转速传递给指示表的主动轴,其结构如图7-6所示。

车速里程表的主动轴8由变速器或分动器传动蜗杆经软轴驱动。车速表为磁感应式,主要由与主动轴固定在一起的U形永久磁铁1、带有转轴和指针6的铝罩2、罩壳3及固定在车速里程表外壳上的刻度盘5等组成;里程表为机械式,由蜗轮蜗杆传动机构和里程表数字轮7(十进位齿轮计数器)组成,每个数字轮上均有数字0~9。

(1) 磁感应式车速表的工作原理 汽车未行驶时,车速表的盘形弹簧4使铝罩2保持在初始位置,使车速表指针6指示零位。当汽车行驶时,经软轴驱动的主动轴带动永久磁铁1转动,铝罩在永久磁铁旋转磁场的作用下产生涡流,铝罩涡流所产生的磁场与永久磁铁的磁场相互作用而产生一个转矩,使铝罩克服盘形弹簧的弹力向着永久磁铁转动的方向旋转,直至与盘形弹簧弹力相平衡。指针随铝罩偏转某个角度后,指示相应的车速值。车速提高,永久磁铁旋转加快,铝罩上产生的涡流增大,作用于铝罩的转矩也增大,使铝罩偏转的角度增大,带动指针指示的车速值也相应增大。

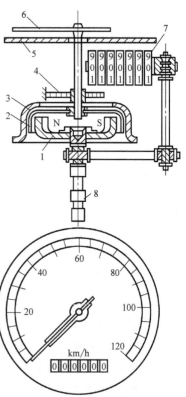

图 7-6 车速里程表结构

1—永久磁铁 2—铝罩 3—罩壳 4—盘形弹簧 5—刻度盘 6—指针 7—里程表数字轮 8—主动轴

（2）机械式里程表的工作原理 汽车行驶时，由软轴驱动的主动轴经三对蜗轮蜗杆驱动里程表最右边的第一数字轮，使汽车行驶 1km 时第一数字轮正好转一圈。因此，第一数字轮上的 0~9 每上升一个数字为 0.1km。从第一数字轮向左，每两个相邻的数字轮之间又通过本身的内齿和进位数字轮传动齿轮传动，其传动比为 10。这样，从右向左，数字轮转动所显示的数以 10 进位递增，将汽车累计行驶里程数用数字记录下来。

2. 电子式车速里程表

电子式车速里程表较常见的是从变速器上的传感器中获得反映汽车车速的脉冲信号，再通过电子电路驱动指示表。车速传感器有光电式、霍尔效应式、磁阻式及舌簧开关式等多种类型，指示表有指针式、数字式两种形式。电子式车速里程表主要由车速传感器、电子电路、车速表和里程表四部分组成。

（1）车速传感器 车速传感器由变速器驱动，能够产生正比于汽车行驶速度的电信号。图 7-7 所示为奥迪 100 型轿车中的舌簧开关式车速传感器的结构，它由一个舌簧开关和一个有 4 对磁极的转子组成。转子每转一周，舌簧开关中的触点闭合 8 次，产生 8 个脉冲信号，汽车每行驶 1km，车速传感器输出 4127 个脉冲。

（2）电子电路 电子电路的作用是对车速传感器送来的具有一定频率的电信号进行整形和触发处理，输出一个与车速成正比的电流信号。电子电路主要包括稳压电路、单稳态触发电路、恒流源驱动电路、64 分频电路和功率放大电路。奥迪 100 型轿车电子式车速里程表电路如图 7-8 所示。仪表精度由电阻 R_1 调整，仪表初始工作电流由电阻 R_2 调整，电阻 R_3 和电容 C_3 用于电源滤波。车速表实际上是一个磁电式电流表，当汽车以不同车速行驶时，从电子电路接线端 6 输出的与车速成正比的电流信号便驱动车速表指针偏转，即指示相应的车速。里程表则由一个步进电动机及 6 位数字的 10 进位齿轮计数器组成。车速传感器输出的频率信号经 64 分频后，再经功率放大器放大到具有足够的功率，驱动步进电动机，带动 6 位数字的 10 进位齿轮计数器工作，从而累计行驶的里程。电子式里程表累计的里程数字存储在非易失性存储器内，在无电状态下数据也

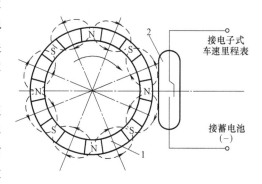

图 7-7 舌簧开关式车速传感器的结构
1—塑料环 2—舌簧开关

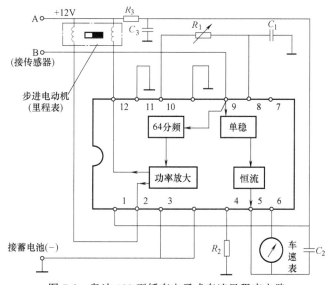

图 7-8 奥迪 100 型轿车电子式车速里程表电路

能保存。

（3）**车速表** 车速表是一个电磁式电流表。传感器的脉冲信号经单稳态触发电路和恒流源驱动电路处理后，输出平均电流与车速成正比的脉冲电流，驱动车速表指针偏摆，指示相应的车速。

（4）**里程表** 里程表由数字轮和步进电动机组成。数字轮也是一个10进位齿轮计数器。步进电动机是一种脉冲电流驱动，按步转动且转动步长恒定的特殊电动机。传感器的脉冲信号经64分频电路分频处理，再经功率放大电路进行功率放大后，驱动步进电动机转动，数字轮随步进电动机转动，记录汽车的累计行驶里程。

7.1.5 发动机转速表

发动机转速表用于显示发动机的转速，驾驶人可根据发动机转速表的示值监视发动机的工作状况，更好地把握换档时机和利用经济车速等。

电子式发动机转速表的结构简单，性能稳定可靠，便于安装，得到了广泛的应用。

电子式发动机转速表还分为柴油机用和汽油机用两种形式，其不同之处在于传感器信号的来源。柴油机的传感器信号来源于安装在发动机飞轮壳上的电磁感应式转速传感器或者与发动机曲轴连接的测速发电机，汽油机的传感器信号来源于点火系统初级线圈的脉冲电压。

桑塔纳轿车电子式发动机转速表电路原理如图7-9所示。该转速表利用电容器充放电产生的脉冲实现了转速的测定。

当点火控制器使初级电路导通时，晶体管VT处于截止状态，电容C_2被充电。其充电电路为蓄电池正极→R_3→C_2→VD_2→蓄电池负极，构成回路。

当点火控制器使初级电路截止时，晶体管VT的基极得到正电位而导通，此时C_2便通过导通的晶体管VT、电流表和VD_1构成放电回路，从而驱动电流表。

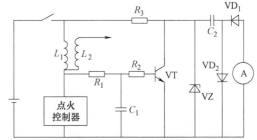

图7-9 桑塔纳轿车电子式发动机转速表电路原理

当发动机工作时，初级电路不断地导通、截止，其导通、截止的次数与发动机转速成正比。所以当初级电路不断地导通、截止时，对电容C_2不断地进行充放电，其放电电流平均值与发动机转速成正比，于是将电流平均值标定成发动机转速即可。

7.2 指示灯系统

7.2.1 机油压力过低警告灯

在一些汽车上，除了装有机油压力表外，还装有机油压力报警装置，其作用是在发动机润滑系统机油压力低于允许值时，点亮警告灯，以提醒驾驶人。机油压力报警装置主要由报警开关和警告灯及其线路组成。膜片式机油压力过低警告灯控制电路如图7-10所示。

压力报警开关的膜片3上侧面承受弹簧片1向下的弹力，下侧面承受润滑油路的压力。

当接通点火开关但未起动发动机时,润滑系统的压力过低,膜片3在弹簧片1的作用下向下移动,弹簧片1使触点2保持在闭合状态,仪表板上的机油压力过低警告灯亮起。发动机起动后,发动机润滑系统主油道内的机油压力上升至正常值时,机油压力推动膜片3向上移动,通过推杆将触点2顶开,警告灯熄灭。在发动机工作时,若出现机油压力过低的情况,触点2在弹簧片1的作用下闭合,使机油压力过低警告灯点亮,以示警告。

7.2.2 燃油量不足警告灯

燃油量不足警告灯用于指示油箱内燃油已快要耗尽,以提醒驾驶人及时加油。燃油量不足警告灯系统由仪表板上的警告灯和安装在油箱内的液面传感器组成。采用热敏电阻式液面传感器的燃油量不足警告灯控制电路如图7-11所示。

当油箱液面高于设定的下限时,负温度系数的热敏电阻浸没在燃油中,热敏电阻通过燃油散热较快而温度较低,其电阻值大,所以电路中电流很小,指示灯不亮。当油箱液面降到设定的下限时,热敏电阻露出液面,通过空气散热较慢而温度升高,其电阻值减小,使电路中电流增大,警告灯亮起,指示油箱中燃油量不足。

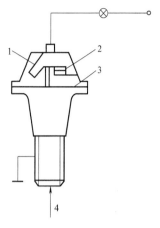

图7-10 膜片式机油压力过低警告灯控制电路
1—弹簧片 2—触点 3—膜片
4—润滑主油道机油压力

7.2.3 制动液不足警告灯

采用液压制动的汽车装有制动液不足警告灯,用于在制动液面低于设定值时报警。制动液不足警告灯控制系统由仪表板上的警告灯和安装在制动液储液罐中的传感器组成,采用舌簧开关式液面传感器的制动液不足警告灯控制电路如图7-12所示。

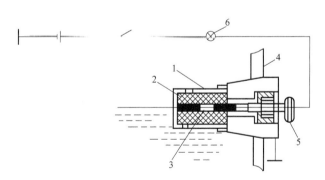

图7-11 燃油量不足警告灯控制电路
1—外壳 2—防爆金属网 3—热敏电阻 4—油箱外壳 5—接线柱 6—燃油量不足警告灯

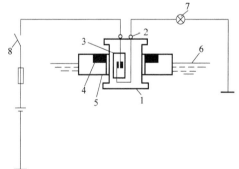

图7-12 制动液不足警告灯控制电路
1—舌簧开关外壳 2—接线柱 3—舌簧开关 4—永久磁铁 5—浮子 6—制动液面 7—制动液不足警告灯 8—点火开关

传感器的主要部件是带永久磁铁的浮子和舌簧开关。在制动液量正常时,固定在浮子上的永久磁铁离传感器壳体内的舌簧开关较远而不能吸合开关,制动液不足警告灯因电路不通而不亮。当浮子随着制动液面下降到设定的下限时,永久磁铁离舌簧开关较近而将舌簧开关吸合。这时若点火开关处于接通状态，制动液不足警告灯就会亮起，以示警告。

7.2.4 冷却液温度过高警告灯

冷却液温度过高警告灯用于发动机过热报警。冷却液温度过高警告灯控制系统由仪表板上的温度警告灯和安装于发动机缸体冷却液道处的温度开关组成，采用双金属片式温度开关的冷却液温度过高警告灯控制电路如图 7-13 所示。

发动机温度低或正常时，温度开关内的双金属片不弯曲或弯曲程度较小，触点处于断开状态，警告灯不亮。当发动机温度达到或超过设定的上限时，温度开关内

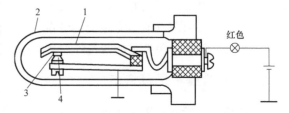

图 7-13 冷却液温度过高警告灯控制电路
1—双金属片　2—壳体　3—动触点　4—静触点

双金属片 1 受热弯曲使触点闭合，接通冷却液温度过高警告灯控制电路，警告灯亮起。

7.2.5 制动系统警告灯

制动系统警告灯有两个作用：①在双管路制动系统中任一管路压力过低时报警，提醒驾驶人及时调整管路压力；②在点火开关接通后，驻车制动仍停放在制动位置时报警，提醒驾驶人在挂档起步前松开驻车制动器。

制动系统警告灯控制电路如图 7-14 所示。差压开关主要由柱塞 4（左、右各一个）、开关触发杆 5、平衡弹簧等组成，并联在双管路制动总泵两制动管路之间。接通点火开关时，若两管路制动压力正常，开关触发杆 5 在平衡弹簧的作用下处于中间位置，警告灯不亮。但若其中任一管路压力下降，且压差达到最大允许值（1MPa）时，开关触发杆 5 就会向一边偏移到接通柱塞 4 的位置，使警告灯点亮。

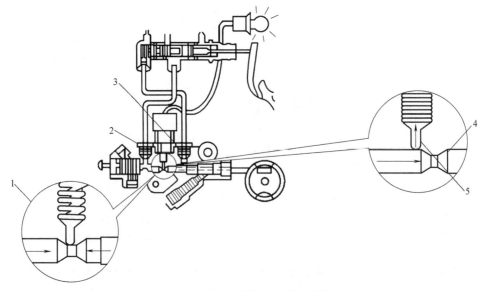

图 7-14 制动系统警告灯控制电路
1—差压开关　2—前制动管路　3—后制动管路　4—柱塞　5—开关触发杆

在制动系统警告灯控制电路中，驻车制动开关与差压开关并联，警告灯通过两个并联的开关与点火开关串联。接通点火开关后，两个并联的开关只要有一个处于接通状态，警告灯就会发亮。接通点火开关时，若驻车制动器仍处于制动位置，则驻车制动开关处于接通状态，警告灯点亮，松开驻车制动器后，警告灯即熄灭。

7.2.6 制动器摩擦片使用极限警告灯

制动器摩擦片使用极限警告灯的作用是提醒驾驶人制动器摩擦片已到使用极限，其控制电路如图 7-15 所示。该系统是在摩擦片的适当位置埋设了一段导线，该导线与电子控制器 3 相连。当接通点火开关后，电子控制器向制动器摩擦片内埋设的导线通电数秒钟进行检查，如果摩擦片已磨损到使用极限厚度而将埋设的导线磨断，电子控制器会使警告灯 2 点亮，以示警告。

7.2.7 制动灯线路故障警告灯

当制动灯的灯丝烧断而不亮时会使制动灯线路故障警告灯亮起，以提醒驾驶人及时排除制动灯不亮故障。舌簧开关式制动灯线路故障警告灯控制电路如图 7-16 所示。

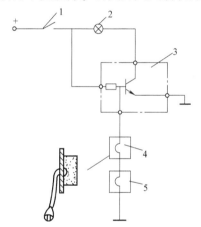

图 7-15 制动器摩擦片使用
极限警告灯控制电路
1—点火开关 2—制动器摩擦片使用极限警告灯
3—电子控制器 4、5—前制动器摩擦片

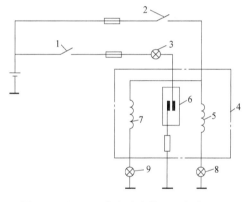

图 7-16 制动灯线路故障警告灯控制电路
1—点火开关 2—制动灯开关 3—制动灯线路故障警告灯 4—制动检测器 5、7—电磁线圈 6—舌簧开关 8、9—制动灯

驾驶人踩下制动踏板时，制动灯开关接通制动灯电路，制动灯亮起。此时舌簧开关两侧的电磁线圈同时通电，产生的电磁力相互抵消，舌簧开关保持在断开位置，警告灯不亮。如果某一侧制动灯因灯丝烧断而不亮，舌簧开关只受单侧电磁线圈通电，其产生的电磁力使舌簧开关闭合，接通警告灯电路，警告灯亮起，以示报警。

7.3 汽车数字式仪表

本章前面所述的组合仪表多为电磁式仪表，电磁式仪表多用于测量电流和电压，加上变换器可以进行多种非电量的测量，如温度、压力等。随着汽车电子技术的不断发展，模拟电路仪表逐渐被数字式仪表取代。

数字式仪表可以显示模拟电路仪表所显示的全部内容，如车速、里程、发动机转速、冷却液温度、油量、转向指示、安全带指示等，还可显示传统仪表所无法显示的内容，如油耗、车辆故障信息、倒车雷达相关信息等，可根据需要选择仪表的显示内容。

7.3.1 汽车数字式仪表的优点及类型

1. 汽车数字式仪表的优点

视频：为什么不用数字显示车速

（1）**指示精度高** 传统仪表的精度不高，在低速区的线性很差。而数字式仪表精度高，数字式车速表在 0~240 的整个示值范围内，其误差小于 1km/h。

（2）**重复性好** 传统的汽车仪表采用动圈式机芯或动磁式机芯，内部有游丝或阻尼油，重复性差。数字式仪表采用步进电动机驱动指针或数字显示，重复性好。

（3）**分度均匀** 由于传统汽车仪表的指针位置是由合成磁场确定的，其线性差，分度不均匀。数字式仪表完全可以实现在整个指示范围内分度均匀一致。

（4）**响应速度快、无抖动** 由于数字式仪表没有阻尼油，其指针响应速度很快，从初始位置零点到指示最大值位置，指针转动时间一般少于 2s。另外，数字式仪表在采用计算机数据滤波等多项技术措施的同时不增加硬件成本，当输入信号恒定时，指针无任何抖动，这是传统汽车仪表难以达到的。

（5）**可靠性有根本改善** 由于取消了针轴、游丝、线包、磁屏蔽罩和机械零件，数字式仪表的故障率很低，几乎可以免维护。

（6）**产品品质的稳定性和可靠性有根本保证** 由于数字式仪表省去了全部机械零件，不存在传统汽车仪表在装配过程中针轴与轴承的间隙不一致、阻尼油阻尼不合适等问题。在装配后基本上不需要再调整，也不需要校表。这不仅大大地简化了装配工艺，而且产品品质易于得到保证。

（7）**通用性好** 对于数字式仪表而言，只要在软件中针对不同车型，将有关参数进行适当修改，而硬件、软件主体结构并不需要进行任何改动，便能满足其要求。可以省去传统汽车仪表对不同车型需要重新设计电路、再调试，进而做可靠性试验等复杂过程，能最大限度地缩短产品开发的时间和节约成本。更重要的是避免了可能出现的技术风险。

2. 汽车数字式仪表的类型

目前应用于各种轿车上的数字式仪表大致可以分为三种类型：

（1）**液晶（LCD）与指针混合数字显示式** 这类数字式仪表是目前各大汽车生产厂应用较多的一种仪表。

（2）**全数字指针显示式仪表** 这类仪表采用数字式电路控制步进电动机，再由步进电动机驱动指针进行显示。

（3）**液晶全数字显示式仪表** 这类仪表主要是采用数字液晶仪表与宽温度范围的模拟指针仪表组合而成的。

7.3.2 汽车数字式仪表的组成

数字式仪表一般由传感器、电子控制单元（ECU）和显示装置组成，其组成框图如

图 7-17 所示。

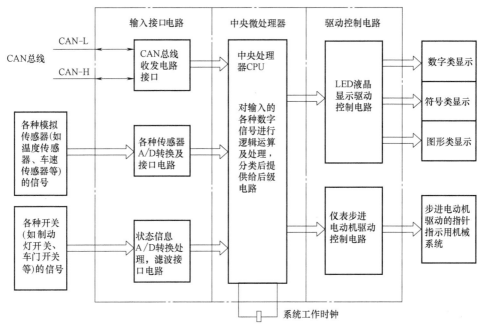

图 7-17 数字式仪表组成框图

1. 传感器

传感器包括温度传感器、车速传感器、油量传感器等，还有各种开关也是作为传感器使用的，如制动灯开关、车门开关、变速器档位开关等。这些传感器的作用是实时地将检测到的车辆各种状态信息提供给电子控制单元（ECU），完成信号的采集功能。

2. 电子控制单元（ECU）

电子控制单元包括输入接口电路、中央微处理器、驱动控制电路等。

（1）**输入接口电路** 输入接口电路包括 A/D 转换器、放大器、滤波器等。

从传感器送出的信号有相当一部分是模拟信号，这些信号不能被微处理器直接处理，需经过相应的 A/D 转换器，将模拟信号转换成数字信号。A/D 转换后的信号往往还要进行放大，故电路中通常还设置了各种放大器、滤波器等，用于对输入的信号做进一步的处理，然后提供给微处理器。

有的车辆上采用了 CAN 总线，故在输入接口电路部分还设置了 CAN 接口电路。其作用是接收汽车上其他电子控制系统检测到的各种车辆状态信息，供仪表主控微处理器进行处理与显示。

为了减少分立元器件的数量，大部分汽车上使用的上述两种输入接口电路被集成在主控微处理器中，由此可以降低故障的发生率。

（2）**中央微处理器** 中央微处理器是电子控制的核心，它能根据需要把各种传感器送来的信号用内存程序和数据进行运算处理，并把处理结果送往驱动控制电路，进行相应功能的显示。微处理器主要由中央处理器（CPU）、存储器、逻辑运算电路等组成，如图 7-18 所示。

中央处理器 CPU 主要由运算器、寄存器、控制器组成，如图 7-19 所示。CPU 的工作是在时钟脉冲发生器的操作下进行的，当微机通电后，时钟脉冲发生器立即产生一连串具有一定频率和脉宽的电压脉冲，使计算机全部工作同步，保证同一时间内完成一定的操作，达到控制系统各部分协调工作的目的。

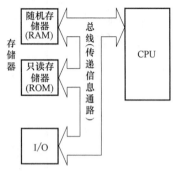

图 7-18　微处理器的组成

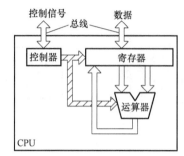

图 7-19　CPU 的组成

存储器的主要功能是存储信息，其一般分为随机存储器（RAM）和只读存储器（ROM）。

随机存储器（RAM）主要用来存储计算机操作时的可变数据，如用来存储计算机的输入、输出数据和计算机产生的中间数据等。当电源切断时，存入 RAM 的数据均完全消失，所以一般 RAM 都通过专用电源后备电路与蓄电池直接连接。但拔掉蓄电池缆线时，数据仍会消失。

只读存储器（ROM）是只能读出的存储器，用来存储固定数据，即存放各种永久性的程序和数据。这些资料一般都是在制造时由厂家一次存入的，新的数据不能存入，电源切断时 ROM 中的信息不会消失。

（3）驱动控制电路　驱动控制电路将微处理器发出的指令转变成控制信号来驱动显示装置工作。

3. 显示装置

显示装置用于在电子控制单元（ECU）的作用下完成对各种功能的显示。汽车数字式仪表的显示方式目前常见的有以下两种：

（1）液晶（LCD）显示方式　这种显示方式采用 LCD 显示屏直接将各种功能用英文字母、数字、符号、图形等形式显示出来，具有直观、醒目等优点，且体积也较小。并且有的车辆上的显示驱动电路被集成在电子控制单元中，做成模块。这样在该模块的外部接上 LCD 显示屏即可，由此也可降低故障率。

（2）指针显示方式　这种显示方式采用数字电路控制步进电动机，由步进电动机驱动指针进行显示。其优点是控制性能好、抗干扰能力强，因此广泛应用于汽车仪表指针的旋转角度控制。汽车的车速、发动机转速、燃油量、发动机冷却液温度等信息大都采用指针显示方式进行指示。

7.3.3　数字式仪表的电子显示器件

汽车数字式仪表的电子显示器件大致可分为发光型和非发光型两大类。发光型显示器主要有发光二极管（LED）、真空荧光管（VFD）、阴极射线管（CRT）、等离子显示器件

（PDP）和电致发光显示器件（ELD）等。非发光型显示器有液晶显示器件（LCD）和电致变色显示器件（ECD）等。其中用得最多的是发光二极管、真空荧光管、液晶显示器件。

1. 发光二极管（LED）

发光二极管（LED）是显示装置中最简单的一种，因此应用也比较广泛。发光二极管的结构如图7-20所示，PN结由特殊材料制成。发光二极管可通过透明的塑料壳体发出红、黄、绿、橙等不同颜色的光，可单独使用一个二极管，也可由若干个二极管组成数字、字母或光条图。发光二极管不仅响应速度快、工作稳定、可靠性高，而且体积小、质量小，常用来作为汽车仪表中的指示灯和显示简单的图形符号。图7-21所示为发光二极管组成的光条显示器。

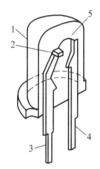 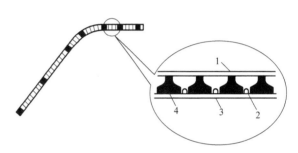

图7-20 发光二极管的结构
1—塑料外壳 2—二极管芯片 3—阴极引线 4—阳极引线 5—导线

图7-21 发光二极管组成的光条显示器
1—漫射器 2—发光二极管 3—印制电路板 4—分隔器

图7-22所示为由七个发光二极管组成的数码显示器。有些仪表则使用发光二极管组成的光点矩阵型显示器，如图7-23所示。

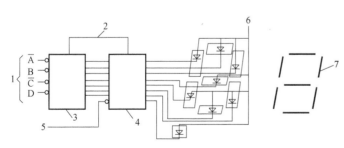 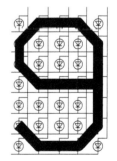

图7-22 发光二极管组成的数码显示器
1—二进制编码输入 2—逻辑电路 3—译码器 4—驱动器 5—小数点 6—发光二极管电源 7—"8"字形

图7-23 发光二极管组成的光点矩阵型显示器

2. 真空荧光管（VFD）

真空荧光管（VFD）实际上是一种低压真空管，它由玻璃、金属等材料构成。真空荧光显示是一种主动显示，其发光原理与电视机中的显像管相似。

图7-24所示为汽车用数字式车速表的真空荧光显示器，此真空荧光显示器可显示三位

数字。其阳极为 20 个字形笔画小段，上面涂有荧光体（或磷光体），各与一个接线柱相接，且笔画内部相互连接，并且接电源正极；其阴极为灯丝，接电源负极；在灯丝与笔画小段（阳极）之间插入格栅，其构造与一段电子管相似。整个装置密封在一个被抽成真空的玻璃罩内。

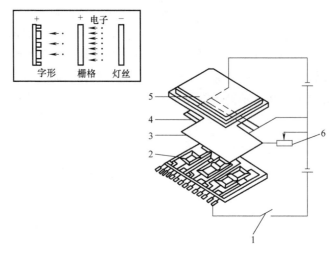

图 7-24　汽车用数字式车速表的真空荧光显示器
1—电子开关（微机控制、能使某些笔画段发光）　2—笔画小段（阳极）
3—栅格　4—灯丝（阴极）　5—玻璃罩　6—变阻器（亮度调节）

真空荧光显示器的工作原理如图 7-25 所示。当电源电压加在阳极（字形）与阴极（灯丝）之间时，阴极（灯丝）有电流通过，灯丝发热，便释放电子。电子被电位较高的格栅吸引，在电场力的作用下，格栅便控制着电子流加热并加速，使其射向阳极（字形）。

玻璃管（罩）内抽成真空，前面装有平板玻璃并配有滤色镜，故能使通过格栅轰击阳极（字形）的电子激发出亮光来，因而能显示出所要看到的内容。

真空荧光管的优点是可靠性高，抵抗恶劣环境的能力强，操作电压低，并且色彩鲜艳，可见度高、立体感强。其缺点是为保持真空荧光管有一定

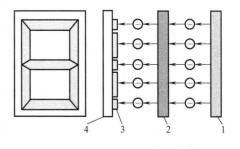

图 7-25　真空荧光显示器的工作原理
1—阴极（灯丝）　2—栅格　3—阳极字形段　4—面板

的强度，必须采用较厚的玻璃外壳，其体积和质量较大。因此做成大型、多功能的真空荧光管，成本较高，故现在大多由一些功能单一、小型的真空荧光管组成汽车数字式仪表。目前大型的真空荧光管已经试制成功，能构成显示汽车车速、发动机转速等信息的彩色显示器。

3. 液晶显示器件（LCD）

液晶是液态晶体的简称，是一种特殊的有机化合物。在一定的温度范围内，它既具有液体的流动性，而其分子排列又类似晶体，具有有序结构倾向，因而具有晶体光学特性。

液晶显示器件（LCD）是一种新型的非发光型平板显示器，其结构如图 7-26 所示。

LCD有前后两块厚约1mm的玻璃基板，基板上涂有透明的导电材料，以形成电极图形，前、后玻璃基板之间注入一层厚5~20μm的液晶，外面贴有垂直偏光镜和水平偏光镜，并将整个显示板完全密封，以防止湿气和氧气侵入。

前偏光镜是垂直偏光镜，后偏光镜是水平偏光镜。液晶显示的数字或光条是透过垂直偏光镜观看的。液晶显示器的工作原理如图7-27所示。

当液晶不加电场时（图7-27a），液晶的分子排列方式可将来自垂直偏光镜的垂直方向的光波旋转90°，变成水平方向的光波，再经水平偏光镜后射到反射镜上，反射后按原路返回，这时透过垂直偏光镜观看液晶时，液晶呈亮的状态。当给液晶加上电场时（图7-27b），液晶分子将重新排列，液晶便不能使光波旋转，通过液晶后仍是垂直方向的光波，不能通过水平偏光镜到达反射镜，

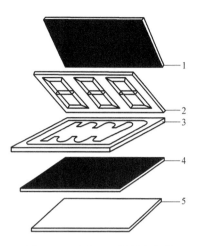

图7-26　液晶显示器件的结构
1—前偏光镜　2—前玻璃板　3—后玻璃板　4—后偏光镜　5—反射镜

这时透过垂直偏光镜观看液晶时，液晶呈暗的状态。这样将液晶制成字符段，分别控制每个字符段的通电状态，即控制哪些字符段呈亮的状态，哪些字符段呈暗的状态，观察者便可在液晶上看到不同的字符，如图7-28所示。

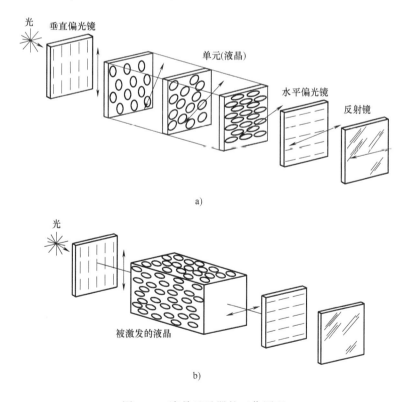

图7-27　液晶显示器的工作原理
a）液晶将垂直光波旋转90°　b）当液晶加上电场且被激发时，将不能使光波旋转

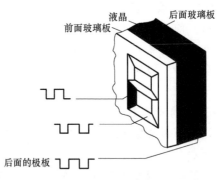

图 7-28 液晶上的字符段分别加上电场

液晶显示器件的优点是：工作电压低，功耗小；显示面积大，示值清晰；通过滤光镜可以显示不同的颜色；工艺简单。缺点是：液晶为非发光型物质，白天靠日光显示，夜间必须使用照明光源；低温条件下灵敏度较低，甚至不能正常工作，需要附加加热电路，改进驱动方式。

7.4 汽车信息抬头显示（HUD）系统

抬头显示（Head Up Display，HUD），又称平视显示系统，是指以驾驶人为中心的风窗玻璃多功能仪表显示。HUD 系统最初应用于战斗机上，最早装备 HUD 系统的是法国的幻影战斗机。

1. 抬头显示系统的作用

车辆在高速行驶时，特别是夜间高速行驶时，驾驶人可能会低头观看仪表显示或观看中控台的音响等显示，此时如果前方遇有紧急情况就有可能因为来不及采取有效措施而造成事故。

为避免这种情况发生，有些高端汽车装备了抬头显示系统，如图 7-29 所示。HUD 系统可以把重要的信息映射在风窗玻璃上的全息半镜上，使驾驶人不必低头，就能看清重要的信息，从而避免分散对前方道路的注意力，而且驾驶人不必在观察远方的道路和近处的仪表之间调节眼睛，可避免眼睛的疲劳，提高汽车的安全性。

2. 抬头显示系统的类型

根据固定形式不同，抬头显示系统可分为悬挂式 HUD 和仪表台式 HUD 两种。悬挂

图 7-29 乘用车抬头显示系统

式 HUD 固定在汽车驾驶人上方的遮阳板上，这样的布置形式就导致了 HUD 信息将会被投影在风窗玻璃的上方区域。而仪表台式 HUD 则是固定在驾驶人前方的中控台上，这样的布置形式就决定了 HUD 信息将会被投影在风窗玻璃的前方区域。两种形式的 HUD 产品各有

优劣：

悬挂式 HUD 的优点在于，产品适配性较高，安装相对简单。而缺点是固定在遮阳板上相对不太稳定，造成投影信息显示不稳定；投影信息位于风窗玻璃靠上的区域，难以实现驾驶人平视。

仪表台式 HUD 的优点在于固定相对稳定，可实现驾驶人平视。但缺点也很明显，数字光处理（DLP）光机的发热较为明显，在中控台上、尤其是夏天，HUD 产品的散热就成为难题，解决难题则需要一定成本。另外，由于不同车型的中控台形状差异较大，仪表台式 HUD 产品的适配性相对悬挂式则要差一些。

HUD 系统严格来说并不是单一的电子系统，其成像依赖光学技术和材料科学技术两个方面，透明的高折射率镀膜是成像的关键。

思 考 题

1. 简述电磁式燃油表的工作原理。
2. 简述冷却液温度表的工作原理。
3. 简述双金属片式机油压力表的工作原理。
4. 电子式车速里程表是如何工作的？
5. 简述冷却液温度过高警告灯的工作原理。
6. 简述膜片式机油压力过低警告灯的工作原理。
7. 简述制动液不足警告灯的工作原理。
8. 简述燃油量不足警告灯的工作原理。
9. 简述汽车数字式仪表的优点。
10. 汽车信息抬头显示（HUD）系统的作用是什么？

第8章 汽车辅助电气装置

汽车辅助电气装置用于提高汽车的安全性、舒适性和实用性。随着人们对汽车使用性能要求的不断提高，汽车上应用的辅助电气装置会越来越多，目前广泛应用的有电动刮水器、雨滴自动感应刮水系统、风窗玻璃洗涤器、风窗玻璃除霜装置、电动车窗、电动座椅、电动后视镜、中控门锁和汽车空调。

8.1 电动刮水器、雨滴自动感应刮水系统与风窗玻璃洗涤器

8.1.1 电动刮水器

电动刮水器的作用是清除前后风窗玻璃上的水、雪及尘埃，保证在不良天气行车时驾驶人仍具有良好的视线。

1. 电动刮水器的基本组成

电动刮水器由刮水电动机、传动机构和刮水片组成，如图8-1所示。传动机构包括蜗轮、蜗杆、拉杆、摆杆、刷架等。刮水电动机是一个微型直流电动机，有励磁式和永磁式两种。永磁式刮水电动机一般采用永磁三刷电动机，电枢上装有三个电刷，其磁极采用铁氧体永久磁铁。由于永磁三刷电动机成本低，使用寿命长，在汽车上得到广泛应用。

微课：电动刮水器结构及工作原理

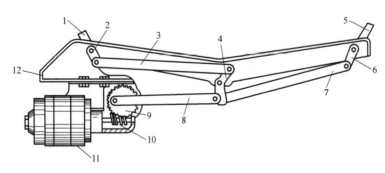

图8-1 电动刮水器

1、5—刷架　2、4、6—摆杆　3、7、8—拉杆
9—蜗轮　10—蜗杆　11—电动机　12—底板

电动机转动时,带动蜗轮蜗杆减速机构,使与蜗轮轴相连的摇臂带动两侧拉杆做往复运动,拉杆则通过摆杆带动左、右刮水片架做往复摆动,安装在刮水片架上的橡胶刮水片便刷去风窗玻璃上的雨水、雪和灰尘。

2. 刮水片的变速控制

汽车上的电动刮水器一般设有两种刮水速度,刮水器的工作速度通过控制直流电动机的转速改变。根据直流电动机工作时的电压电流平衡关系可得到直流电动机的转速公式为

$$n = \frac{U - I_s R}{KZ\Phi} \tag{8-1}$$

式中　n——直流电动机的转速;

　　　U——电压;

　　　I_s——电枢电流;

　　　R——电枢电阻;

　　　K——常数;

　　　Z——电枢绕组匝数;

　　　Φ——磁极磁通量。

由式(8-1)可知,在电压 U 和电枢电流 I_s 基本不变时,通过调节磁极的磁通量 Φ 或改变电枢绕组匝数 Z 均可改变电动机的转速。刮水器基本都采用三刷永磁式直流电动机,其变速原理如图8-2所示。当电刷相隔180°时,电机转子绕组形成对称的两条并联支路,电动机稳定在某一较低转速下运行。当电刷偏置时,电机转子绕组支路上串联的有效绕组匝数减少,因而正、负电刷间的反电动势减小,电枢电流增大,引起电动机的转矩增大,在负载不变的情况下,使电动机获得某一较高的转速。

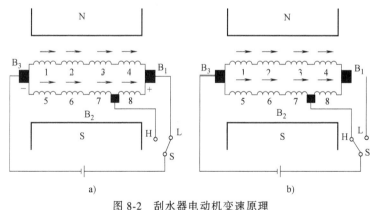

图8-2　刮水器电动机变速原理

a)高速旋转　b)低速旋转

(1) **慢速刮水**　刮水器变速控制电路如图8-3a所示。当接通电源开关1,变速开关12拉到"L"档位置时,电流通路为蓄电池正极→电源开关1→熔断器2→电刷 B_3→电枢绕组10→电刷 B_1→接线柱Ⅱ→接触片→接线柱Ⅲ→搭铁→蓄电池负极。电动机低速运转。

(2) **快速刮水**　当变速开关12拉到"H"档位置时,电流通路为蓄电池正极→电源开关1→熔断器2→电刷 B_3→电枢绕组10→电刷 B_2→接线柱Ⅳ→接触片→接线柱Ⅲ→搭铁→蓄电池负极。电动机快速运转。

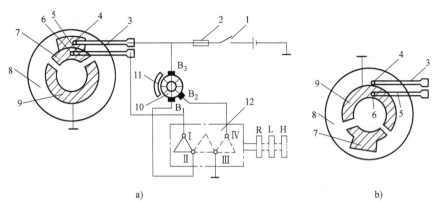

图 8-3 铜环式刮水器的变速控制电路和自动复位装置
a) 变速控制电路　b) 自动复位装置
1—电源开关　2—熔断器　3、5—触点臂　4、6—触点　7、9—铜环
8—减速蜗轮　10—电枢绕组　11—永久磁铁　12—变速开关

3. 电动刮水器的自动复位

为了使刮水器停止工作时，不影响驾驶人的视野，刮水器应具有自动复位装置，保证刮水器始终停在风窗玻璃的下面。

当变速开关 12 推到"关闭"档位置时，如果刮水片未停在风窗玻璃下沿位置，由于触点 6 仍与铜环 9 接触，如图 8-3b 所示，电流继续流经电枢，电流通路为蓄电池正极→电源开关 1→熔断器 2→电刷 B_3→电枢绕组 10→电刷 B_1→接线柱Ⅱ→接触片→接线柱Ⅰ→触点臂 5→铜环 9→搭铁→蓄电池负极，电动机继续转动。当刮水片摆到风窗玻璃下沿时，触点臂 3、5 与铜环 7 接通而短路，如图 8-3a 所示位置，切断电动机电流，刮水器停止运转。

4. 电动刮水器的间歇控制

汽车在蒙蒙细雨或雾天中行驶时，如用刮水器按一般速度进行刮拭，风窗玻璃上的微量水分和灰尘就会形成一个模糊表面，因此不仅不能将风窗玻璃刮拭干净，相反使玻璃模糊不清，留下污斑，影响驾驶人的视线。因此，汽车上都增设了间歇刮水功能。间歇式电动刮水器能使刮水器按一定周期停止和刮拭，即每动作一次停止 3~6s，这样可使驾驶人获得更好的视野。

刮水系统的间歇功能主要靠间歇控制器来实现。图 8-4 所示为奥迪 100 型轿车刮水系统电路原理图，该刮水系统由间歇控制器、刮水器开关、洗涤电动机、刮水电动机等组成。

当接通点火开关后，刮水器开关置于间歇档（Ⅰ档）时，电源经熔断器、刮水器开关 53a 端、刮水器开关内部间歇档（Ⅰ档）接入间歇控制器"Ⅰ"端，C_1 被充电。C_1 的充电电路为+12V→熔断器→刮水器开关 53a→间歇档（Ⅰ档）→间歇控制器"Ⅰ"端→R_9→R_2→C_1→VD_2→VT_1 的基极、发射极→搭铁→蓄电池负极。此时 C 点的电位为 1.6V，B 点的电位为 5.6V，C_1 两端有 4V 的电位差。

C_1 充电时，其充电电流为晶体管提供偏流，使晶体管导通，接通了继电器线圈的电路，继电器的常开触点 K_1 闭合，K_2 打开，电流通路为 K_1→53e→刮水器开关 53e 端→间歇档（Ⅰ档）→刮水器开关 53 端→刮水电动机 53 端→刮水电动机的电枢→搭铁，使刮水电动机慢速旋转，刮水器开始工作。当刮水片往返一次又回到风窗玻璃最下沿位置，刮水电动机也

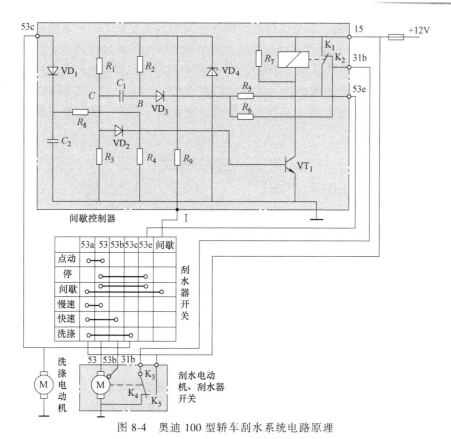

图 8-4 奥迪 100 型轿车刮水系统电路原理

旋转至自动复位时，K_3、K_4 接通，使间歇控制器的 31b 端搭铁，为 C_1 放电提供了通路。

C_1 放电回路有两条，一条经 R_1、R_2 放电，另一条经 VD_3、R_6、31b、电机自动复位触点 K_3、K_4 搭铁而放电。放电瞬间 B 点电压突然降到 2.8V，由于 C_1 原有 4V 电位差，C 点电位降为 $-1.2V$，晶体管 VT_1 的基极电位翻转为低电平，于是晶体管截止，切断了继电器线圈的电路，则其常开触点 K_1 又断开，常闭触点 K_2 又闭合，恢复到自然状态时的 31b 与 53c 接通，将电阻 R_5、R_6 并联，加速 C_1 放电，为 C_1 的再充电做准备。随着 C_1 放电时间的增加，C 点电位逐渐升高，当 C 点电位接近 2V 时，晶体管又导通，C_1 又恢复为充电状态。

可见，接通点火开关后，只要刮水器开关置于间歇档，电源便接入间歇控制器的"I"端，C_1 就会不间断地充、放电，晶体管就会导通、截止反复翻转，使继电器反复接通与断开，如此形成了间歇刮水的工作状态，直到断开刮水器开关。

8.1.2 雨滴自动感应刮水系统

雨滴自动感应刮水系统主要由雨滴传感器、控制器、刮水电动机等组成。雨滴传感器用于检测雨量大小，并利用控制器对检测出的信号进行变换，根据变换后的信号自动地按雨量设定刮水器的间歇时间，以便随时控制刮水电动机，确保行车的前方视野。

视频：BMW1
系刮水系统

1. 雨滴传感器

雨滴传感器主要有压电式雨滴传感器、静电电容式雨滴传感器、光感式雨滴传感器等几种。

(1) **压电式雨滴传感器** 压电式雨滴传感器是利用其压电振子的压电效应,将机械位移(振动)变成电信号,然后根据雨滴冲击能量的大小转变的电压波形对其他元件进行控制。而且根据电压波形的变化,可以得到雨量的大小,从而对汽车刮水器等进行更为准确的控制。

如图 8-5 所示,压电式雨滴传感器主要由阻尼橡胶、压电元件、不锈钢振动板、上盖、混合集成电路、电容器、密封条、下盖、电路板、密封套、套管、线束等一系列元件构成。

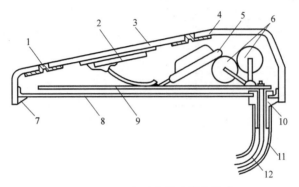

图 8-5 压电式雨滴传感器的构成

1—阻尼橡胶 2—压电元件 3—不锈钢振动板 4—上盖(不锈钢) 5—混合集成电路
6—电容器 7—密封条 8—下盖 9—电路板 10—密封套 11—套管 12—线束

振动板的作用是接收雨滴冲击能量,按自身固有的振动频率进行弯曲振动,并将振动传递给内侧压电元件。当压电元件接收到从振动板传递来的振动而出现机械变形时,在两侧的电极上就会产生电压,电压大小与加到板上的雨滴的能量成正比,一般是 0.5~300mV。放大器将压电元件上产生的电压信号放大后再输入刮水器放大器中,如图 8-6 所示。

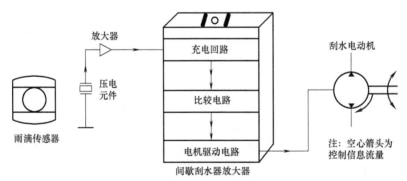

图 8-6 压电式雨滴传感器间歇刮水器系统

(2) **静电电容式雨滴传感器** 电容器的电容 C 与介电常数、电容器两极板的正对面积及电容器两极板之间的距离有关。即

$$C = \frac{\varepsilon S}{4\pi k d}$$

式中 ε——介电常数,每一种材料都有自己的介电常数;
S——电容器两极板的正对面积;
k——常数;
d——电容器两极板之间的距离。

如果两极板的正对面积 S，两极板之间的距离 d 不变，则电容 C 只由介电常数 ε 决定。图 8-7 所示为静电电容式雨滴传感器示意图，因空气和水的介电常数 ε 值不同，C 随雨滴的大小而变，利用静电电容的变化，改变振荡电路的振荡频率，从而控制刮水器的动作。

（3）光感式雨滴传感器 光感式雨滴传感器应用了光学原理，在光线射在两种介质分界面上时，当一部分光线射入另外一种介质时，光线的传播方向发生改变，称为折射。在第二种介质中折射光线和分界面法线的夹角称为折射角。入射角 i 和折射角 r 有下述关系：

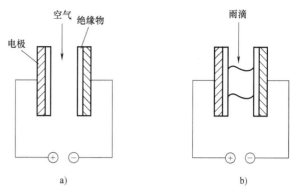

图 8-7 静电电容式雨滴传感器示意图
a）干燥时 b）下雨时

$$\frac{\sin i}{\sin r} = n_{21}$$

式中 n_{21}——第二种介质对第一种介质的相对折射率。

光感式雨滴传感器由红外光发光二极管和光电二极管等组成，如图 8-8 所示。红外光源发射器将红外光以固定的角度投射到风窗玻璃上，经由风窗玻璃、棱镜反射回红外光源接收器。在风窗玻璃干燥且足够清晰的情况下，红外光源接收器收到的红外线总量与红外光源发出的红外线总量基本相等，如图 8-8a 所示；当有雨滴落在风窗玻璃上时，部分红外线会因为雨滴的折射而分散到外部，导致红外光源接收器接收到的光量小于红外光源发出的红外线总量，如图 8-8b 所示。光电二极管接收红外线光，雨滴传感器中的微型计算机根据反射率计算降雨量，并将此转换成电信号，然后将风窗玻璃刮水控制信号输入刮水器控制模块，从而控制刮水器的动作。

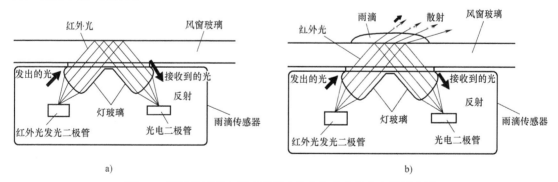

图 8-8 雨滴传感器红外光发射电路和红外光接收电路原理图
a）红外光检测风窗玻璃干燥 b）红外光检测风窗玻璃上有雨滴

2. 雨滴传感器在汽车上的应用

压电式雨滴传感器和静电电容式雨滴传感器在汽车上应用时都需要安装在前风窗玻璃外面，因此，汽车上应用较多的是光感式雨滴传感器。光感式雨滴传感器安装在前风窗玻璃内侧能够被刮水器扫描到的地方。

光感式雨滴传感器利用光学原理来间接检测雨滴的大小和多少，其工作原理示意图如图8-9所示，雨滴传感器上一共有三个发光强度传感器和一个发光二极管。其中，S_1为测量近光的环境发光强度传感器；S_2为测量前方光线（远光）的发光强度传感器；S_3为测量雨滴的发光强度传感器；S_4为发光二极管，与S_3配合工作测量车辆前风窗玻璃上的雨滴密度。当玻璃上没有雨滴时，由S_4发出的大部分光都折射出风窗玻璃，反射回来被S_3接收的发光强度很小；当玻璃上雨滴较多时，被风窗玻璃反射回来由S_3接收的发光强度增加，于是传感器输出发生变化。

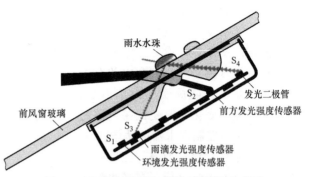

图8-9 光感式雨滴传感器工作原理示意图

通过雨滴传感器可以实现在有雨时刮水器的自动运动，并且根据雨滴强弱和雨量的大小对刮水器的速度进行自动调节，大大简化了驾驶人的操作，提高了安全性。雨滴传感器除了在自动刮水器控制系统中应用外，在前照灯自动控制、远光灯自动控制和自动天窗控制等系统中也发挥着重要作用。例如，有的车辆检测到环境很暗时（过隧道），可以自动开启车辆的前照灯；检测到对向来车的强烈灯光时（会车），可以自动关闭远光灯，开启近光灯；汽车天窗检测到第一滴雨后，迅速地做出反应，关闭天窗，较大提高舒适性。

3. 雨滴自动感应刮水系统的使用及保养

因为雨滴自动感应系统具有保护刮水器刮臂和刮水片的特性，所以在下列条件下感应系统将不工作：

（1）低温刮水器抑制 当点火开关第一次转到"ON"，车辆不动，且车外温度低于0℃时，雨滴自动感应系统不工作。

（2）空档刮水器抑制 当点火开关在"ON"位置，变速杆在N位，且车速低于8km/h时，雨滴自动感应系统不工作。

雨滴自动感应刮水系统的保养与普通刮水系统并没有区别，并且智能型无骨刮水系统可大大降低抖动磨损，加之具有受力均匀、防日晒、质量更小等优点，刮水电动机和刮水片的寿命比传统刮水系统更长，更加经济、可靠。

8.1.3 风窗玻璃洗涤器

在干燥的天气情况下，风窗玻璃上的灰尘及污物需要利用风窗玻璃洗涤器来冲洗。风窗玻璃洗涤器的结构组成如图8-10所示，其主要由洗涤液储液罐、电动洗涤泵、软管、三通接头和喷嘴等部件组成。

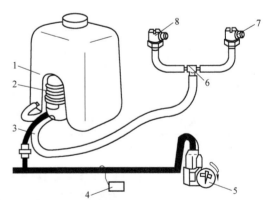

图8-10 风窗玻璃洗涤器的结构组成
1—储液罐 2—洗涤泵 3—软管 4—熔断器
5—刮水器开关 6—三通接头 7、8—喷嘴

风窗玻璃的清洗应遵守一定的顺序：先打开风窗玻璃洗涤器的开关，等洗涤液由喷嘴喷洒到风窗玻璃的上部，使风窗玻璃湿润后，再起动刮水器。应注意洗涤泵连续工作的时间不得超过 5s，使用间歇时间不得少于 10s。无洗涤液时，不能开起电动洗涤泵。

8.2 风窗玻璃除霜装置

当环境温度低于 0℃ 时，空气中的水蒸气在风窗玻璃上很容易结霜，从而影响驾驶人的视野。因此有必要在汽车上配置除霜装置。

在装有空调的汽车上，除霜装置的热源来源于空调的暖气。通过风扇将暖风吹到风窗玻璃上，以防止结霜。

对后风窗玻璃通常采用电热除霜装置，如图 8-11 所示。在风窗玻璃内表面间隔地镀有数条很窄的导电膜，接通电路后，即可对风窗玻璃进行加热。

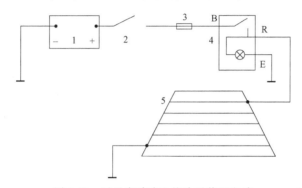

图 8-11 后风窗玻璃电热除霜装置电路
1—蓄电池 2—点火开关 3—熔断器 4—除霜器开关及指示灯 5—除霜器（电热丝）

一种除霜时间可自动控制的后风窗玻璃除霜装置控制电路如图 8-12 所示。需要除霜时，

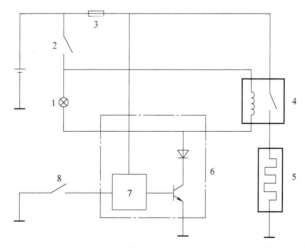

图 8-12 除霜时间可自动控制的后风窗玻璃除霜装置控制电路
1—除霜指示灯 2—点火开关 3—熔断器 4—除霜继电器 5—除霜器（电热丝）
6—控制器 7—延时电路 8—除霜开关

接通除霜开关8，控制器6便接通后风窗玻璃除霜继电器线圈电路，使继电器触点闭合，后风窗玻璃上的除霜器电热丝通电发热而使附于后风窗玻璃上的霜雪受热蒸发。除霜器中的延时电路使继电器保持通电10~20min后断电，使除霜器自动停止工作。如果仍需要继续除霜，可再次接通除霜开关。

8.3 电动辅助装置

8.3.1 电动车窗

1. 电动车窗的组成与类型

电动车窗主要由车窗玻璃、车窗玻璃升降器、驱动电动机和控制开关等部件组成。为操纵方便，电动车窗有两套控制开关，一套分布在汽车仪表台上，由驾驶人控制；一套分布在对应的车窗上，方便乘员的使用。

桑塔纳轿车电动车窗玻璃升降器的结构如图8-13所示，电动车窗的驱动电动机为双向直流电动机。

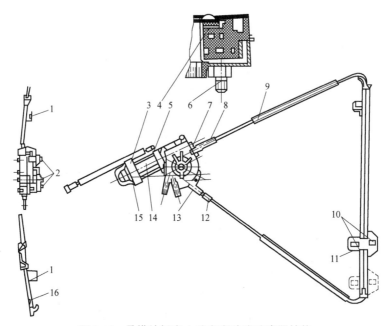

图8-13 桑塔纳轿车电动车窗玻璃升降器结构
1—支架安装位置 2—电动机安装位置 3—固定架 4—联轴缓冲器 5—电动机 6—绳索卷筒
7—盖板 8—调整弹簧 9—绳索 10—车窗玻璃安装位置 11—滑动支架
12—弹簧套筒 13—安装缓冲器 14—铭牌 15—均压孔 16—支架

当电动机正向或反向接通电源后，电动机正向或反向运转，经蜗轮蜗杆减速后，再由联轴缓冲器驱动绳索卷筒，钢丝绳索拉动车窗玻璃支架在导轨中上下移动，实现车窗玻璃的上下移动。

电动车窗所用的双向直流电动机有永磁式和双绕组串励式两种。不同车型所采用的电动车窗的电动机及其控制电路各不相同，轿车电动车窗的驱动电动机广泛采用双向永磁式直流电动机。

2. 电动车窗的控制电路

一种电动车窗的控制电路如图 8-14 所示。

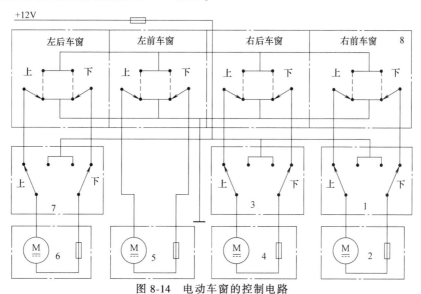

图 8-14 电动车窗的控制电路

1—右前车窗开关 2—右前车窗电动机 3—右后车窗开关 4—右后车窗电动机
5—左前车窗电动机 6—左后车窗电动机 7—右前车窗开关 8—驾驶人主控开关组件

驾驶人主控开关控制左后车窗上升时的电流方向如图 8-15 所示。独立操作开关控制左后车窗下降时的电流方向如图 8-16 所示。

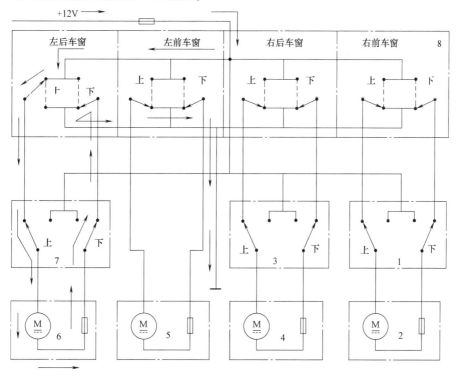

图 8-15 驾驶人主控开关控制左后车窗上升时的电流方向

图 8-16 独立操作开关控制左后车窗下降时的电流方向

8.3.2 电动座椅

1. 电动座椅的组成

电动座椅主要由电动机、座椅调整机构、控制开关等组成。电动座椅多采用永磁式双向直流电动机,为防止电动机过载,电动机内一般都装有断路器。由于座椅的类型不同,一般一个座椅可装 2 个、3 个、4 个或 6 个电动机。装有 4 个电动机的电动座椅调节示意图如图 8-17 所示。

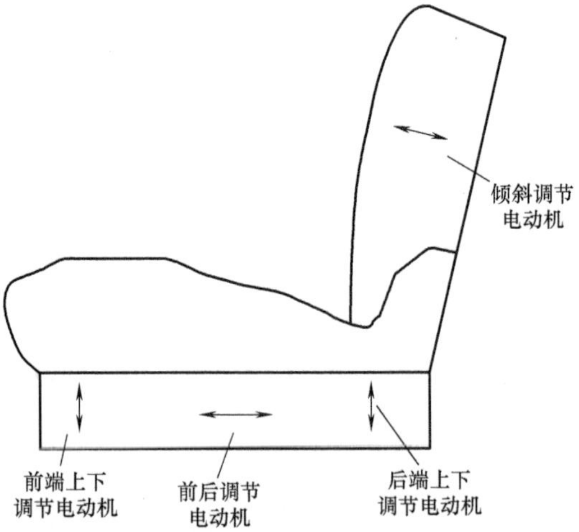

座椅调整机构的作用是把电动机的旋转运动转变成座椅的上下、前后移动或靠背的倾斜摆动。蜗轮蜗杆机构是其核心部件,它具有较大的传动比且自锁性能良好。

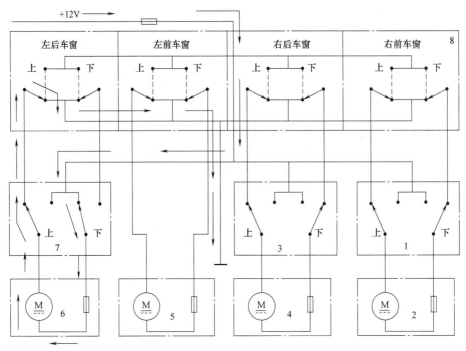

图 8-17 装有 4 个电动机的电动座椅调节示意图

2. 电动座椅控制电路

帕萨特 B5 轿车的驾驶人座椅和乘员座椅都配置有八向可调电动座椅,其控制电路如图 8-18 所示。

3. 具有存储功能的电动座椅

将电动座椅与车载计算机结合在一起,就可增加座椅的记忆功能,对座椅设定的信息参数实现智能化管理。例如,前者调好的座椅状态,后者使用时为确保舒适进行重新调整,这

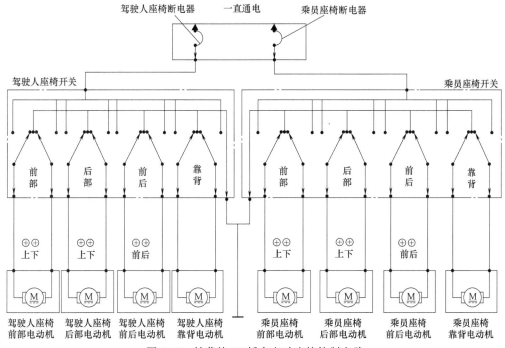

图 8-18 帕萨特 B5 轿车电动座椅控制电路

时存储控制单元会将前者的调节参数进行保存,当前者重新乘坐时,只需要按动一个按钮,便可轻松获得以前存储的适合个人需要的设定。座椅一般可存储 2~4 组参数。具有存储功能的电动座椅系统原理如图 8-19 所示。

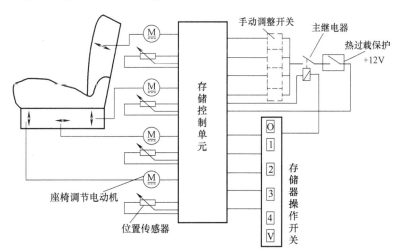

图 8-19 具有存储功能的电动座椅系统原理

视频:迈腾多功能电动座椅

8.3.3 电动后视镜

1. 电动后视镜的组成

电动后视镜便于驾驶人坐在车内随时对左右后视镜的角度进行调节。电动后视镜主要由调整开关、永磁式电动机、传动和执行机构组成。后视镜的背后装有两套永磁式电动机和驱动器,可操纵后视镜上下及左右转动。上下方向的转动用一个电动机控制,左右方向的转动用另一个电动机控制。通过改变电动机的电流方向,就可完成对后视镜的上下左右方向的调整。有的电动后视镜还带有伸缩功能,由伸缩开关控制伸缩电动机的工作,使两个后视镜整体回转伸出或缩回,使汽车能够获得最大的驻车间隙,通过尽可能狭窄的路段。

2. 电动后视镜的控制电路

桑塔纳2000型轿车电动后视镜控制电路如图8-20所示。

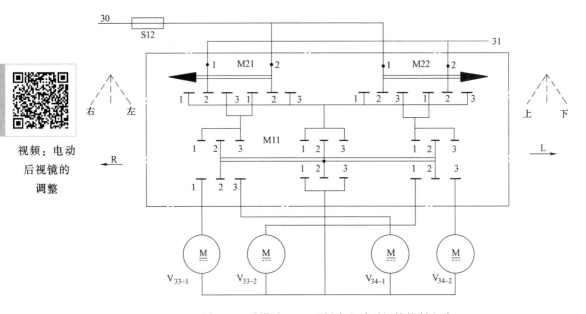

图 8-20 桑塔纳2000型轿车电动后视镜控制电路

8.3.4 中控门锁

1. 中控门锁的组成

现代轿车多数都选装了中控门锁。当驾驶人用锁扣或钥匙锁定左前门时,其他三个车门及行李舱门也同时被锁定,打开时可单独打开左前车门,也可同时打开所有车门及行李舱门。

中控门锁一般由门锁执行器(闭锁器)、连杆操纵机构、控制器和控制开关等组成,如图8-21所示。

2. 门锁执行器

门锁执行器用于拨动车门门锁装置的锁扣,使门开锁或闭锁,常用的有电磁式和直流电动机式两种。双电磁线圈电动门锁执行器的结构如图8-22所示,分别对闭锁线圈和开锁线圈进行通电即可使门闭锁和开锁。直流电动机式门锁执行器的结构如图8-23所示,它由双向永磁电动机及齿轮和齿条等组成,电动机旋转带动齿条伸出或缩回,完成开锁或闭锁动作。

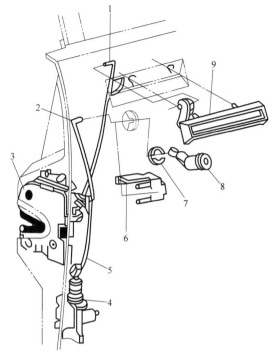

图 8-21 中控门锁系统的组成

1—外门锁手把至门锁连杆 2—锁芯至门锁连杆 3—门锁总成 4—门锁电动机
5—电动机至门锁连杆 6—锁芯定位架 7—垫圈 8—锁芯 9—外门锁手把

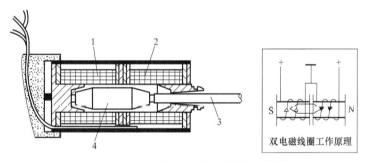

图 8-22 双电磁线圈电动门锁执行器结构

1—闭锁线圈 2—开锁线圈 3—门锁机构连接杆 4—衔铁

3. 中控门锁控制电路

桑塔纳 2000 型轿车中控门锁控制电路如图 8-24 所示。其采用电动机式门锁执行器,工作原理如下:将左前门门锁提钮压下,门锁控制开关第 2 位触点接通。由于提钮压下过程中,集控开关附带的控制触点 S 已被短暂闭合过,故左前侧集控门锁控制器 J_{53} 已使其触点闭合。这时 A 路电源经熔断器,并通过闭合的触点及门锁控制开关第 2 掷第 2 位加至中控门锁内部电源线 P_2,与此同时,电源的负极经门锁控制开关第 1 掷第 2 位加至中控门锁内部电源线 P_1。门锁电动机 V_{30}、V_{31} 和 V_{32} 反转,带动各门锁闭锁。1~2s 后,J_{53} 控制其已闭合的触点断开,从而切断了为门锁电动机供电的 A 路电源,电动机停转,并一直保持此状态。

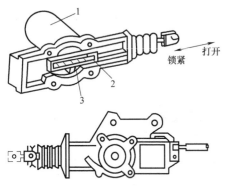

图 8-23 直流电动机式门锁执行器结构
1—电动机 2—齿条门线圈 3—小齿轮

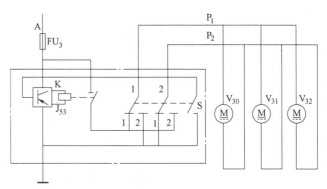

图 8-24 桑塔纳 2000 型轿车中控门锁控制电路

若将左前门门锁提钮拔起，门锁控制开关第 2 位触点被断开，第 1 位触点闭合。在这一过程中，集控开关附带的控制触点 S 又被短暂闭合，从而使 J_{53} 的触点再次闭合 1~2s。这时 A 路电源经 J_{53} 的闭合触点和门锁控制开关第 1 掷第 1 位加至内部电源线 P_1，而电源的负极经门锁控制开关第 2 掷第 1 位加至内部电源线 P_2。内部电源的供电电压极性改变，门锁电动机 V_{30}、V_{31} 和 V_{32} 正转，带动各自的门锁开启。1~2s 后，J_{53} 控制其已闭合的触点断开，门锁电动机停转。

门锁的闭锁与开锁有两种方式可供选择：一种方式是独立地按下或提起右前、右后和左后车门上的门锁提钮，分别闭锁或开锁这三个车门的门锁；另一种方式是通过设在左前门上的门锁提钮或门锁钥匙对四个车门门锁的闭锁和开锁进行集中控制。为此，右前、右后和左后门各自采用手动和电动机驱动同步联动的门锁闭锁与开锁装置。左前门的门锁只有通过钥匙（车外钥匙）和提钮（车内锁门）手动进行闭锁和开锁操作。但门锁操纵机构通过一个联动的连杆同步带动一个集控开关，通过该开关可以同时控制其他车门的闭锁与开锁机构，对各自的车门门锁进行集中操纵。

8.4 汽车空调

8.4.1 汽车空调的基本组成和类型

汽车空调系统一般由冷气装置、采暖装置、通风换气装置和空气净化装置四部分组成。

冷气装置用于在温度较高的夏季对车厢内的空气进行降温保湿；采暖装置用于在温度较低时为车厢内提供暖气及用于风窗玻璃的除霜除雾等；通风换气装置定时将车内空气与车外空气进行循环，以保证车厢内空气的清新；空气净化装置可以除去车厢内的异味、尘埃等。

汽车空调根据其驱动形式分为独立式和非独立式两类。独立式空调的压缩机由一台专用的发动机驱动，它不受汽车整体运行情况的影响，运行平稳，功率较大，主要应用在一些大、中型客车上；而非独立式空调的压缩机由汽车发动机直接驱动，其特点是压缩机的运行情况受发动机运行工况的影响，功率较小，主要应用在一些小型客车和轿车上。

汽车空调根据其功能可以分为单一功能型和冷暖一体型。单一功能型是指将制冷系统、暖风系统、通风系统各自独立安装，独立操作，一般应用在大型客车和载货汽车上；冷暖一体型是指制冷、采暖和通风共用一台鼓风机,共用一套风道送风口,冷风、暖风和通风在同一块控制板上控制。

8.4.2 汽车空调制冷循环工作过程

汽车空调制冷循环系统主要由压缩机、电磁离合器、冷凝器、储液干燥器、膨胀阀和蒸发器等部件组成。各部件之间的连接管路一般为耐压金属管道或耐压耐氟的橡胶软管。

传统的汽车空调制冷剂为 R-12(氟利昂 12),为克服氟利昂对大气臭氧层的破坏,现代汽车空调普遍采用 R134a 无氟制冷剂。汽车空调制冷系统的组成如图 8-25 所示,制冷循环的工作原理如下。

(1) **压缩过程** 发动机运转时,通过曲轴带轮驱动空调压缩机运转,将低温低压的制冷剂蒸气从蒸发器中吸入,并加压成高温高压的蒸气输入冷凝器。

(2) **放热过程** 冷凝器中高温高压的蒸气,在冷却液和散热风扇的作用下,将热量散发到空气中,使制冷剂冷凝变成高压液态。

(3) **节流膨胀过程** 高压液态制冷剂经膨胀阀节流后进入蒸发器膨胀成气体,压力和温度下降。

(4) **吸热制冷过程** 蒸发器中的制冷剂在蒸发过程中从周围的空气中吸收大量的热量,使周围的空气得到冷却,用鼓风机将空气经蒸发器吹入乘员舱,得到凉爽的冷风。

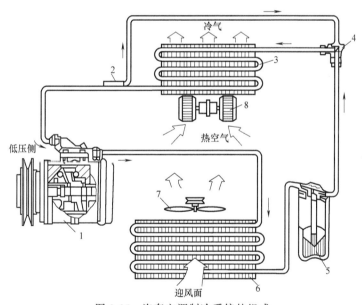

图 8-25 汽车空调制冷系统的组成

1—压缩机 2—感温包 3—蒸发器 4—膨胀阀 5—储液干燥器 6—冷凝器 7—发动机散热风扇 8—鼓风机

8.4.3 汽车空调制冷系统结构部件

1. 压缩机

桑塔纳轿车空调系统所采用的空调压缩机的结构如图 8-26 所示,压缩机内部有 5 个气缸,均布在缸体圆周上。当发动机工作时,空调开关闭合,电磁离合器结合,压缩机在发动机的驱动下运转。压缩机内部的斜盘和压缩机轴固定在一起,因此斜盘的旋转通过连杆驱动活塞做往复轴向运动。在吸气过程中,低温低压的制冷剂蒸气被吸入气缸;在压缩过程中,低温低压的制冷剂蒸气被压缩成高温高压的制冷剂蒸气。

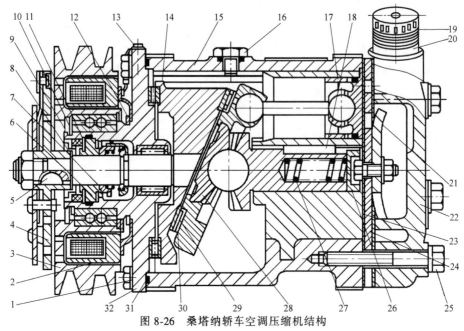

图8-26 桑塔纳轿车空调压缩机结构

1—前盖紧固螺栓 2—电磁离合器线圈总成 3—驱动带轮 4—吸盘 5—半圆键 6—轴封颈环 7—密封件 8—弹性垫圈 9—油毡密封器 10—卡簧挡圈 11—孔用弹性挡圈 12—轴用弹性挡圈 13—导线夹固定螺钉 14—连接管 15—气缸体 16—注油螺栓 17—活塞 18—平键 19—吸气口护帽 20—排气口护帽 21—垫片 22—气缸盖 23—气缸垫 24—阀板 25—后盖紧固螺栓 26—调节螺栓 27—弹簧 28—行星盘 29—推力片 30—推力轴承 31—密封圈 32—前缸盖

2. 电磁离合器

电磁离合器的作用是根据需要接通或切断输入压缩机的动力。它是汽车空调控制系统中的重要控制部件之一,其结构如图8-27所示。电磁离合器主要由带轮、电磁线圈、盘状衔铁和轴承等组成。

当电磁线圈没有通电时,盘状衔铁与带轮分离,带轮在压缩机驱动轴上空转,压缩机不工作;当电磁线圈通电时,产生的电磁吸力吸引盘状衔铁,动力经带轮、盘状衔铁传递给压缩机驱动轴,驱动压缩机工作。

3. 冷凝器

桑塔纳轿车的空调系统采用铝制管片式冷凝器,安装在发动机散热器前面。其作用是将从压缩机出来的高温高压的制冷剂蒸气冷凝成高温高压的制冷剂液体。

4. 储液干燥器

储液干燥器的结构如图8-28所示,在储液干燥器上设有高压开关、低压开关、易熔塞和检视孔。

储液干燥器的作用是在液态制冷剂流过时,除去其中的水分和杂质。当含有蒸气的液态制冷剂进入储液干燥器后,液态和气态的制冷剂分离。液态制冷剂通过膨胀阀进入蒸发器,

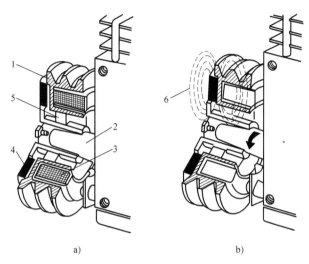

图 8-27 电磁离合器结构
a) 电磁离合器分离 b) 电磁离合器结合
1—带轮 2—压缩机驱动轴 3—电磁线圈 4—盘状衔铁 5—轴承 6—磁场

多余的制冷剂可以暂时储存在储液干燥器中。干燥剂用于吸收制冷剂中的水分,以防止器件被腐蚀或因结冰堵塞膨胀阀。滤网的作用是过滤掉制冷剂中的杂质,防止膨胀阀堵塞。

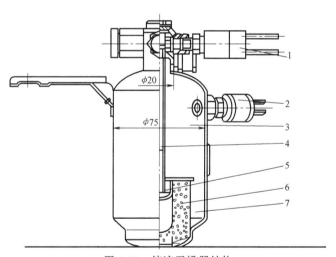

图 8-28 储液干燥器结构
1—高压开关 2—低压开关 3—储液罐上体 4—储液罐 5—滤网 6—干燥剂 7—储液罐下体

高压开关控制散热风扇的高速档。当制冷系统压力高于 1447.9kPa 时,高压开关接通,散热风扇继电器线圈通电,触点闭合,接通风扇电动机高速档电路,风扇电动机高速转动;当制冷系统压力低于 1206.6kPa 时,高压开关断开,风扇电动机高速档电路切断,电动机低速转动,低压开关控制空调系统工作状态。当制冷系统压力高于 300kPa 时,低压开关接通,空调系统正常工作;当制冷系统压力等于或低于 200kPa 时,低压开关断开,空调系统停止工作。

5. 膨胀阀

桑塔纳轿车空调系统采用的膨胀阀主要由感温包、毛细管、膜片、弹簧与调节螺钉等组

成,安装在蒸发器入口处。其作用是随车内热负荷的变化自动调节制冷剂流量,同时起到节流膨胀作用,将储液干燥器输送的高温高压的液态制冷剂转变为低温低压的雾状制冷剂送入蒸发器。

6. 蒸发器

桑塔纳轿车空调系统的蒸发器为铝板带式蒸发器,其功能是吸收汽车内部的热量,调节空气温度。当液态制冷剂经膨胀阀节流降压变成低压的雾状制冷剂后,立即在蒸发器内沸腾或蒸发,制冷剂的汽化将会吸收热量,使蒸发器周围温度降低。

8.4.4 汽车空调系统控制电路

桑塔纳轿车空调系统控制电路如图 8-29 所示,主要由电源电路、电磁离合器控制电路、鼓风机控制电路和冷凝器冷却风扇控制电路等主要电路组成。

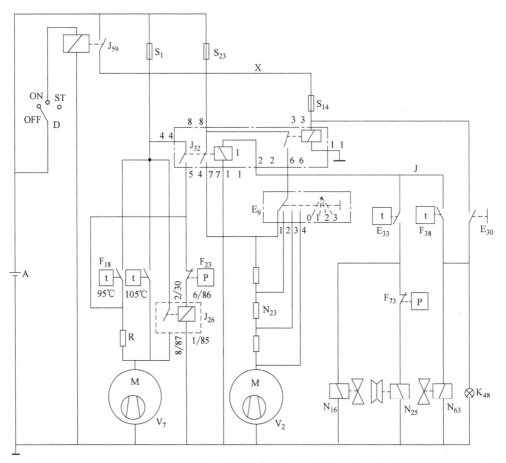

图 8-29 桑塔纳轿车空调系统控制电路

A—蓄电池 D—点火开关 J_{59}—减荷继电器 S_1、S_{14}、S_{23}—熔断器 J_{32}—空调主继电器 E_9—鼓风机开关
E_{33}—蒸发器温控器 F_{38}—环境温度开关 E_{30}—空调 A/C 开关 F_{18}—冷凝器冷却风扇温控开关
F_{23}—高压开关(1.5MPa) J_{26}—冷凝器冷却风扇继电器 N_{23}—鼓风机调速电阻 F_{73}—低压开关(0.2MPa)
V_7—冷凝器冷却风扇电动机 V_2—鼓风机电动机 N_{16}—怠速提升电磁阀 N_{25}—电磁离合器
N_{63}—新鲜空气翻板电磁阀 K_{48}—空调 A/C 开关指示灯

夏季需要获得冷气时必须接通空调 A/C 开关 E_{30}，电流从蓄电池正极经减荷继电器 J_{59} 的触点、熔断器 S_{14}、空调 A/C 开关 E_{30} 后分为三路：第一路经空调 A/C 开关指示灯 K_{48} 构成回路，指示灯 K_{48} 点亮表示空调 A/C 开关接通；第二路经新鲜空气翻板电磁阀 N_{63} 构成回路，使该阀动作以接通新鲜空气翻板真空促动器的真空通路，使鼓风机通过蒸发器总成的空气通道进风；第三路经环境温度开关 F_{38} 后又分为两路，一路到蒸发器温控器 E_{33}，由 E_{33} 控制电磁离合器 N_{25} 和急速提升电磁阀 N_{16} 的供电，只有当蒸发器温度高于设定温度时，蒸发器温控器 E_{33} 触点接通，电磁离合器电路接通，压缩机才能运转制冷，同时，急速提升电磁阀 N_{16} 动作而使发动机以较高转速运转以有足够的动力驱动压缩机工作。若蒸发器温度低于设定温度，蒸发器温控器 E_{33} 触点断开，压缩机将停止运转，同时急速提升电磁阀 N_{16} 断电，急速提升装置不起作用。低压开关 F_{73} 串联在蒸发器温控器 E_{33} 和电磁离合器 N_{25} 之间的电路上，当严重缺少制冷剂而使系统高压侧压力低于 0.2MPa 时，低压开关 F_{73} 触点断开，压缩机将无法运转。经过环境温度开关 F_{38} 后的另一路电流则进入主继电器 J_{32} 中的 1 号继电器后形成回路，使其两对触点吸合，其中一对触点用于控制冷凝器冷却风扇继电器 J_{26}，另一对触点则用于控制鼓风机电动机 V_2。高压开关 F_{23} 串联在继电器 J_{26} 和主继电器 J_{32} 中 1 号继电器的前一对触点之间，当制冷系统高压侧压力低于 1.5MPa 时，高压开关 F_{23} 触点断开，电阻 R 串联在冷凝器冷却风扇电动机 V_7 的供电回路中，冷却风扇低速运转；当制冷系统高压侧压力高于 1.5MPa 时，高压开关 F_{23} 触点接通，使得继电器 J_{26} 通电触点吸合，电阻 R 被短接，这时冷却风扇高速运转，以加强冷凝器和发动机的冷却强度。主继电器 J_{32} 中 1 号继电器的一对触点还控制鼓风机，当空调 A/C 开关接通时即闭合，这时若鼓风机开关 E_9 没有接通鼓风机电路，鼓风机电动机 V_2 也将由该对触点获得电流而低速旋转，以防止接通空调 A/C 开关后未接通鼓风机开关造成蒸发器表面温度过低而结冰。因此，在接通空调 A/C 开关之前，应首先接通鼓风机开关。

减荷继电器 J_{59} 的作用是当点火开关位于起动档时，中断空调系统等附属电器的工作，以保证发动机起动时有足够的电流。

8.4.5 汽车空调的使用与维护保养

1. 汽车空调的使用注意事项

空调作为汽车的常见装备，乘员对它的依赖性越来越大。驾驶人应通过对空调系统的正确使用来提高空调的使用寿命。汽车空调使用时应注意以下几点：

1）空调运转时，应关好所有门窗，以免车内冷气泄漏，影响降温。若要达到最大程度的冷却效果，或在尘土飞扬的道路上行驶时，应将空气入口控制按钮调整到内循环位置。若车辆在静止状态下使用空调，应使用外循环以引入新鲜空气，保持一定量的新鲜空气，以避免车内人员窒息。

视频：汽车空调正确使用及保养

2）高温季节车内温度较高，不宜刚起动发动机就立即打开空调，而应先打开车窗，让汽车行驶 3~5min，待车内的热气排尽后，再关好车窗，打开空调。

3）发动机在大负荷下较长时间工作时，需要更好的发动机冷却效果，为防止发动机过热，应暂时关闭空调，否则发动机过热，既影响汽车行驶，也会影响空调的使用。

4）汽车正常行驶中，为防止蒸发器过度结霜，影响空调系统的运行，空调的送风速度

及温度控制不宜长时间置于最低位置。但是，当车速低于25km/h时，应将风速开关置于低速档位，避免发电机发电量不足和冷气不足。

5) 汽车在长坡上行驶时，要尽量少用或不用空调，因为这时发动机的负荷较大，使用空调会导致发动机过热。

6) 在汽车缓慢行驶或停车时间较长，又要使用空调时，应先让发动机以较高的速度运转，使空调正常制冷。对装有低速控制装置的汽车，在上述情况下，它能自动提高发动机怠速转速，使空调正常运转。

7) 使用空调时车内还应保持一定的湿度，以减少细菌的繁殖和人体水分的蒸发。保持车内空气净化，禁止吸烟。空调运转时不应在车内睡觉，以防废气进入车内产生大量一氧化碳而引起窒息。

2. 汽车空调的维护保养

所谓汽车空调的维护保养，即通过对汽车空调系统进行定期检查和调整，保持其最佳工作状态和性能。为了确保汽车空调能良好运行，发挥它应有的作用，除正确使用外，日常维护和保养非常重要，通过日常维护保养可以发现故障隐患。

(1) **压缩机的维护保养**

1) 在停用制冷系统后，每2周应使压缩机工作10min。这样做有两方面作用：一方面可将冷却机油输送到油封上，防止油封缺油，保证密封效果；另一方面，由于压缩机是精密部件，长时间不用，其精密的配合表面会产生"冷焊"现象，制冷剂和冷冻机油也会产生化学变化，易在配合表面形成蚀点，破坏零件的表面粗糙度和精度，通过定期运行压缩机，可预防"冷焊"和蚀点产生。

2) 检查压缩机传动带张力。汽车压缩机传动带的张力一般为320~420N，传动带张力过大，易造成压缩机带轮轴承早期损坏，导致压缩机噪声增大，若不及时修理还会造成离合器损坏。传动带张力过小，易造成传动带打滑，导致压缩机转速下降，制冷效果差。日常使用中，驾驶人可以定期用手翻动传动带，如果传动带能翻转90°，则张力基本正常。

3) 如果发现汽车空调系统中冷冻机油泄漏，应及时修理，并按规范加注汽车专用冷冻机油。同时，要注意检查压缩机油封及压缩机与进、排气管的连接部位是否有泄漏。

(2) **冷凝器的维护保养** 为了保证整个空调系统能正常工作，制冷效果良好，保持冷凝器表面的清洁至关重要。为此，应经常清洗冷凝器，防止油污、泥土及其他杂物附着在冷凝器上。清洗时注意不要碰倒冷凝器散热器片，更不能损伤管路。清洗时还需注意以下两点：

1) 不要使用高压水枪清洗散热器，因高压水枪的压力容易损坏散热片，导致散热效果降低。

2) 除了清洁冷凝器表面，还需清理冷凝器和散热器之间的缝隙。如果堵塞严重，往往会造成发动机冷却液过高，同时影响制冷效果。

(3) **蒸发器的维护保养** 装在蒸发器进风口处的空气滤网应每周清洗一次，以免车内灰尘、杂物吸附在空气滤网上，阻碍空气流通，造成制冷量不足。蒸发器与冷凝器都是换热器，要求保持通风口清洁、排水道畅通、鼓风机运转正常等。汽车在最大制冷状态下，要注意检查是否有发动机热的冷却液通过暖水阀漏进来，以免影响制冷效果。

（4）**储液干燥器的维护保养** 储液干燥器正常使用 2 年后要及时更换，因为储液干燥器内的干燥剂使用 2 年左右就会失效，如果是过饱和地吸收了水分，干燥包容易爆裂，干燥剂粉末也会堵塞管路。每次拆开管路进行修理或清洗时，必须更换新的储液干燥器。

（5）**空调系统管路和管接头的维护保养** 经常检查空调系统各软管有无磨损、老化现象。空调系统中大量采用橡胶软管，如果这些软管有磨损，待环境温度升高、制冷系统工作时就会爆管，导致制冷剂、冷冻机油的泄漏。如果软管已破损，而空调仍继续运转，则会导致泥土和水分大量进入压缩机等部件，造成整个制冷系统报废。因此，一定要经常检查橡胶软管，发现有磨损时要及时处理，对已破损的部件要用布包扎好，并停止使用空调，尽快进行维修。检查各管路接头是否有油污，有油污表明该部位有泄漏，应及时进行维修。汽车空调管路中多采用弹簧快速接头，拆卸管接头时必须使用专用工具，不允许使用自制工具或其他代用品，否则容易损坏接头中的锁簧，造成制冷剂泄漏。如果损坏无法进行修复，必须更换空调管路总成。在安装管路接头时，必须使用新的专用密封圈，并涂抹少许冷冻机油，以保证安装顺利和提高密封效果。

（6）**节流装置的维护保养** 一般汽车前空调采用的节流装置是节流管，后空调则采用膨胀阀。清洗管路时最好能同时更换节流装置，以防止管路堵塞，造成压缩机损坏。但是，无论采用何种膨胀阀，绝对不允许为追求制冷效果而自行调整膨胀阀的开度。膨胀阀的开度调整不当，轻者影响制冷效果，重者造成压缩机报废。

（7）**电气线路的维护保养** 经常检查空调系统的电路情况，防止电线的绝缘层磨破。当空调系统的熔断器烧损时，要先检查出故障所在位置，待处理完后再换上新熔断器通电，切不可把熔断器短接，否则有可能烧坏整个线路，也可能对汽车上的其他电路及电气元件产生不良影响。

3. 维护保养的其他注意事项

1）必须使用专用制冷剂及专用冷冻机油。

2）空调系统必须使用清洁、干燥的制冷剂和冷冻机油。系统中有空气、水分及污物，都可能对系统的温度和压力产生不良的影响，降低制冷效果，导致系统部件损坏、管路阻塞等故障。

3）维修时，被拆卸管路上的"O"形密封圈必须更换，并在装配前涂上冷冻机油。

8.5 汽车音响与多媒体导航系统

早期的汽车音响多以一个收放两用机（由收音机和磁带放音机组成）与一对扬声器为基础组合，扬声器分左、右两路声道，有的置于仪表板总成的两侧，有的置于车门板内，有的置于后座的后方，收放两用机输出功率在 20W 左右。

目前，汽车音响已向大功率多路输出、多扬声器环绕音响、多碟式 CD（光盘）等方向发展。在高级音响设备中，多将大功率放大器和电子网络器安置在汽车行李舱内，将超低音大口径扬声器和其他型号扬声器分别嵌入后窗下围板和车门板内，使用独立的直流电源，功率输出达 100W 以上，音色优美，给人一种艺术享受。现在已将汽车音响性能作为评价汽车舒适性的指标之一。

在中高档车辆上，大屏幕显示设备也很常见，车辆通过多媒体系统集成了收音机、CD、DVD（数字通用光盘）、电话、导航等多种媒体的功能，使现代汽车的娱乐功能得到了很大的扩展。除此以外，外接音源输入端口（AUX 和 USB）也已经非常普遍。

8.5.1　汽车音响的特点

与家用音响相比，汽车音响系统具有以下特点：

（1）**外形尺寸受到限制**　汽车音响的尺寸按有关标准规定为 183mm×50mm×153mm，汽车音响一般使用高密度贴装元件，采用多层立体装配方式。

（2）**使用环境恶劣**　汽车在不同等级的路面上行驶，使音响受到冲击；同时，汽车音响还要承受室内外温度的变化，汽车音响的安装位置距发动机较近，故经常在高温条件下（温度有时可达 60℃）工作，在阳光照射下仪表板的温度可达 70～80℃，而在寒冷地区，冬季最低温度可达 -40～-30℃。

在这种使用条件下，要求汽车音响中元件的焊接装配要绝对牢固，很多元件还要用强力胶加以固定，同时要求汽车音响元件的耐高温和耐低温性能要好，工作稳定。

（3）**采用蓄电池供电**　汽车音响采用蓄电池的低压直流电供电，这样电压变化将直接影响汽车音响的功率输出，所以要求汽车音响线路的阻抗要非常小。若要求输出功率大，一般还要采取降低扬声器阻抗的方法来提高输出功率。扬声器的阻抗多为 2～4Ω，也有采用 1.6Ω 的特制规格，以获得更大的功率。因此，要求汽车音响的功率放大器要大、电流线性良好、饱和压降小、效率高，并且具有过热保护、短路保护等措施。

（4）**抗干扰能力强**　在整个汽车电器系统中，发动机的点火装置及各种电器设备对汽车音响的信号输入产生很强的电磁干扰。同时汽车在行驶过程中，既有方向变化又有外界环境影响（高楼、桥梁、电网等）等空间辐射。因此汽车音响中都装有抗干扰装置，如抗干扰集成块、高频扼流圈等。

（5）**调幅/调频接收灵敏度高，动态范围大**　汽车音响对调幅段的接收灵敏度一般要求小于 50μV，调频段的接收灵敏度要求小于 3μV。调幅段自动增益的范围要求大于 40dB，能承受 1000mV 的大信号而不产生阻塞失真。否则，当汽车在高速公路上高速行驶时，就无法保证正常地收听。对调频段要求信号捕捉稳定可靠，更要求调频的灵敏度和信噪比等较高。

（6）**具有夜间灯光照明**　为了方便夜间操作，汽车音响都设有透光照明按键，用内部光源照明各个按键的操作字符和旋钮的位置等。

（7）**配用功率大、阻抗小、体积小的扬声器**　汽车音响配用的扬声器的阻抗多为 4Ω，口径一般为 102～152mm。扬声器的结构方式分为全频带、同轴二分频或三分频，功率为 30～100W。扬声器的接线较粗，接线柱采用镀银或镀镍铜排，以降低接触电阻，减小线损。

（8）**其他特殊要求**　部分高档汽车音响还具有多功能液晶显示屏，线路输出（LINE OUT，可接大功率汽车音响功率放大器）端口，还有激光唱机输入（CD IN）端口、遥控电源等。

（9）**汽车音响的防盗**　某些汽车音响有防盗功能，其类型有两种，一是汽车音响的主要部分变为不可拆卸，或强行拆下即损坏，通常利用电磁铁及其他机械锁定装置；二是设定密码，当驾驶人设定密码并进入防盗状态后，音响系统被拆下重新使用时必须输入驾驶人设定的密码，这种音响系统可较容易地拆下，但密码不正确时，音响系统不工作。防盗系统的标志是在录音磁带槽盖上刻有英文 ANTI-THEFT SYSTEM，即防盗系统。

8.5.2 汽车音响系统的组成

汽车音响系统主要由信号源、放大器、扬声器、天线等组成。

（1）**信号源** 又称主机，包括汽车收音机（调谐器）、磁带放音机、CD 唱机、车用 VCD（影碟）影碟机或 DVD 影碟机、导航 ECU 等。

目前，普通中低档汽车用视听系统的信号源主要是车用收音机、VCD 影碟机，高档汽车视听系统的信号源主要是收音机、车用 DVD 影碟机，还可以选择 MP3 等。

（2）**放大器** 放大器的作用是将各种节目信号进行电压放大和功率放大，然后推动扬声器发出声音。

放大器主要由前置放大器、功率放大器、环绕声放大器组成。

（3）**扬声器** 扬声器主要指主扬声器、环绕扬声器等，主扬声器通常由低音扬声器、中音扬声器和高音扬声器组成。

扬声器是把电信号转换成声音的电声转换器件，是汽车音响的终端元件。汽车音响一般采用电动式、外磁式圆形或椭圆形扬声器，电阻一般为 4Ω。

（4）**天线** 天线用于接收广播电台或卫星信号的发射电波，并将接收到的信号经过电子放大和过滤，使收音机声音更清晰，频道更多。

汽车天线主要有杆式天线、玻璃天线及自动天线三种。

8.5.3 汽车多媒体系统

汽车多媒体系统主要包括收音机（调频 FM、调幅 AM）、单碟或多碟 CD 播放机、DVD 影碟机、外接音源或视频源的插口、车载电话系统等。图 8-30 所示为大众车载多媒体系统的主机。

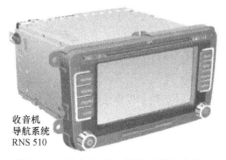

收音机
导航系统
RNS 510

图 8-30 大众车载多媒体系统的主机

视频：汽车多媒体导航系统

1. 收音机和播放机

目前中低档汽车大部分采用集成的收音机和播放机，这种独立设备无须其他控制单元来执行系统的功能。显示、选择广播电台、音量和声音设置都在该设备上实现。

收音机接收车速信号，主要是为了能够随着车速调整收音机的音量，保证车速提高时行驶噪声增大后的收听效果。

收音机和播放机的操作随车型的不同而有一些差异，可按照使用说明书的要求进行操作，一般可以进行功能的切换、收寻 FM 和 AM 电台、调节音量等操作。播放机包括 CD 机或 DVD 播放机，CD 机有单碟或多碟之分，进行操作时，只需将设备的音源切换到 CD 或 DVD 播放即可。

值得一提的是，目前很多国家都已经开始播放数字广播，要接收数字广播，需要有数字收音机（DAB），目前一些高档车辆已经安装了数字收音机，我国也有数字收音机的节目播放。最近生产的汽车大部分还安装了外接音源的插口，有 AUX 插口和 USB 接口等类型，可以方便地将外部音源通过车载音响系统播放出来。

2. 车载电话

目前的车载电话大部分采用蓝牙系统将移动电话的信号传递到车上的音响系统,通过音响系统完成免提的功能,使驾驶人能够通过简单的操作在车内的音响系统内实现电话功能。

8.5.4 车载导航系统

车载导航系统利用卫星定位和电子地图,通过图像和语音将车辆引导到目的地,导航系统首先需要利用卫星对车辆进行定位(经度、维度和高度),再在电子地图上找到相应的位置,当地图上的位置与定位系统有误差时,再向地图上修正,获得地图上的具体位置,当在系统中输入目的地后,系统可以通过计算得出从当前位置或指定位置的路径,可以有高速优先、最短路径、最经济路径等多种可选择的路径,还可以根据道路的情况调整导航路线,避开由于车多或意外造成的堵塞路段。

车载导航仪目前大致可以分为两类:第一类是原装导航仪,如图 8-31 所示,出厂时,汽车制造厂就已经将导航仪安装好,用户直接使用即可;第二类是用户后来配置的导航仪,既可以安装原厂导航仪,也可以安装独立导航仪,图 8-32 所示为独立导航仪,这种导航仪使用方便,价格比较便宜,但后期需要不断升级。

图 8-31 大众汽车原装导航仪

图 8-32 独立导航仪

1. 卫星定位系统

目前采用的卫星定位系统有美国的 GPS(全球定位系统)、我国的北斗系统、欧盟的伽利略系统、俄罗斯的格洛纳斯系统,并称全球四大卫星系统。目前采用最为广泛的是 GPS 系统,该系统在 20 世纪 60 年代由美国开发,用于军事领域,后来开放用于民事用途,目前是免费使用。GPS 系统共发射 24 颗卫星覆盖全世界,实现全球定位,用于军事用途的定位精度较高,可以精确到 1m,用于民用系统的精度较低,精度在 10m 左右。我国的北斗系统目前已经开始使用,截至 2020 年 6 月 23 日共有 55 颗北斗导航卫星,已经初步具备区域导航、定位和授时能力,定位精度为分米、厘米级别,测速精度为 0.2m/s,授时精度 10ns。

图 8-33 所示为 GPS 卫星定位的示意图,要完成定位,理论上至少需要 3 颗卫星,为满足定位要求,通常采用 4 颗卫星定位,确定被定位物体所在的经度、纬度和海拔。

2. 电子地图

卫星定位系统只能对被定位的物体进行经度、纬度和海拔定位,但是通常人们不使用经度、纬度确定目的地,而是将被定位的对象定位在地图上面,落实到具体的街道、建筑物

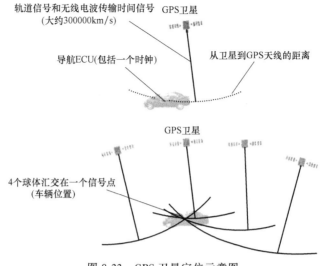

图 8-33　GPS 卫星定位示意图

等。因此，绘制精确的电子地图是实现导航的必要条件，目前我国有许多版本的电子地图可供使用。由于我国目前正处于大规模建设阶段，道路情况会出现一定的变化，电子地图需要进行不断更新，制造厂和地图出版商也在提供这方面的服务。

3. 导航软件

导航软件用于将定位信息与电子地图结合，通过软件设计导航路线，通过语音和图像对使用者导航，导航软件由专门的公司开发，通常将定位、地图、软件联系在一起，通过软件的相应界面进行操作，不同的软件有不同的操作界面，具体使用时可按照使用说明书进行操作。导航软件也随着使用要求的提高不断更新，需要进行升级。例如，早期的导航地图只是二维地图，现在很多导航软件已将地图做成三维导航画面（图 8-34），方便用户使用。

图 8-34　导航的三维画面

4. 导航系统的功能

目前的导航系统多为集成系统，集成了很多娱乐功能，包括收音机、音乐播放器（CD、DVD、MP3 等）、游戏、电子书等功能。就导航功能来说，可以进行目的地设定、回家设定、查询历史目的地及收藏夹、路径选择（最短、最快、最经济）、语音导航等。通常在选择了导航的目的地后，就可以选择路径，路径选择完成后，即可开始导航。在导航过程中，

导航仪可以接收实时路况信息，根据道路的拥堵状况选择路线。目前原装的导航仪，有自带硬盘的，也有没有硬盘的，没有硬盘的导航仪将地图存放在光盘或 SD（安全数码）卡中，这样的导航仪地图升级时只需将光盘或 SD 卡升级即可。

5. 典型汽车导航系统简介

一汽丰田威驰（VIOS）轿车导航系统主要由导航 ECU、多功能显示器总成、光盘播放器、GPS 接收天线与扬声器等组成。图 8-35 所示为一汽丰田威驰轿车导航系统部件的安装位置图，多功能显示器总成可显示道路地图和其他有关交通信息，有关信息由导航 ECU 统一管理。

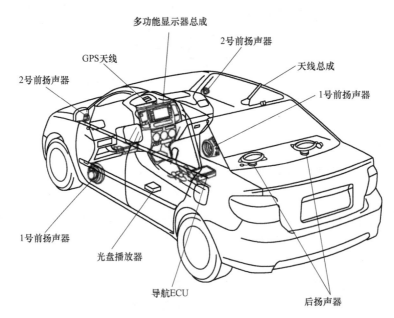

图 8-35　一汽丰田威驰轿车导航系统部件的安装位置图

一汽丰田威驰轿车的原装内置式卫星导航仪安装在仪表台内，位于转向盘的右侧。

只要输入目的地的名称，电子导航地图即可迅速检索并显示出适宜的行车路线。在行驶中，电子导航的语音提示系统提前向驾驶人提供路口转向、导航系统状况等行车信息。驾驶人基本不用观看导航仪显示屏，通过语音提示就可以准确无误地驾驶。

每次经过红绿灯路口前语音提示系统都会提醒驾驶人直行或转弯，需要转弯时，语音提示系统会在离转弯处 700m 时提醒一次，这样可以提前变道（并线），保证行车安全；在距转弯处 300m 时再提醒一次，到转弯路口处，语音提示系统提醒驾驶人在该路口左转或右转。遇到交通环岛（转盘）时，语音提示系统会提醒驾驶人在环岛的第几个路口出环岛。

在多功能显示器总成上会显示地图及车辆实时位置、行车速度、目的地的距离、规划的路线提示、路口转向提示等行车信息。当转弯时遇有几个岔路口，驾驶人不确定是转向哪条路时，导航系统立即显示出路口的精确放大图，图上有箭头，提示驾驶人应该转向哪条路，保证无误地引导驾驶人到达目的地。

当车辆没有按规划的线路行驶，或者驶入路口有误时，导航系统会根据车辆当前位置重新规划一条新的到达目的地的线路。

思 考 题

1. 试分析刮水器变速控制电路如何实现停机复位。
2. 简述风窗玻璃除霜装置的原理。
3. 简述电动车窗的组成。
4. 简述中控门锁的组成。
5. 简述汽车空调制冷循环的工作过程。
6. 简述汽车音响系统的特点。
7. 简述汽车导航系统的功能。

第9章　汽车电器与电子系统总线路

9.1　汽车电路的组成

汽车电路是将电源系统、起动系统、点火系统、照明与信号系统、仪表与指示灯系统、辅助电器及电子控制装置等，按照它们各自的工作特性和彼此之间的内在联系，通过开关、导线、保护装置等连接起来而构成的总线路。随着汽车技术的发展，汽车电器和电子控制系统的应用日益增多。

汽车电气系统主要由电源、用电设备和中间装置组成。图 9-1 所示为广州本田雅阁轿车的点烟器系统电路。

任何电气设备和电控装置需要获得电源供应，中间装置的连接必不可少。常见的中间装置有汽车线束、开关装置、保险装置、继电器、插接器等，这些中间装置的选用和装配直接影响用电设备的运行状况。

9.1.1　汽车线路中的导线、线束和插接器

导线、线束和插接器的作用是将全车电器与电子设备按照工作要求可靠地连接成一个整体。

1. 导线

汽车电路中的导线按照其用途可分为低压导线和高压导线。

（1）低压导线　低压导线根据电路的额定电压、工作电流和绝缘要求等选取导线截面、绝缘层的类型，不同规格或用途的导线可通过导线的颜色加以区分。

常见的导线由多股细铜丝绞制而成，外层为绝缘层。绝缘层一般采用聚氯乙烯绝缘包层或聚氯乙烯-丁腈复合绝缘包层。导线标称横截面积是经过换算的线芯横截面积，而不是实际几何面积。

起动电缆用于连接蓄电池与起动机开关的主接线柱，导线横截面积大，允许通过的电流达 500~1000A，电缆每通过 100A 电流，电压降不得超过 0.15V。蓄电池的搭铁电缆通常采用由铜丝制成的扁型软铜线，应搭铁可靠，以满足大电流起动的要求。

汽车各电路系统的导线规格见表 9-1。

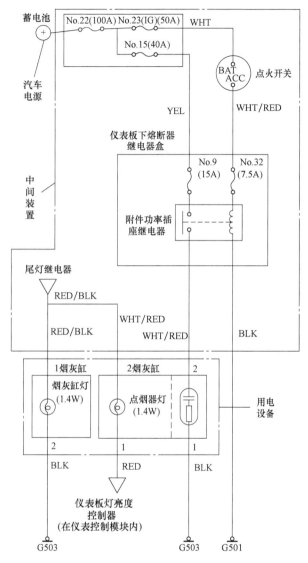

图 9-1 广州本田雅阁轿车点烟器系统电路

表 9-1 汽车各电路系统的导线规格

各电路系统	标称横截面积/mm²	各电路系统	标称横截面积/mm²
仪表灯、指示灯、后灯、顶灯、牌照灯、燃油表、刮水器、电子电路等	0.5	3A 以上的电喇叭	1.5
		5A 以上的电路	1.3~4.0
转向灯、制动灯、停车灯、分电器等	0.8	电源电路	4~25
		起动电路	16~95
前照灯、3A 以下的电喇叭等	1.0	柴油机电热塞电路	4~6

在电路图中，进口汽车导线的颜色常用英文字母表示，国产汽车常用汉字表示。导线的颜色可以是单色或双色。采用双色导线时，一种颜色为主色，另一种颜色为辅色。

在电路图中,一般将导线标称横截面积和颜色同时标出。例如,1.5Y 表示标称横截面积为 $1.5mm^2$ 的黄色导线。又如,1.0GY 表示标称横截面积为 $1.0mm^2$,主色为绿色,辅色为黄色的双色导线。国产和部分进口汽车的导线颜色代号分别见表 9-2 和表 9-3。

表 9-2 国产汽车的导线颜色代号

电气系统	主色	代号	电气系统	主色	代号
充电系统	红	R	仪表、报警信号、电喇叭线路	棕	N
起动和点火系统	白	W	收音机等辅助电器线路	紫	P
外部照明线路	蓝	U	辅助电动机及电器控制线路	灰	S
转向指示灯及灯光线路	绿	G	搭铁线	黑	B
防空灯和车内照明线路	黄	Y			

表 9-3 部分进口汽车的导线颜色代号

颜色	德国	日本	美国	法国	颜色	德国	日本	美国	法国
黑	Sw	B	B	N	紫	li	V	V	Vi
白	Ws	W	W	B	橙	—	O	O	Or
红	Ro	R	—	R	粉	—	P	—	Ro
绿	Gn	G	G	V	浅蓝	hb	L	—	—
黄	Ge	Y	Y	J	浅绿	—	Lg	—	—
棕	Br	B	B	M	透明	—	—	—	Lo
蓝	Be	—	BL	Bl	深紫	—	—	—	Mv
灰	Gr	Gr	Gr	G					

(2) **高压导线** 高压导线用于传送高电压,如点火系统的高压线,工作电压一般为 15kV 以上,电流小,因此高压导线绝缘包层厚、耐压性能好、线芯横截面积较小。国产汽车用高压导线有铜芯线和阻尼线两种。高压阻尼线的线芯采用聚氯乙烯树脂、癸二酸二辛酯等有机材料配制而成,又称半导体塑芯高压线。线芯具有一定阻值,具有低电磁辐射的特点,可减小点火系统的电磁辐射强度。

2. 线束

为使汽车全车线路排列整齐,便于安装、拆卸和绝缘保护,避免振动和牵拉而引起导线损坏,一般都将汽车各电器之间的导线按最短路径排列,并用绝缘带把同一路径的若干导线包扎成束,称为线束,如图 9-2 所示。线束总成由多路导线、端子、插接器和护套组成。新型线束是用塑料局部包扎后放入侧切口的塑料波纹管内,使其强度更高,保护性能更好,查找线路故障方便。

同一种车型的线束在制造厂中按车型设计制造好后,用卡簧或绊钉固定在车上的既定位置,其抽头恰好在各电气设备接线柱附近位置,安装时按线号装在其对应的接线柱上。各种车型的线束各不相同,同一车型按发动机、底盘和车身分多个线束。图 9-3 所示为线束在汽车上的布置示意图。

3. 插接器

为便于拆装,各线束之间或线束与电气设备之间采用插接器连接。插接器由插头和插座两部分组成，插接器的结构和符号如图 9-4 所示。按使用场合的实际需要，其形状不同，脚数不等，颜色也有区别。

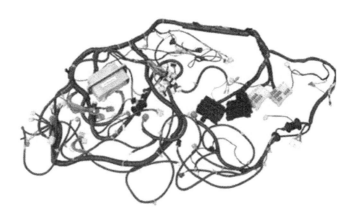

图 9-2 汽车线束

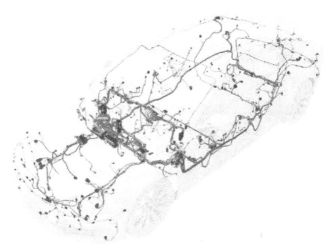

图 9-3 线束在汽车上的布置示意图

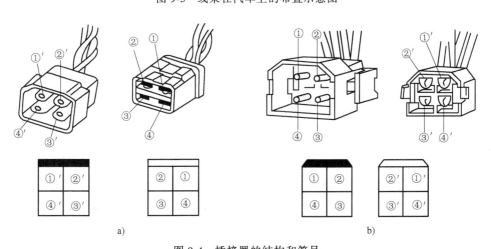

图 9-4 插接器的结构和符号

a）平端四脚插接器　b）针状四脚插接器

连接插接器时,应先对准插头与插座的导向槽,然后稍用力插入到位,再通过闭锁装置固定插头与插座。拔开插接器时,应先压下闭锁装置,再用力分开插头与插座,如图9-5所示。注意不可拉动导线,以免损坏导线和插接器。

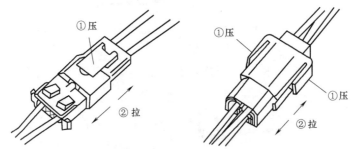

图 9-5　拔开插接器的方法

9.1.2　开关、保险装置和继电器

1. 开关

(1) 点火开关　点火开关(图9-6)是汽车电路中最重要的开关,需用钥匙对其进行操纵,因此又称为钥匙开关。

点火开关除控制点火电路外,通常还控制起动、仪表、辅助电器等电路,点火开关的原理如图9-7所示。图9-7右侧表示此开关为旋转式3档开关,虚线中间下三角及数字表示开关在0、Ⅰ、Ⅲ位可以定位,Ⅱ位不能定位(开关旋至Ⅱ位松开时自动回到Ⅰ位)。图9-7左侧表示开关在0、Ⅰ、Ⅱ、Ⅲ位时的通断情况。

图 9-6　点火开关

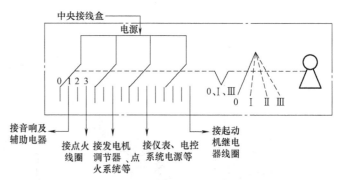

图 9-7　点火开关原理

点火开关一般有关断或锁止(OFF、LOCK或0)、辅助电器(ACC或Ⅲ)、点火(ON或Ⅰ)和起动(ST或Ⅱ)四个档位。将点火开关置于关断(OFF、LOCK或0)档位时,电路关断并将转向盘锁止;将点火开关置于辅助电器(ACC或Ⅲ)档位时,只接通音响、点烟器等辅助电器电源;将点火开关置于点火(ON或Ⅰ)档位时,接通点火、仪表等电路;将点火开关置于起动(ST或Ⅱ)档位时,接通起动电路和点火电路。点火开关各档位的内部连接情况如图9-8所示。此点火开关有四个接线柱,其中1号(BAT,取英文Battery的前三个字母)为电源接线柱,与蓄电池正极和发电机电枢接线柱相连;2号(IG,取英文Ignition 的前两个字母）为点火接线柱，连接点火电路、仪表电路等；3 号（ACC，取英文 Accessory 的前三个字母）为辅助电器接线柱，连接收音机、点烟器等辅助电器；4 号（ST，取英文 Start 的前两个字母）为起动接线柱，连接起动电路。

其中起动位置因为工作电流很大，开关不宜接通过久，所以在操作时必须用手克服弹簧力，扳住钥匙，松手即弹回点火位置，不能自行定位，其他点火开关位置均可自行定位。

开关档位 \ 接线柱	1 (BAT)	2 (IG)	3 (ACC)	4 (ST)
Ⅲ	○—	—	—○	
0	○			
Ⅰ	○—	—○—	—○	
Ⅱ	○—	—○—	—	—○

○—○：连接

图 9-8　点火开关档位示意

（2）**组合开关**　多功能组合开关将照明（前照灯、变光）开关、信号（转向、危险警告、超车）开关、刮水器/清洗器开关等组合为一体，安装在便于驾驶人操纵的转向柱上，组合开关的操纵手柄上一般标有表示用途的图形符号。图 9-9 所示为日产轿车组合开关的档位。

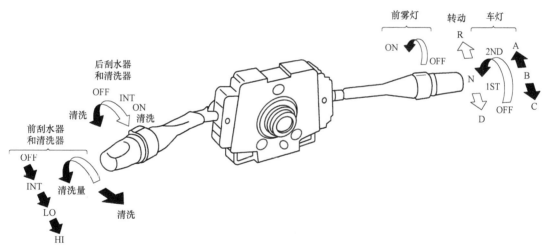

图 9-9　日产轿车组合开关的档位

2. 保险装置

为了防止汽车电路短路和过载时用电设备及导线被大电流烧坏，在电源与用电设备之间串联有保险装置。当汽车电路中通过大电流时，汽车电路保险装置能够切断电路，从而防止烧坏电路连接导线和用电设备，并把故障限制在最小范围内，这样既可以减小损失，又便于排查故障。

汽车上常用的保险装置主要有熔断器、易熔线和断路器三种。

（1）**熔断器**　熔断器，如图 9-10 所示主要用于短路保护，其材料多采用锡铅合金。熔断器一般用在负荷不大的电路中。熔断器在额定电流下能长期工作，在过载 25% 的情况下，约在 3min 内熔断，而在过载 1 倍的情况下则在 1s 内熔断。

a)   b)

图 9-10 常见熔断器的外形及符号

a) 熔断器的外形 b) 熔断器的符号

各电路的熔断器通常集中安装在熔断器盒（图 9-11）或中央接线盒内，在盒盖上用中文或英文表明熔断器的名称、额定电流和位置，并且用不同的颜色来区分熔断器的容量。

熔断器盒一般布置在仪表板下（需拆下仪表板下侧的护板才能看到）或仪表板侧面或发动机舱内。

熔断器在使用中应注意以下几点：

1）更换熔断器时，一定要用与原规定相同的熔断器。汽车上增加用电设备时，不要随意改用容量大的熔断器，最好另外安装熔断器。

图 9-11 熔断器盒

2）熔断器熔断后，必须真正找到故障原因，彻底排除故障后再换用相同规格的熔断器。

3）熔断器支架与熔断器接触不良会产生电压降和发热现象，若发现支架有氧化现象或脏污必须及时清理。

（2）**易熔线** 易熔线主要用于电路过载保护，是一种横截面积小于被保护电线横截面积，能长时间通过较大电流的合金导线。易熔线比常见导线柔软，长度一般为 50~200mm，其绝缘护套有棕、绿、红、黑等不同颜色，以表示其不同规格。易熔线的外形及符号如图 9-12 所示。

易熔线是一种大容量的熔断器，用于保护电源电路和大电流电路，因此通常接在电源电路（图 9-13）或集中安装在中央接线盒内。

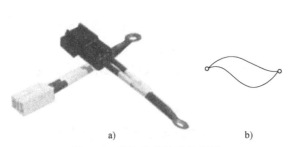 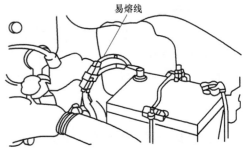

图 9-12 易熔线的外形及符号   图 9-13 接在电源电路的易熔线

a) 易熔线的外形 b) 易熔线的符号

易熔线在使用中应注意以下几点：

1）绝对不允许换用比规定容量大的易熔线。
2）易熔线熔断时，可能是主要电路发生短路，因此需要仔细检查，彻底排除隐患。
3）易熔线不能和其他导线绞合在一起。

（3）**断路器** 断路器在电路中用于防止有害的过载（额外的电流）。断路器是机械装置，它利用两种不同金属（双金属）的热效应断开电路，断路器的结构如图9-14所示。如果额外的电流经过双金属带，双金属带弯曲，触点开路，阻止电流通过。当电路断路器温度降低到一定值后，触点重新闭合，电路断路器复位。这样，当电路中过载、短路或搭铁的故障尚未排除时，双金属电路断路器自动使电路时而接通，时而切断，起到保护作用。在一些乘用车的刮水器和车窗升降电动机等电路中采用这种断路器。

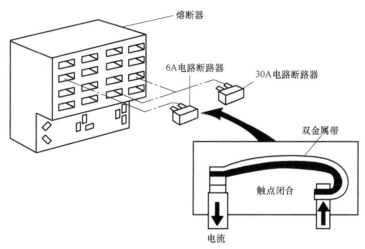

图9-14 双金属电路断路器的结构

3. 继电器

起动机电磁线圈、前照灯、电喇叭、空调和电动燃油泵等汽车电器的工作电流较大，通常采用开关或电控单元控制继电器动作，再通过继电器控制电器工作。

继电器可以实现自动接通或切断一对或多对触点，完成用小电流控制大电流，可以减小控制开关的电流负荷，保护电路中的控制开关。如进气预热继电器、空调继电器、喇叭继电器、雾灯继电器、中间继电器、风窗刮水器/清洗器继电器、危险报警与转向闪光继电器等。继电器实物图如图9-15所示。

图9-15 继电器实物图

按触点不工作时的状态，继电器可分为常开继电器（图 9-16a）、常闭继电器（图 9-16b）和开闭混合型继电器（图 9-16c）。为了减小继电器线圈断电时产生的自感电动势，保护开关和电子元件，有些继电器线圈两端还并联电阻或续流二极管（图 9-16d、e、f）。

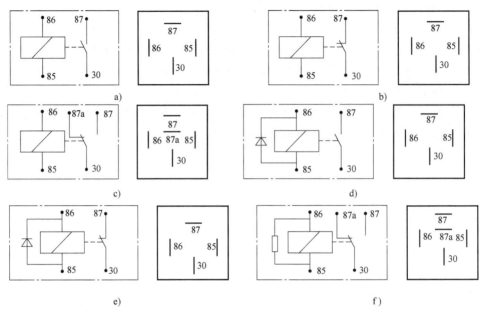

图 9-16　不同类型的继电器接线图及插脚

为方便使用和接线，在继电器的外壳上都有简明扼要的接线图，如图 9-15 所示。继电器的每个插脚都有标号，与中央接线盒正面板的继电器插座的插孔标号相对应，如图 9-16 所示。

继电器的标称电压有 12V 和 24V 两种，线圈电阻一般为 65~85Ω 和 200~300Ω。不同规格的继电器不能换用。

用继电器可以实现电路的扩展，例如，若需要在原车上安装额外的电子附件，简单的接入已有的电路中可能会使保险装置或配线过载。采用继电器扩展可有效解决这一问题，如图 9-17 所示。

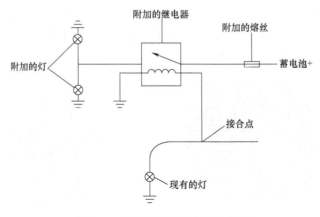

图 9-17　用继电器实现电路的扩展

9.2 汽车电路的识读

9.2.1 汽车电路的表示方法

汽车电路的常见表示方法有电路原理图、线路图、线束图、电路定位图等几种。

1. 电路原理图

电路原理图表明电路系统的组成和电路原理。它可以是子系统的电路原理图，也可以是整车电路原理图，如图 9-18 所示。电路原理图侧重表达汽车电路的控制原理和连接状态，

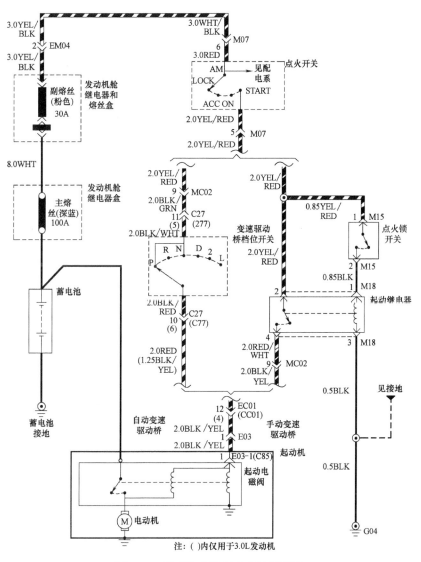

图 9-18 某型发动机起动电路原理图

并不注重电气元件的实际外形、位置和导线的走向。电路原理图在分析电路原理或工作过程,以及分析电路故障的大致部位时较为方便。

2. 线路图

线路图(也称接线图)是传统汽车电路的表示方法。线路图是依据汽车电气元件在汽车上的实际位置,用导线从电源到开关至搭铁一一连接起来构成的电路图。

由于线路图能真实反映汽车电气设备的导线连接情况,且电气设备的实际位置及外形与图中所示方位相符,较为直观,便于循线跟踪地查找导线的分布和节点,适用于载货汽车等较简单的汽车电路。但由于线路图线条密集、纵横交错,线路图的可读性较差,进行电路分析也较为复杂。图 9-19 所示为日产柴油载货汽车充电及起动系统线路图。

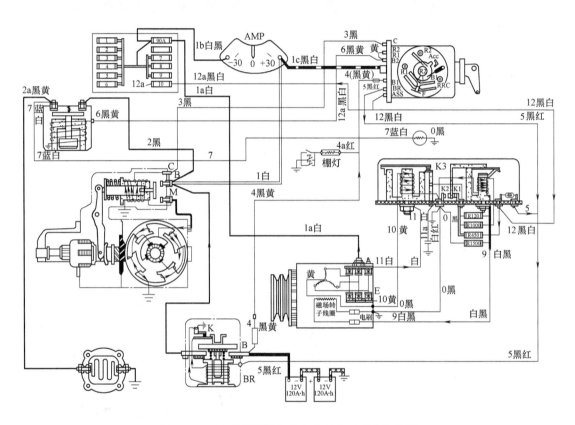

图 9-19　日产柴油载货汽车充电及起动系统线路图

3. 线束图

线束图是表达汽车线束各用电器连接部位、接线柱标记、线头、插接器形状及位置等信息的汽车电路图。

线束图一般不详细描绘线束内部的电线走向,只将露在线束外面的线头与插接器详细编号用字母标记出来,图中不涉及所连接电器的工作原理及型号,是一种突出装配记号的电路表现形式。整车电路线束图常用于汽车厂总装线和修理厂的连接、检修与配线。

线束图是一种专门用来标记接线与插接器的实际位置、线型等信息的指示图,用于检修时寻查线束走向、线路故障位置及在线路复原时使用。线束图中的导线以接近于线束的形式从相应的连接点引出，便于维修时查找线路故障，但不便于进行电路分析。图9-20所示为东风 EQ1090 型汽车线束图。

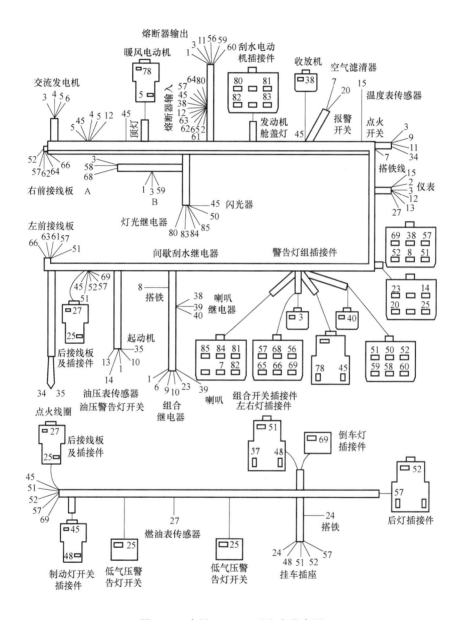

图 9-20　东风 EQ1090 型汽车线束图

4. 电路定位图

电路定位图用于指示各电器及导线的具体位置。一般采用绘制的立体图或实物照片的形式，立体感强，能直观、清晰地反映电器在车上的实际位置，具有很高的实用价值。图9-21所示为某型汽车继电器盒及各继电器的安装位置。

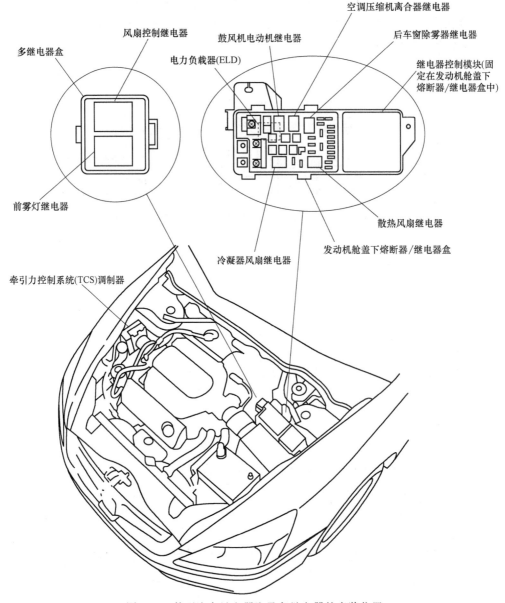

图 9-21 某型汽车继电器盒及各继电器的安装位置

9.2.2 捷达系列轿车电路图中符号的含义

捷达系列轿车电路图中符号的含义如图 9-22 所示，电路图绘制规则和表示方法如下：

1. 全车电路图采用横坐标式

同一系统的电路归纳到一起。总线路包括电源系统、起动系统、点火系统、照明及信号系统、仪表和报警系统、空调系统、刮水器及洗涤器系统、空调系统、收音机电路系统和发动机电子控制系统、自动变速器电路、ABS 电路等。各系统电路从左到右依次排列。

第9章 汽车电器与电子系统总线路

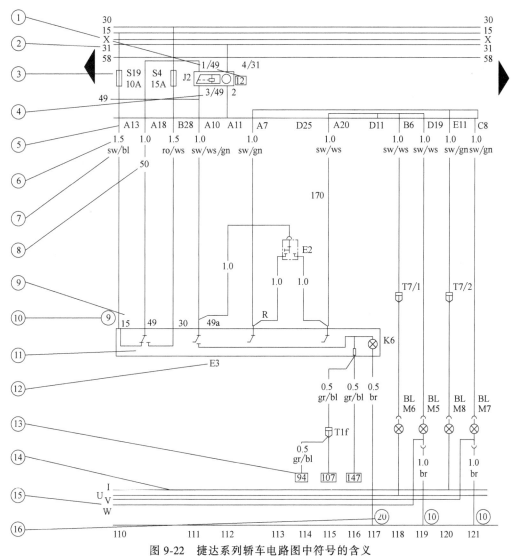

图9-22 捷达系列轿车电路图中符号的含义

E2—转向灯开关　E3—危险报警闪光灯开关　J2—危险报警闪光灯继电器　K6—危险报警闪光灯　M5—左前转向灯
M6—左后转向灯　M7—右前转向灯　M8—右后转向灯　T7—七孔连接插座（在继电器盒上）
①继电器位置号　②继电器盒上的继电器或控制器符号　③熔断器符号　④继电器盒上的插接件符号
⑤继电器盒上的插接件符号　⑥导线横截面积　⑦导线颜色　⑧白色线上印刷的标记号
⑨接线柱符号　⑩故障诊断用的检测点　⑪线路标记　⑫零件符号　⑬导线连接端
⑭内部连线　⑮内部连接线符号　⑯接地点标记符号

2. 用断线代号和坐标代号避免电路图中导线相互交叉

为避免电路图中导线相互交叉，将不同系统相互连接的导线采用断开绘图法，并在断开处画上一个方框，方框内用数字表明断开连接处在电路图中坐标的位置。例如，在电源系统电路中，交流发电机D+接线端子接中央电路板的U2/12端子，再经线束导线接仪表报警电路T28/16端子至充电指示灯。于是，在电源系统电路中U2/12端子导线断开处画一个方框，方框内标有55，表示断点下一连接处的坐标位置为55；在仪表报警电路中T28/16端子

的导线断开处画一个方框，方框内标有4，表示断点下一连接处的坐标位置为4。

3. 在电路图中用规定的字母和数字表示部件的类型、序号

例如，E2中的E表示开关类，E2代表转向灯开关；G2中的G表示传感器类，G2代表冷却液温度传感器；J2中的J表示继电器类，J2代表转向灯与危险报警闪光灯继电器；K2中的K表示指示灯类，K2代表充电指示灯；L1中的L表示照明灯类，L1代表左前照灯远光、近光双灯丝；S1中的S表示熔丝类，S1代表左前照灯近光熔丝。

4. 用电路符号表示电器的结构特征和功能

用国际电工委员会（IEC）规定的电路符号表示电器的结构特征和功能。

5. 用规定的数字或字母表示具有特定功能的导线端子

按德国有关工业标准（DIN）规定的数字或字母表示具有特定功能的导线端子。例如，30表示常相线，与蓄电池正极连接；15表示接小容量电器的相线，当点火开关接通时，由点火开关直接接通电源；50表示起动机控制电路火线，当点火开关在起动档位时，接通起动机控制电路电源；31表示搭铁线；X表示接大容量电器的相线，在点火开关处于点火档位时，控制中间继电器接通大容量电器的电源；①、②、…表示搭铁线及搭铁位置，①表示蓄电池搭铁线，②表示变速器搭铁线等。

6. 用分数或数字代号表示电器部件插接器的插脚数量和作用

例如，双音喇叭继电器J17的各插脚代号为1/86、2/87、3/30、4/85，分子中的1、2、3、4表示共有4个插脚的各个插脚，分母中的86、87、30、85表示该插脚的功能。

7. 采用统一的字母或用彩色图表示导线颜色

不同功能的导线采用不同的颜色表示，用数字表示导线的标称横截面积，用统一的字母或彩色图表示导线的颜色。

8. 整车电路采用中央电路板

整车电路采用中央电路板，将大部分继电器和熔断器安装在中央电路板正面。从中央电路板背面插接各线束，中央电路板上标有线束和导线插接位置代号及接点数字号，主要线束的插接件代号有A1、A2、B、C、D、…、X、Y、Z等，同一插接件的不同端子用端子代号加数字表示，如A1/4表示A1插接件第4号端子，J/2表示J插接件第2号端子。检修电路时，可根据电路图中的导线号码，确定导线所在的插接件和线束位置。

9.2.3 识读汽车电路图的一般要领

1. 认真读图注

图注说明了该汽车所有电气设备的名称及其数码代号，通过读图注可以初步了解该汽车装配了哪些电气设备，然后通过电气设备的数码代号在电路图中找出该电气设备，再进一步找出连线、控制关系。

2. 牢记电气图形符号的含义

汽车电路图是利用电气图形符号来表示其构成和工作原理的。因此，必须牢记电路图形符号的含义，这样才能看懂电路图。

3. 熟记电路标记符号

为了便于绘制和识读汽车电路图，一些电气装置或其接线柱都被赋予了不同的标志代号。

4. 牢记汽车电路特点

如单线制、负极搭铁、用电设备并联等。

5. 牢记回路原则

任何一个完整的电路都是由电源、熔断器、开关、控制装置、用电设备、导线等组成的。电流流向必须从电源正极出发，经过熔断器、开关、控制装置、导线等到达用电设备，再经过导线（或搭铁）回到电源负极，构成回路。因此，读电路图时有三种思路：

（1）**思路一** 沿着电路中电流的流向，从电源正极开始，按顺序查到用电设备、开关、控制装置等，回到电源负极。

（2）**思路二** 逆着电路中电流的方向，从电源负极（搭铁）开始，经过用电设备、开关、控制装置等回到电源正极。

（3）**思路三** 从用电设备开始，依次查找其控制开关、连线、控制单元，到达电源正极和搭铁（或电源负极）。

实际应用时，可视具体电路选择不同思路，但有一点值得注意，即随着电子控制技术在汽车上的广泛应用，大多数电气设备电路同时具有主回路和控制回路，读图时要兼顾两种回路。

6. 浏览全图，分割各个单元系统

要读懂汽车电路图，首先必须掌握组成电路的各个电气元件的基本功能和电气特性。在大概掌握全图基本原理的基础上，再把每个单元系统电路分割开来，这样就容易掌握每一部分的主要功能及特性。

在框划各个系统时，一定要遵守回路原则，注意既不能漏掉各个系统中的组件，也不能多框划其他系统的组件。一般规律是：各电气系统只有电源和总开关是公共的，其他任何一个系统都应是一个完整的独立的电气回路，即包括电源、开关（熔断器）、电器（或电子线路）、导线等。从电源的正极经导线、开关、熔断器至电器后搭铁，最后回到电源负极。

7. 熟记各局部电路之间的内在联系和相互关系

从整车电路来讲，各局部电路除电源电路公用外，其他单元电路都是相对独立的，但它们之间也存在着内在联系（如信号共享）。因此，识图时不但要熟悉各局部电路的组成、特点、工作过程和电流流经的路径，还要了解各局部电路之间的联系和相互影响。这是迅速找出故障部位、排除故障的必要条件。

8. 掌握各种开关在电路中的作用

对多层多档位接线柱的开关，要按层、按档位、按接线柱逐级分析其各层各档位的功能。有的用电设备受两个以上单档开关（或继电器）的控制，有的受两个以上多档开关的控制，其工作状态比较复杂。当开关接线柱较多时，可首先分析从电源来的一两个接线柱，再逐个分析与其他各接线柱相连的用电设备处于何种档位，从而找出控制关系。

对于组合开关，其实际线路在一起，而在电路图中又按其功能画在各自的局部电路中，遇到这种情况必须仔细研究识读。

9. 全面分析开关、继电器的初始状态和工作状态

在电路图中，各种开关、继电器都是按初始状态画出的，即按钮未按下，开关未接通，继电器线圈未通电，其触点未闭合（指常开触点）。在识图时，不能完全按初始状态分析，否则很难理解电路的工作原理，因为大多数用电设备都是通过开关、按钮、继电器触点的变化而改变回路，进而实现不同电路功能的，所以必须进行工作状态的分析。

10. 掌握电气装置在电路图中的位置

大量电气装置是机电合一的，在电路图上表示时，厂家为了使画法既简单（便于画图）又便于识图，多根据实际情况采用集中或分开表示法。

集中表示法是把一个电气装置的各组成部分在图上集中绘制的表示方法，此法仅适用于较简单的电路。

分开表示法，如把继电器的线圈、触点分别画在不同的电路中，用同一文字符号或数字符号将分开部分联系起来。

11. 先易后难

有些汽车电路图的某些局部电路可能比较复杂，一时难以看懂，可以先分析其他局部电路，待其他局部电路都看懂后，结合其他图中与该电路有联系的相关信息，再进一步识读这部分电路。

12. 注意收集资料和经验积累

对于看不懂的电路要善于请教有关人员，同时还要善于查找、收集相关资料。注意深入研究典型汽车电路，做到触类旁通，特别要注意实际工作经验的积累，新技术、新工艺的应用和创新。此外，汽车电子控制系统越来越多，读图时除了可以应用以上所述要领外，以下方法与步骤对汽车电子控制系统的读图也很有帮助：

1）要以电控系统的 ECU 为中心，因为这是整个系统的控制中心，所有电气部件都必然会与其有联系。

2）对 ECU 的各个接脚有大致印象，弄清楚分为几个区域及各区域接脚排列的规律。

3）找出该系统给 ECU 供电的电源线有哪些（注意：一般 ECU 不止有一根电源线），弄清楚各电源线的供电状态（如常火线或开关控制）。

4）找出该系统的搭铁线有哪些，注意分清哪些是在 ECU 内部搭铁，哪些是在车架上搭铁，哪些是在各总成机体上搭铁。

5）找出哪些是系统的信号输入传感器，各传感器是否需要电源，并找出相应的电源线，以及该传感器在哪里搭铁。

6）找出系统的执行器有哪些，弄清电源供给和搭铁情况，以及 ECU 控制执行器的方式（控制搭铁端或电源端）。

思 考 题

1. 常见的汽车电路保险装置有哪些？
2. 汽车电路的常见表示方法有哪几种？

参 考 文 献

[1] 杨保成,焦洪宇. 汽车电器与电子控制技术 [M]. 北京:清华大学出版社,2016.
[2] 杨保成,杨海鹏,林玲. 汽车发动机电控技术 [M]. 北京:清华大学出版社,2018.
[3] 司景萍,高志鹰. 汽车电器及电子控制技术 [M]. 北京:北京大学出版社,2012.
[4] 史立伟,张少洪,张学义. 汽车电器 [M]. 北京:国防工业出版社,2017.
[5] 凌永成. 汽车电气设备 [M]. 北京:北京大学出版社,2016.
[6] 孙仁云,付百学. 汽车电器与电子技术 [M]. 北京:机械工业出版社,2011.
[7] 徐向阳,张万奎. 汽车电器与电子控制技术 [M]. 北京:机械工业出版社,2004.
[8] 王慧君,于明进,吴芷红. 汽车电气设备 [M]. 北京:人民交通出版社,2014.
[9] 麻友良. 汽车电器与电子控制系统 [M]. 北京:机械工业出版社,2019.
[10] 于万海,吴柏宇,高洪一. 汽车电气设备原理与检修 [M]. 北京:电子工业出版社,2019.
[11] 关志伟,徐胜云. 汽车电器与电子设备 [M]. 北京:人民交通出版社,2010.
[12] 唐文初,张春花. 汽车电器与电子设备 [M]. 北京:北京大学出版社,2015.
[13] 杨志红,廖兵. 汽车电器 [M]. 北京:机械工业出版社,2015.
[14] 曲金玉,崔振民. 汽车电器与电子控制技术 [M]. 2版. 北京:北京大学出版社,2012.
[15] 赵学斌,王凤军. 汽车电器与电子控制技术 [M]. 北京:机械工业出版社,2006.
[16] 冯渊. 汽车电器与电子控制技术 [M]. 北京:高等教育出版社,2009.
[17] 罗永革,姚胜华. 汽车电器与电子控制技术 [M]. 广州:华南理工大学出版社,2010.
[18] 吕红明,吴钟鸣,王建胜,等. 汽车电器与电子技术 [M]. 北京:国防工业出版社,2012.